KB203158

서(西)중국에서 동(東)일본으로

서(西)중국에서 동(東)일본으로 — 중국 CIM에서 일본 OMF로

1판 2쇄 2019년 7월 3일

글쓴이 로널드 클레멘츠 · 스티브 멧캐프
옮긴이 허영자 외
발행인 최태희
디자인 박은실

발행처 로뎀북스
등록   2012년 6월 13일(제 331-2012-000007호)
주소   부산시 남구 황령대로 319가길 190-6, 101-2102
팩스   051-467-8984
이메일 rodembooks@naver.com
ISBN: 978-8998012-32-8 03230 (CIP: 2018039568)

서西중국에서

In Japan the Crickets Cry

동東일본으로

중국 CIM에서
일본 OMF로

로널드 클레멘츠 & 스티브 멧캐프 지음

RODEM BOOKS **omf**

화평하게 하는 자는 복이 있나니
그들이 하나님의 아들이라 일컬음을 받을 것임이요.
— 마태복음 5장 9절

지난 57년 동안 기도와 헌금으로
우리를 후원해 주신 분들에게 이 책을 드립니다.
— 스티브 멧캐프

차례

글쓴이의 인사

이 책을 더 나은 책으로 만들 수 있도록 도와준 많은 이들에게 감사의 말을 전한다. 원고를 끈기 있게 읽으며 "완성해!", "할 수 있어!"라는 말로 나를 응원해 준 아내 앤과 우리 딸들, 베선, 에마, 쇼나에게 특히 더 감사하다. 또한 베선은 내용부터 구성까지 모든 것을 꼼꼼히 확인, 점검하는 편집자의 역할도 톡톡히 해 주었다.

에스텔 혼과 닐 요크스턴은 친절하게도 치푸 학교와 수용소에서의 생활에 대해 자세히 알려 주고 의견도 덧붙여 주었다. 게이코 홈스는 자신의 개인적인 이야기와 화해를 위해 노력하는 그녀의 소속 단체 아가페(Agape)의 업적에 대해 귀중한 통찰력을 보여 주었다. 앤드루 앨퍼드와 미호 워커는 책의 검토자 역할을 했는데, 스티브의 이야기를 더 잘 풀어 낼 수 있도록 많은 제안을 해 주었다. 너새니얼 소노다는 일본어 표기에 도움을 주었다. 내가 이 책을 쓰도록 처음 권유해 준 영국 OMF에도 감사를 표한다. 도움을 준 OMF Books의 출판 팀장 레베카 브루커, 이 책이 책장에 진열될 수 있도록 해 준 모나크에게도 감사드린다. 또한 영국 OMF는 내가 OMF와 School of Oriental and African Studies(동양과 아프리카 연구 센터)의 자료를 사용할 수 있도록 허가해 주었다.

마지막으로, 내가 이 책을 쓸 수 있게 해 준 스티브와 에벌린에게 진심으로 감사드린다. 스티브는 내가 그의 인생사를 이리저리 넘나들며 물어봐도 되는 것보다 더 많은 질문을 하고, 더 세세한 것들에 대해서 묻고, 또 더 자세한 설명을 요구해도 인내심을 가지고 너그럽게 나를 대해 주었다.

스티브의 이야기가 당신에게 어떤 인상을 남기게 될지는 모르지만, 나에게 이 책은 우리가 당신에게 넘기는 어떤 바통이고, 우리는 당신이 다른 이들에게 이 책에 담긴 용서와 화해의 메시지를 이어서 넘겨주기를 바란다.

2010년 10월
로널드 클레멘츠

주인공 스티브의 인사

2003년 나는 일본의 어느 모임에서 화해에 대해서 이야기를 나누고 있었다. 자리에 돌아와 앉았을 때, 기독교 출판업자 두 명이 내게 다가와서 내 이야기를 출판하고 싶다고 말했다. 1년 뒤에 일본어로 책이 나왔고, 그 이후 내 선교 활동의 새로운 지평이 열렸다.

로널드 클레멘츠 박사님께 감사드린다. 그는 다른 일을 제쳐 두고 오랜 시간에 걸쳐 이 책을 완성해 주셨다. 나의 삶과 사역을 나누면서 우리는 좋은 친구가 되었다. 틀림없이 여러분도 그가 사랑으로 한 수고로 인해서 복을 누리게 될 것이라고 믿는다.

이 책을 읽는 독자들이 일본을 이해하게 되기를 바라고 또 기도드린다. 다른 동아시아의 나라들은 영적으로 깨어나고 있는데, 역량이 크고 부유한 일본은 아직도 영적인 공백이 매우 크다.

내가 타이핑호에서 내려 처음 일본 땅을 밟았던 이후로 많은 변화가 있었다. 인구도 8,600만 명에서 1억 2,700만 명이 되었고, 세계 곳곳으로 진출하고 있다. 일본에서 교회는 더 많아졌고, 기독교인들은 지도력을 발휘하고 있다. 그러나 회중은 이전처럼 소규모로 모이고 기독교인의 수도 매우 적다. 일본은 여러분의 도움을 필요로 한다. 하나님의 특별한 사랑으로 일생이 변하는 경험을 사람들에게 이야기해 줄 누군가가 필요하다. 나는 60년 전에 그 일을 했는데, 그 일에 대해서 후회한 적이 없다.

2010년 8월

스티브 A. 멧캐프

전쟁의 경험은 거의 모든 사람들에게 어떤 식으로든 자국을 남긴다.

— Max Hastings

전쟁에는 이겨 낼 수 없는 더러움이 있다. 쉽게 사라지지 않는 자국. 평생 남는 얼룩. 우아한 선과 형태는 갈등 속에서 고의적으로 파괴된다. 뒤틀린 강철과 부서진 콘크리트의 형상은 사람들이 입은 손상의 직유가 된다. 이는 가해자에게나 피해자에게나 마찬가지이다. 이러한 것들은 항상 보인다. 진정한 화해는 아무리 해도 이루기 어려워 보이고, 대개는 불가능해 보인다.

갈등과 전쟁은 내 어린 시절을 어둡게 만들었다. 선교사 부부의 아들이었던 나는 현지 소작농들을 괴롭히는 중국 산적들의 끊임없는 위협 속에서 자랐다. 나의 소년 시절은 전쟁 중 일본의 중국 점령기의 그늘 아래 지나갔다. 열네 살의 나는 일본군의 감시를 받는 민간인 전쟁 포로가 되었다. 4년 후에 나는 이 폭력의 굴레에서 벗어나 호주로 떠났다. 그곳에서 나는 내 인생이 완전히 다른 궤도를 돌게 되리라는 것을 알 수 있었다. 나는 일본인들을 위해, 그리고 하나님과의 영원한 평화를 위해 일본으로 가서 화해를 선언해야 한다.

집을 떠나다

내 삶은 매우 위험하게 시작되었다.

나는 1927년 10월 23일에 태어났다. 우리 부모님, 에디와 베시 멧케프는 우리 삼남매를 데리고 중국 남서부 동리수족*이 사는 외딴 산지 다쿠[지금의 타오구(滔谷)] 마을에서 함께 사역하며 살고 있었다. 내가 태어나고 몇 주 지나지 않았을 때, 마을에 산적들이 들이닥쳐 쑥대밭을 만들었다. 산적들은 어두워졌을 때 산에서 내려와 집집마다 불을 질렀다. 어느 동리수족 젊은이가 공포에 질려서 네 살짜리 나의 누나 루스를 들쳐 안고 마을 아래로 뛰어 내려가 숲이 울창한 골짜기로 도망쳤다. 아버지도 나를 안고 어머니와 함께 그 젊은이의 뒤를 따라 달렸다. 어둠 속에서 총알이 우리 머리 위로 빗발치듯 날아왔다.

* 동리수족은 복음 계곡에 사는 리수족과는 다른 부족이다.

아버지가 젊은이에게 돌아오라고 소리쳤지만, 혼이 빠진 그는 말을 듣지 않고 루스 누나를 데리고 뛰어 내려갔다. 수풀 사이에서 요란스럽게 부딪치는 소리가 들렸다가 이내 조용해졌다. 총격이 뜸해진 틈을 타서 부모님이 조심스럽게 밖으로 나오는데, 투박한 손이 아버지를 붙잡아 나무에 묶었다. 그 남자는 대나무를 뽑아 회초리를 만들어 아버지의 얼굴을 잔인하게 때렸다. 아버지는 뺨과 목의 살이 찢겨 피투성이가 되었다. 상상하건대 우리 어머니는 아마도 본능적으로 나를 데리고 뒤돌아서 숨었을 것이다.

"왜 그를 때리느냐? 이 멍청아, 손을 묶어! 그를 볼모로 써야겠다. 그는 좋은 사람이다."

산적 두목이 아버지를 때리는 부하에게 소리 질렀다. 어머니는 아버지가 끌려가는 것을 지켜보았다. 어떻게 손을 쓸 수가 없는 처지였다. 산적들이 전부 부수고 약탈을 끝내기 전까지는 구할 방도가 없었다. 어머니는 서둘러 집으로 가서 마을 신자들이 와서 불을 꺼 주기를 기다렸다. 루스는 어디 있는지, 아무도 몰랐다. 그렇게 무서웠던 밤이 지나고, 새벽에 동리수족 젊은이가 두려움에 질려 있는 루스를 데리고 돌아왔다. 루스의 옷은 다 찢어졌고 더러웠으며, 뺨은 눈물로 얼룩져 있었고, 누군가가 준 사탕이 머리카락에 달라붙어 있었다.

전에도 이런 일이 있었으며, 앞으로도 다시 일어날 수 있는 일이었다. 이것—선교사로서 중국 윈난성의 부족민을 섬기는 일—이 우리 부모,

에디와 베시가 선택한 삶이었다. 다쿠는 그들의 집이었고 이것이 그들의 삶이었다. 그리고 이제는, 길지 않았지만, 나의 삶이기도 했다.

아버지는 2주 동안 잡혀 있다가 탈출했는데 그 일에 대해 불평하지 않았다. 아버지는 보통 극단적인 상황에서도 흥밋거리를 찾는 분이었다.

"산적 한 명이 네 어머니의 분홍 잠옷을 가져갔지. 주머니 안에 예쁜 사진이 있었는데, 내가 그것을 꺼내 가지라고 하자 쑥스러워하며 못 하는 거야! 하하하……."

몇 년 뒤 아버지가 재미있다는 듯 나에게 그때 일을 말해 주었다.

다쿠는 양쯔강 남쪽, 해발 2,500m 정도의 높은 곳에 있는 마을로, 가

윈난성 쿤밍에서 다쿠까지의 긴 여행에서 바구니에 담겨 업혀 가는 스티브, 1930년.

스티브가 자랐던 윈난성 다쿠 마을, 1936년.

파른 산과 굽이진 협곡으로 빽빽이 둘러싸인 지역이다. 양쯔강의 협곡 위에 동리수인들이 작은 초막을 짓고 좁은 농지를 계단식으로 만들어 살고 있었다. 윈난성 성도(省都)인 쿤밍에서 다쿠까지 일주일이 걸렸다. 이전에도 그랬지만 지금도 다쿠로 들어가기가 쉽지 않다.

깊은 협곡 아래 흐르는 강 위로 먼지가 풀풀 날리는 비좁은 길을 따라 가다 보면 산꼭대기 높은 곳에 마을이 있었다. 나는 그 정상에 서서 있는 힘을 다해서 소리를 지르곤 했는데, 그 소리가 메아리가 되어 다시 울릴 때, 산을 내려와서 반대편 경사면에 우리 아버지가 1916년에 지은 하얀 교회당까지 다시 뛰어 올라갔다.

아버지는 27세 독신으로 옥스퍼드에서 맞춤 양복 사업을 하다가 잘

나가던 사업을 접고 1906년 10월 중국내지선교회(China Inland Mission, CIM) 소속으로 중국에 왔다. 남서부 소수 민족 거주 지역에서 사역할 교사와 전도자, 설교자가 필요했기 때문이었다. 그곳에서 수많은 소수 민족 사람들이 복음을 받아들이고 있었다.

아버지 에디 멧캐프는 결국 동리수족에 집중하여 사역하게 되었다. 동수리족은 19세기가 끝날 무렵까지 미신 숭배와 악령에 속박되어 두려워하며 살고 있었다. 아버지에게 들은 바로는, 그들이 느끼는 공포는 막연한 것을 넘어, 매우 구체적으로 모든 행동을 제약하고 그들을 어두움 속으로 잡아끌고 있었다.

선교사들이 들어오고부터 동리수족 사람들은 예수 안에서 구원을 받고 열정적으로 하나님을 찬양했다. 그들은 하나님을 향한 자신들의 사랑을 아름다운 음률로 노래했다. 동리수족 지역 곳곳에서 아버지는 수많은 사람들이 주께 돌아오는 것을 목격했다. 1930년대 초, 다쿠 마을은 60가정 중 50가정이 기독교인이었다. 우리 교회에서 예배드릴 때, 하나님께서 자신을 어떻게 변화시키셨는지 간증하는 마을 사람들이 많았다.

나는 어렸지만 아버지를 따라다니면서 믿는 사람이 많은 마을과 그렇지 않은 마을이 얼마나 다른지 알 수 있었다. 나는 어려서부터 하나님을 믿었고, 기도와 성경 읽기는 내 삶의 일부분이었다. 내가 여섯 살쯤 되었을 때, 하루는 밤에 아버지와 함께 집으로 올라가고 있었다. 아버지는 헐떡거리는 나와 보조를 맞추어 천천히 걸음을 옮겼다. 길가에 미신의 잔재가 어지러이 흩어져 있는 것이 보였다. 내 마음이 요동쳤다. 악의 실체가 매우 실제적으로 다가왔기 때문이었다.

"무서워요."

그러나 아버지는 나를 위로하는 대신에 호되게 꾸짖었다.

"스티브! 사탄은 악마의 두려움으로 다스리지만, 하나님은 사랑으로 다스리신다. 시편 23편에서 뭐라고 말씀하셨지?"

깜깜한 밤에 나는 아버지 손을 잡고 집으로 올라가면서 함께 암송했다.

"여호와는 나의 목자시니……. 내가 사망의 음침한 골짜기로 다닐지라도 해를 두려워하지 않을 것은 주께서 나와 함께 하심이라……."
(시편 23:1, 4)

어느 새 두려움이 사라졌다.

동리수족 마을에서의 삶은 매우 단순했다. 가게가 하나도 없었고, 한 달에 한 번 서는 장에서 모든 것을 해결해야 했다. 가스나 전기도 없었다. 양은 물동이에 시냇물을 퍼 담아 실어 날랐고, 울안에서 채소를 직접 길렀다. 조금 더 큰 강에 가면 큰 물고기를 잡을 수 있었다. 염소젖과 버터가 우리의 중요한 식량이었다. 장(腸)이 나빴던 아버지는 마을에서 짐승을 잡으면 그 간을 구입했다. 사역하는 시간을 확보하기 위해서 우리 부모님은 집안일을 해 줄 도우미들을 고용했다. 우리에게 오는 편지를 가져오기 위해서는 산을 내려가서 읍내에 가야 했는데, 걷거나 조랑말을 타고 하루가 걸리는 길이었다.

아버지는 선교 사역을 준비하면서 기본적인 의학 교육을 받았다. 교회에서 좀 떨어져 있는 곳에 우리 집과 의무실이 있었고, 우리 집에는 흰 페인트로 칠한 담이 있어서 동리수족의 평범한 황토 집과 구별이 되었다. 선교 센터는 그 주변에 1m 넘는 토담을 쌓아 구분하고, 비가 많이 와도 안전하도록 담 위에 기와를 올렸다. 집 자체는 상대적으로 컸다. 아래층에 경사면을 따라서 길게 방 네 개를 만들고 그 중간에 계단을 만들었다. 위층에 있는 침실 네 개는 집 뒤쪽의 긴 복도로 연결되어 있었다. 바깥에 따로 있는 화장실은 기와 지붕의 매우 튼튼한 건물이었다. 화장실에는 앉아서 일을 볼 수 있도록 크고 작은 네모 틀을 두 개 만들고 그 안에 크기에 맞는 양동이를 놓았다. 큰 것은 부모님, 작은 것은 루스와 내가 사용했다. 우리 가족은 부엌에 둥근 양철통을 놓아 목욕 문제를 해결했다.

산적이나 도적이 없을 때는 매우 자유롭게 산속을 뛰어다니며 놀 수 있었다. 샤오양은 우리 집 염소를 먹이는 내 동

스티브와 그의 동리수족 친구들.
바로 왼쪽이 샤오양. 1936년.

서(西)중국에서 동(東)일본으로

에디 멧캐프(오른쪽 끝)와 소수 민족의 개척 선교사들. 1911년.

리수족 친구였는데, 나는 그와 함께 시냇물의 수원을 따라 올라가 놀았다. 윈난성의 산은 아열대 기후이기 때문에 1년 내내 봄처럼 아름다웠다. 나리꽃, 아이리스, 물망초 등이 지천으로 피어 있어서 얼마든지 꺾을 수 있었다. 키 큰 해바라기와 코스모스가 들판에서 빛나고 있었고, 눈이 닿는 곳마다 철쭉이 무성했다. 짙은 초록 냄새와 나무 타는 향기가 진동했다. 산토끼들이 자주 눈에 띄었고, 수풀 속을 뛰어다니는 원숭이가 있었으며, 금빛 꿩들은 내가 앞에 있어도 놀라지 않았다. 밤마다 늑대가 우는 소리가 가끔 들리는 것 외에는 마을이 어두움 속에 붙잡혀 있는 것처럼 매우 고요했다. 새벽녘이 되어 새들이 지저귀고 벌레들이 노래할 때에야 풀려나는 것 같았다.

　나는 다쿠 밖의 삶에 대해서는 아는 바가 거의 없었다. 우리는 쿤밍에 몇 번 갔고, 우리 집에 다른 선교사들이 오기도 했다. 동리수족 가정에서는 모두가 곡식을 관에 넣어 보관했는데, 내게는 그것이 당연해 보였다. 우리 집에는 없었지만 가정마다 피할 수 없는 사고에 대비하여 묘석을 가지고 있던 것도 으레 그러려니 하고 생각했다. 반면에, 동리수족 사람들이 전부 손으로 짠 옷을 입은 것에 비해 아버지는 와이셔츠에 넥타이를 매고 짙은 회색 중절모를 썼고, 어머니는 블라우스, 스커트에 털실로 짠 겉옷을 입었는데, 그것도 어색해 보이지 않았다. 샤오양은 화분을 엎은 것처럼 귀까지 내려오는 모자를 쓰고 헐렁한 바지에 옥수수 속대로 만든 단추가 달린 작업복을 걸치고 있던 반면, 나는 V넥 스웨터에 짧은 바지, 무릎까지 오는 양말을 신고 있었다. 나는 집에서는 영어를 쓰고 밖에서는 친구들과 아무 문제 없이 동리수어로 말했다. 마을에서 나와 루스 누나 외에 다른 아이들은 이미 전부 결혼 상대가 정해져 있다는 것도 당연한 사실로 받아들이고 있었다.

　루스 누나가 학교에 다니기 위해서 집을 떠났을 때 나는 세 살이었다. 이제 성탄절이나 되어야 누나를 만날 수 있다고 했다. CIM의 기숙학교는 집에서 직선 거리로 2,000km 떨어져 있는 산둥성 북부 치푸(芝罘)

22　　　　　　　　　　　서(西)중국에서 동(東)일본으로

라는 마을에 있었다. 교육할 방법이 달리 없었다. 일곱 살이 된 루스 누나는 어머니를 따라서 홍콩과 상하이를 거쳐서 치푸로 갔다. 함께 살던 우리는 떨어져 살면서 1년에 몇 주씩밖에 만날 수 없었다. 우리 가족은 15년 후에야 호주에서 만나 몇 달을 같이 지낼 수 있었다. 가뜩이나 좁았던 나의 세상에서 루스 누나는 그렇게 사라졌다. 그 이후 루스 누나의 이야기는 모두 다쿠까지 머나먼 길을 따라 손으로 배달되는 편지를 통해서밖에 알 수 없었다.

1934년 8월, 이제 내가 여섯 살이 되어 학교에 갈 차례가 되었다. 부모님, 샤오양, 동리수족 마을을 떠나서 누나와 재회했고, 한 번도 만난 적이 없었던 또래 친구들과 짓궂은 장난을 하며 엄격한 서양식 교육을 받게 되었다. 짐을 조랑말 등 위에 싣고, 부모님과 나는 쿤밍을 향해서 걸어갔다. 우리는 며칠 동안 간신히 지붕만 덮여 있고 연기로 자욱한 길가의 여관에서 자야 했다. 쿤밍에서 증기 기관차를 타고 베트남의 하노이를 거쳐 그곳에서 홍강(紅江)이라고 알려진 송꼬이강 어귀에 있는 항구 하이퐁까지 갔다. 우리는 하이퐁에서 작은 증기선을 타고 홍콩으로 향했다. 나는 산속에서만 자랐기 때문에, 우리가 탄 배가 밤에 바다 위를 가면서 끊임없이 거품투성이의 파도를 일으키며 형광색으로 반짝이는 것이 얼마나 멋있었는지 모른다. 홍콩 항구도 대단했다. 대형 정기선, 순양함, 구축함, 수많은 나라의 국기들이 펄럭이는 장면은 모두 생전 처음 보는 것이었다.

홍콩에서 상하이까지는 매우 화려한 배를 탔다. 나는 갑판과 미로 같은 복도와 계단을 수없이 탐험하며 즐거운 시간을 보냈다. 우리가 탄 삼등칸마저도 물 위에 떠 있는 궁전처럼 생각되었다. 나는 이틀 동안 식당에서 한량없이 제공되는 음식을 마음껏 먹었고, 대형 오케스트라의 음악에 매료되었으며, 그 이상 행복할 수 없는 황홀한 시간을 보냈다.

상하이는 완전히 다른 별세계였다. 사람들이 택시, 인력거, 차, 버스 등을 타고 다녔고, 엘리베이터와 에스컬레이터가 있는 고층 건물들이 빽빽이 들어차 있었다. 먹는 음식도 아주 달랐다. 탐스런 청포도도 송이째 먹었고 바닐라 아이스크림에 초콜릿을 얹어서 먹기도 했다. 난생 처음으로 치과에도 갔다. 그렇지만 그것 때문에 탐험을 향한 나의 열정이 식지는 않았다.

우리는 해안을 다니는 작은 배를 타고 마침내 치푸에 도착했다. 그 배는 등대섬을 지나서 내항에 정박되어 있는 미국과 영국 해군의 배 사이를 누비듯이 지나갔다. 학교가 내 눈에 들어왔다. 퍼스트비치(First Beach) 해변가에 중후한 유럽식 건물 다섯 동이 낮은 중국의 산들을 배경으로 눈에 띄게 서 있었다. 당시 서양 문명이 지녔던 식민지풍 유물의 한 예였다. 치푸는 수많은 외국인들에게 고향이 되어 주었다. 식품점, 독일 레스토랑, 신문사, 놀이 공원, 치푸 클럽 등 30개 이상의 상업 시설들이 그 안에 있었고, 은행이 세 군데, 교회도 두 곳이 있었다. 그러한 문화적 설비는 서구 열강과 일본이 조약을 맺은 항구에서는 흔히 볼 수 있었지만, 치푸는 외국인이 땅을 소유하는 동네가 아니라 중국인이 지역 행정을 담당하고 있는 곳이었기 때문에 흔한 예는 아니었다.

학교 부지를 중국 동북부의 외딴 만(灣)에 정한 것은 사람이 계획해서라기보다는 하나님의 인도가 있었기 때문이었다. 1879년 CIM의 창립자 허드슨 테일러가 위중한 병이 들어서 요양할 곳을 찾고 있던 중에 치푸에 오게 되었다. 그 해는 우리 아버지가 태어나신 해였다. 한 농부가 테일러에게 자기네 콩밭을 사지 않겠느냐고 물었다. 테일러는 그 제안을 받아들여서 현지에서 채석한 돌로 그곳에 요양원을 세웠다. 대들보용 오크 나무와 노르웨이산 소나무는 그 근처 내항을 왕래하던 난파선에서 가져온 것이었고, 티크 나무, 내부 시설물, 그리고 여러 가구도 마찬가지로 난파선에서 뜯어서 사용했다. 첫 입학생은 세 명이었다. 그중 하나인 프레드 주드는 우리 학교 의사가 되었다. 이후로 치푸 학교는 급성장하여 1894년에는 학교 기숙사에 선교사 자녀가 200명 있었다.

나는 그곳에서 부모님과 헤어져서 1년 동안 만나지 못하게 될 것을 알지 못했다. 다쿠로 다시 가기 전에 우리 부모님은 절실하게 요양이 필요해서 영국으로 가려고 계획하고 있었다. 두 분 모두 뎅기열, 말라리아, 장티푸스로 지친 상태였다. 어머니는 말을 타다가 낮게 드리워진 가지에 걸려서 낙마하는 바람에 척추를 다친 데다가 관절염이 시작되어 움직임이 불편했다. 아버지는 벌써 60대에 가까운 나이였는데 감염이 문제가 되어 복부의 상당 부분을 도려내는 수술이 필요했다. 루스 누나와 나는 1935년 성탄절에 다쿠로 돌아왔다. 그렇지만 2주밖에 있지 못하고 다시 긴 여정을 따라서 치푸 학교로 돌아가야 했다. 우리는 이렇게 짧은 성탄절 휴가를 1938년까지 네 번 보냈는데, 그 후에는 중일 전쟁 때문에 그나마도 갈 수 없었다. 아버지와 어머니는 다쿠에서 12년을 더 머물렀지만, 나는 그 후로 한 번도 부모님 집으로 가지 못했다.

　부모님이 나를 치푸 학교에 데려다 주고 돌아가는 인력거 곁에서 루스 누나와 나에게 작별 인사를 할 때, 이런 이별에 대해서 나는 아무것도 몰랐다. 부모님을 태운 인력거가 학교 문을 지나서 시야에서 사라져 갈 때, 내 삶에서 부모님이 사라져 가는 느낌이 들었다. 시간이 지나면서 며칠이 아니라 몇 달이 지나도 부모님을 만나지 못한다는 것을 깨달았을 때 느꼈던 아픔은 매우 잔인한 것이었다. 그분들이 영국에서 보낸 첫 번째 편지도 몇 주가 걸려서야 학교에 도착했다. 헤어질 때마다 컸던 상실감의 슬픔을 느끼지 않게 되기까지는 오랜 시간이 걸렸다.

균형

기숙학교는 다양한 경험이 가능한 장소였다. 어려운 경로를 통해서 배우는 교훈도 있었고 즐거운 유희처럼 배우는 것들도 있었다. 기숙학교의 짓궂은 장난들은 내게는 언제나 고전적인 흥밋거리였고 즐거운 추억이었다.

나는 다른 선교사 자녀 여섯 명과 방을 함께 썼다. 그중에 브라이언 톰슨이 있었고, 내가 세 살 때부터 알고 지내던 닐 요크스턴이 있었다. 닐과 나는 쿤밍에서 태어났다. 나처럼 닐도 아버지는 영국인, 어머니는 호주인이었다. 우리가 살던 곳 동쪽에는 다화먀오(大花苗)족이 살았는데, 닐의 부모님은 그곳의 선교사였다. 브라이언은 허베이성에서 사역하는 아일랜드 출신 가족의 장남이었다.

우리 일당은 학교 배수 시설을 탐사하는 일도 마다하지 않았다. 한

번은 브라이언과 빗물 배수구에 기어 들어갔다. 배수구는 매우 좁았고, 여학생들의 필드하키 경기장 아래로 뚫려 있었다. 브라이언은 배수관에 꽉 끼어서 꼼짝달싹 못 하게 되었고, 나는 간신히 뒤로 빠져나왔다. 나는 "뒤로 움직여서 나와 봐!"라고 소리치며 그의 다리를 잡아당겨 그를 빼냈다.

이것으로 교훈을 얻었어야 했는데, 우리는 바로 또 다른 일을 저질렀다. 밖으로 나와서 배수구의 다른 한쪽 끝을 찾아서 비탈길을 달려 올라갔다. 나는 브라이언과 닐과 함께 콘크리트 뚜껑을 비집어 열었다. 브라이언은 자기 몸집이 나보다 커서 통과하지 못했다고 생각하고 이번에는 나보고 들어가라고 했다. 나도 그곳에 끼어서 못 나올 수 있다는 것을 증명해야 하는 일이었다. 몸을 굽히고 완만하게 굽은 배수구를 따라서 가는데, 저쪽 끝에서 빛이 보였다. 그렇지만 배수구가 좁아서 나는 더 이상 전진할 수가 없었다.

"나 끼어서 못 나가!"

내가 소리 질렀지만 아무 대답이 없었다.

"나 좀 끌어내 줘!"

더 크게 외쳤지만 아무도 듣지 못하는 것 같았다. 나는 공포에 질렸다. 앞으로 팔을 뻗으니 작은 지렛대가 만져졌다. 뒤로 밀었지만 내 몸은 그냥 쐐기처럼 박혀 있었다. 아무도 도와줄 수 없었다. 나는 빠져나가려고 있는 힘을 다해서 몸부림쳤다. 간신히 빠져나와 비틀거리며 잔디밭으로 나와 앉을 때까지의 시간은 나에게 영원과도 같았다. 브라이언이 배수구에 머리를 박고 내려다보고 있는 모습을 보고 아이들이 모여들었다. 그 아이들은 모두 나의 탐험에 감복하여 대단한 찬사를 보냈지만, 나에게 그것은 아직도 악몽과도 같은 기억으로 남아 있다.

어느 겨울날에는 우리 방의 일곱 명이 허락을 받아서 등산을 갔다. 동네에 있는 산으로 올라가 보니 그 위에 작은 탑 모양의 정자가 있었다. 그 벽에 금이 가 있는 것을 보았지만, 우리는 위험을 무릅쓰고 서로 도우며 4m 높이의 지붕 위로 올라갔다. 올라가 보니 경치는 좋았지만, 감상할 여지도 없이 찬바람이 어찌나 세차게 불어오는지 우리를 날려 버릴 기세였다. 손을 잡는 곳도 미끄러웠기 때문에 다섯 친구는 그 정자에 묶여 있었다. 나와 다른 친구 하나만 무사히 내려왔다. 5km 조금 못 되는 길을 걸어서 학교로 돌아왔지만, 우리에게는 당연히 꾸지람과 벌이 기다리고 있었다. 어느 중국인 농부가 다섯 친구를 갈퀴로 구해 주었다. 매우 화가 난 교장 선생님은 우리에게 화장실 고칠 때 쓰는 커다란 사다리를 들고 얼어붙은 운동장을 몇 바퀴나 돌게 하려고 했다. 결국 사다리가 없어져서 그렇게 하지는 않았지만, 대신에 나는 "어떻게 하면 무모한 일을 하지 않을 수 있는가?"에 대하여 반성문을 200단어로 써내야 했다.

또 달리 더 위급한 일을 겪은 적도 있었다. 1935년 1월, 학생 70명과 직원 다섯 명이 성탄절 휴가에서 돌아오다가 상하이에서 퉁저우(通州)라는 이름의 배를 탔는데, 해적들이 그 배를 탈취하여 배의 보호 책임을 맡

왔던 러시아 경비 대장을 죽였다. 그들은 배의 굴뚝에 흰 줄무늬로 페인트를 다시 칠했고 배의 이름도 바꾸었다. 그 사건은 전 세계적으로 대서특필되었다.

영국 공군이 나흘 만에 홍콩 근처 다야완(大亞灣)에 그 배가 정박되어 있는 것을 발견했다. 그곳은 해적들이 주로 이용하는 소굴이었다. 그들은 달아나면서 승객들에게서 돈과 보석을 갈취했다. 25만 달러 상당의 수표도 빼앗아 갔지만 그것은 공식 사인이 아니어서 무용지물이 되었다.

그곳에서 빠져나온 치푸 학생들은 학교로 돌아와 총알을 어떻게 피했고 해적 옷을 어떻게 집어 왔는지를 자랑스럽게 과장하며 우리에게 보여 주었다. 그들은 그 모험의 증거로 팔꿈치에 구멍이 난 해적의 회색 스웨터를 유리 전시관에 넣어 모두에게 보여 주었다. 볼모로 잡혔던 친구들은 학교의 영웅이 되었다. 그런데 나로서는 모험보다도 더욱 부러웠던 것은 그들이 열흘 동안 공부를 하지 않았던 일이었다!

성장해 가면서 우리의 관심도 바뀌어 갔다. 특히 여학생들이 피할 수 없는 급우에서 매력 있는 대상으로 바뀌었다. 내 친구 랜스는 한 여학생에게 빠져 있었는데, 그것 때문에 나는 곤란한 일을 당하게 되었다. 나는 열네 살 무렵에 사진을 찍어서 다른 친구들에게 그 사진을 팔곤 했다. 그런데 랜스가 메리의 사진을 갖고 싶어 했다. 나는 좋은 일거리가 생겼다고 생각하고 테니스 시합을 하고 있는 메리의 사진을 여러 장 찍었다.

그것으로 얼른 1, 2달러를 벌고 싶어서 중국인 사진관에 가서 될 수

서(西)중국에서 동(東)일본으로

있는 대로 빨리 현상해 달라고 부탁했다. 불행하게도 그 사진사는 우리 선배에게 사진을 나에게 전해 달라고 부탁했다. 그 선배는 나에게 전해 주기 전에 별 생각 없이 그 사진들을 훑어보았다. 스티브 맷케프가 메리를 좋아한다는 소문이 기숙사 내에 퍼지기까지 그리 오랜 시간이 걸리지 않았다. 그러자 메리의 삼촌이 그 사진들을 보러 오셨다.

"제가 실수로 그랬습니다. 잘못했어요. 이제는 전부 없앴습니다."

나는 더듬거리며 해명했는데, 그 말은 반은 사실이었지만 거짓말에 더 가까웠다. 내 손에서는 없어졌지만, 미리 약속한 대로 그 사진들은 이미 랜스에게 넘겨주었던 것이다. 그런데 랜스가 사랑했던 메리가 이제 나에게 시선을 주게 되는 일이 발생하여, 랜스는 매우 유감스러워했다. 사진은 아무 소용이 없었다.

학교에서는 본질적인 기독교의 진리를 가르쳤고, 반드시 그렇게 살아야 하는 것이 우리의 의무였다. 주일마다 루스와 나는 100여 명 되는 학생들의 긴 행렬에 섞여 예배당에 갔다. 해안도로에 있는 유럽식 호텔들을 지나 마을의 가장자리에 있는 영사관 언덕까지 2.5km 되는 길이었다. 그 유니온 교회에서는 그저 어른 중심의 예배를 드렸기 때문에 배운 것은 별로 없었지만, 그곳까지 가는 동안에는 최소한 루스와 나는 함께 있을 수 있었다.

선생님들은 아침 저녁 교대로 기도회를 인도하여 우리가 기도 생활을 하도록 도우셨다. 지금까지 기억에 남는 메시지는 이것이다.

"만일 여러분이 빛 가운데 걸으면 어두움에 다니지 않는 것이지요?"

"네."

"만일 여러분이 어두움 가운데 걷고 있으면 빛 가운데 가는 것이 아니지요?"

"네."

그보다 훨씬 더 도움이 되었던 것은 강제적이지 않은 재미있는 행사들이었다. 해마다 여름이면 특별 해변 집회가 열렸고, 우리는 그때 모래로 강단을 만들고 다양한 활동을 했다.

그런데 내가 하나님을 개인적으로 만나게 되었던 것은 음악 덕분이었다. 동리수족 사람들의 노래를 들으면 나는 언제나 감동을 받았다. 하얗고 작은 예배당에서 하나님께 영광을 돌리는 찬양을 할 때면 그 강력한 화음이 말 그대로 온 계곡을 울렸다. 나는 그 동리수족의 화음과는 다르지만 그만큼 감동을 주는 노랫말과 음정의 형태가 또 있다는 것을 배웠다. 나는 학교 성가대원이었으며, '아직 끝내지 않은 과업이 우리를 무릎 꿇게 만드네', '모든 영광 속의 부요하신 주께서 사랑 때문에 가난하게 되셨네' 등의 찬양 가사가 내 마음을 울렸다. 스테이너의 작품 〈십자가〉에 나오는 가사도 나를 사로잡았다. '단 한 시간도 나와 함께 깨어 있지 못하느냐?'라는 가사였다. 내가 그리스도께 헌신하게 된 것이 음악 때문이기는 했는데, 그 출발이 결국 친구에게 몰래 훔친 하모니카와 악보였다는 것은 매우 아이러니한 일이었다.

나의 학교 생활 보고서에는 "그는 대체로 매우 잘하고 있습니다."라고 적혀 있었다. 지금 감사하는 것은 학교에서 우리 부모님에게 행간에 숨겨진 의미를 전달하려고 했던 일이다. 그 '대체로'라는 말이 무슨 뜻인지 당시에는 몰랐다. 내 마음은 대부분 공부와는 동떨어져 다쿠의 언덕에 주로 가 있었다. 나는 우리 부모님이 뭘 하고 계시는지 늘 궁금했다. 아버지가 환자의 치아를 빼는 것을 보고 싶었다. 또는 약국에서 아스피린, 키니네를 병에서 덜어서 무게를 재는 모습이나 살균 크림을 만들어 나누어 주는 모습이 그리웠다. 나는 또 집에서 어머니와 같이 있고 싶었다. 샤오양과 동리수족 말을 하고 싶었다. 아니면 마을을 다니며 예쁘게 수놓은 윗옷과 치마를 입고 이빨로 능숙하게 해바라기 씨를 까서 먹는 아주머니들이 보고 싶었다. 그리고 나는 우리의 그 작고 하얀 교회당에 함께 있고 싶었다. 예배드리며 점점 커지는 동리수족 사람들의 찬양 소리를 듣고 싶었다. 학교 친구들이 있었지만 사실 나는 외로울 때가 많았다.

학급에서 자신감이 조금 부족하던 나를 기운나게 해 준 일은 따로 있었다. 운동장에서는 내 역할을 다하고 있다는 자부심을 느꼈다. 학교는 영국 교육 제도의 기풍과 빅토리아 시대의 성취감을 추구하는 매우 복된 분위기였다. 학업은 물론 스포츠에서도 기량을 쌓을 수 있도록 지도했다. 우리는 모두 교장 선생님을 패트릭 A. 브루스라는 원래 이름을 줄여서 '파' 브루스(브루스 아빠)라고 불렀는데, 파 브루스는 케임브리지에서 크리켓과 럭비 선수였다. 월요일, 수요일, 금요일에는 정규 스포츠 시간이 있었고, 우리는 날마다 치푸 해변의 찬물에 한 번씩 들어갔다 나와야 했다.

나는 축구부 주장이었고 체조, 조정, 수영을 좋아했다. 그러나 크리켓은 잘 못해서 대기실에 물러나 있었다. 또한 나는 달리기를 잘해서 나중에 에릭 리들과 친해졌는데, 리들은 1924년 파리 올림픽에서 금메달과 동메달을 땄던 선수였다. 리들은 유럽에서 달리기를 할 때 고개를 높이 들고 달렸지만, 사실 매우 조용하고 겸손했던 하나님의 사람이었다. 나에게 일본을 사랑하도록 가르쳐 준 사람이 바로 리들이었다.

러허(열하)
만주
Chengteh (Jehol)
●Mukden
●PEKING
Tientsin ●
허베이성
치푸
한국
Weihsien ●
산둥성
●Tsingtao
황해
Yellow River
장쑤성
Fowyang
●Nanking
제주도
SHANGHAI
Soochow

MONGOLIA
MANCHURIA
SINKIANG
CHAHAR
JEHOL
SUIYUAN
NINGSIA
KOREA
SHANSI
HOPEI
TSINGHAI
KANSU
SHANTUNG
YELLOW SEA
SHENSI
HONAN
KIANGSU
Cheju Island
TIBET
SZECHWAN
HUPEH
ANHWEI
SHANGHAI
SIKANG
CHEKIANG
EAST CHINA SEA
NEPAL
KWEICHOW
KIANGSI
HUNAN
ASSAM
FUKIEN
YUNNAN
KWANGSI
KWANGTUNG
FORMOSA
BURMA
HONG KONG

SCALE OF MILES

1950년 이전의
중국

궁지

다쿠와 연결되는 유일한 통로는 부모님의 편지들이었다. 부모님은 매주 헌신적으로 루스와 나에게 편지를 써 보내셨다. 25분간의 점심시간에 루스와 나는 함께 학교 계단에 앉아 최근 소식을 교환하고 우리만의 비밀 이야기도 했다. 두 분 가운데 어머니가 더 상상력이 풍부한 작가 같았다. 돌아가시기 전까지 유지하셨던 분명한 필체로 다쿠에서의 생활에 대해 넉 장에서 여섯 장에 이르는 장문의 편지를 아주 구체적이고도 생생하게 묘사해 보내 주셨다. 그 편지들 덕분에 나는 그렇게도 그리워하던 동리수족에 대한 갈망을 채울 수 있었다. 부모님은 그렇게 성실하게 편지를 보내 주셨지만, 배달이 지연되거나 전달되지 않을 때가 자주 있었다. 윈난성에서 오는 우편 도로는 험난했다. 1937년 여름에 발발한 중일전쟁 때문에 배달 업무는 자주 차질을 빚었고, 심지어 모든 업무가 한꺼

번에 중단되는 때도 있었다.

내가 치푸에 온 지 3년이 되었을 때, 일본이 중국 북부를 침략했고, 해안에 있던 학교는 문을 닫아야 했다.(치푸에 있던 CIM 학교는 1942년에 아주 문을 닫았다. 대신에 CIM/OMF는 중국 바깥의 다른 나라에서 '치푸 학교'들을 시작했다. 2001년에 마지막으로 말레이시아의 캐머런 하일랜드에 있던 학교가 문을 닫아 '치푸 학교'의 역사는 막을 내렸다.) 학교에서 육상 경기가 있었을 때, 나는 2등이라도 차지하려고 기를 쓰고 달린 적이 있었다. 그 때 무장한 일본 군인들이 지나갔는데, 그들은 카키색 군복에 허리에 칼을 차고 무릎까지 오는 군화에 철모를 쓰고 있었다. 일본군이 치푸에 눈독을 들이기까지 몇 달이 걸리기는 했지만, 그들은 산둥성 지역에서 세력을 강화시켜 나갔다. 다행스럽게도 마을에서는 전투가 벌어지지 않았다. 부유한 중국 사업가들이 지역의 정부군을 매수하여 후퇴시켰기 때문이었다. 외국인들에게는 일본군의 점령이 다소 안도감을 주는 면도 있었다. 전쟁은 권력의 공백을 가져왔으며, 치푸는 최악의 소용돌이에서 벗어날 수 있었다. 다른 조약항들에서는 심각한 폭동과 약탈이 있었다고 보도되었다.

처음에 일본인들은 자신들이 자비로우며 사려 깊기 때문에 외국인 구역의 재산과 자유를 침해하지 않을 것이라고 선전했다. 중국어로 쓰인 전단지 하나가 공중에서 떨어졌다. '동아시아의 새 질서'라는 제목 아래, "일본 군대는 훌륭한 시민들을 보호하도록 엄격한 훈련을 받은 군대이며 (……) 사업은 다시 한 번 번성하게 될 것이다."라고 써 있었다. 우리는 일본인과 중국인들 사이의 갈등을 분명하게 알고 있었지만 학교에서는 거의 그런 문제를 겪지 않았다. 그러나 만주나 다른 점령 지역에서 치푸로 돌아온 친구들은 중국인 목회자들이 투옥과 끔찍한 학살을 당한 이야기나 일본인들이 저지른 고문 이야기 등을 구체적으로 전해 주었다. 몇 년 후에 내가 만났던 어떤 사람은 일본인을 '살인 기계'라고 불렀고, 일본의 정복 '야욕'에 대해서도 말했다. 그는 일본어를 배우고 일왕을 숭상하도록 강요받았다고 전했다. 또한 중국내지선교회(CIM) 간호사 네 명이 전쟁을 피해 도망치다가 잔인하게 칼에 찔려 상처를 입었다고 말했다. 난징 선교 병원에서는 전쟁에 광분하는 병사들의 칼에 난도질당한 중국 여인을 치료했다고 했다. 나는 그 끔찍한 이야기들을 들으며 분노로 가슴이 터질 것 같았다. 그런데 혼란스럽게도, 우리가 자주 찾는 동네 상점에서 일하는 일본인들은 매우 친절했다. 나중에야 안 일이지만 그들은 잔인한 일본 비밀경찰대의 지시로 우리를 염탐하던 사람들이었다.

1939년 유럽에서 조정은 와해되고 전쟁으로 모든 것이 전복되어 상황은 더 악화되었다. 일본인들은 그들이 중국을 다스린다는 사실을 더욱 확고히 했으며 서구인들은 점점 더 고립되었다. 외국인들은 일본 점령 지역을 넘어 자유 중국으로 여행할 수 있는 허가를 받기가 어려웠다. 루스와 나는 성탄절에 집에 돌아갈 수가 없었다.

치푸에서는 식민지 영토라고 표시하는 분명한 경계가 없었지만 그들

서(西)중국에서 동(東)일본으로

의 사유지는 일본 제국주의가 들어오는 문턱이 되었다. 일본인들은 정중함과 공손함의 가면을 쓰고 자기들의 야심을 숨겼고, 이내 그 가식이 드러났다. 일본은 미국인들에게 떠나라고 요구했고, 실제로 많은 미국인들이 떠났다. 우리는 항구에 있는 일본의 수상비행기에 폭탄이 실리는 것을 보았다. 은행 계좌는 동결되었다. 마을 안으로나 밖으로나 우편물은 더 이상 배달되지 않았다. 도시의 중국인 거주 지역에서는 강제로 반영(反英) 시위를 하게 만들었다.

1940년 5월 2일 우리의 현지 직원들이 파업을 일으켜 학교 밖으로 나갔다. 그중에는 우리가 '스톱바벨'이라고 부르는 뚱뚱한 세탁장 직원도 있었고, 여위고 우울해 보이는 '성직자'도 있었으며, 건장한 '해적 빌'도 있었다. 한 직원의 말에 따르면, 파업은 30시간 후 극적으로 잘 타결되었고, 그때 우리 어린 학생들은 아무 일 없는 듯이 즐겁게 공부하며 학교를 잘 유지하고 있었다.

독일이 처음에는 네덜란드를, 그다음에는 프랑스를 쳐부수자 식민 제국주의의 야욕이 드러났다. 1년 후 일본은 인도차이나를 합병한다는 조약을 프랑스와 맺었고, 중국의 남쪽에 대한 자신들의 주장을 확실히 하기 위해 4만 명의 군대를 사이공에 주둔시켰다. 영국과 미국은 일본에 '경제적' 전쟁을 선포했다. 일본은 물러가지 않았다. 1941년 일본의 폭격기들이 진주만에 나타나 미국 해군을 선제 타격하자 태평양 전쟁이 일어났다. 우리는 더 이상 중국과 일본 사이의 갈등에서 중립적 위치에 있을 수 없었다. 마을 상인들의 아들인 일본 남학생들은 학교 벽에 모욕적인 말을 쓰거나 돌을 던졌다. 이제 우리는 서로 적이 되었다.

1941년 초 루스는 학교 교육을 마쳤다. 그리고 호주로 가서 간호사가 되는 교육을 받는 동안 우리 가족의 친구 가정에서 머물기로 결정했다. 루스와 친구 베티는 치푸에서 마닐라로 갔다가 그곳에서 어려운 일을 겪었다. 일본이 12월 8일에 필리핀을 공격했을 때, 루스와 베티는 마닐라 항구에서 마지막 배로 탈출할 수 있었다. 루스가 짐을 꾸리는 것을 도우러 치푸에 오셨던 어머니는 나에게 무슨 일이 생길지 미리 알지 못하셨기 때문에 그냥 나를 남겨 두고 혼자 아버지가 계신 다쿠로 가셨다. 내가 우리 가족들로부터 철저하게 단절되었던 그때, 나는 열네 살이었다.

군인 열두 명이 학교에 와서 파 브루스 교장 선생님을 체포해 갔다. 우리의 마음은 심하게 요동쳤다. 교장 선생님은 다른 외국인들과 함께 아스터 하우스 호텔에 감금되었는데, 일본 비밀경찰은 간첩이 아니냐고 그를 심문했다. 그들은 마치 선한 의도를 가진 것 같은 시늉을 하며 성탄절 아침에 교장 선생님을 석방해 주었다. 그런 후에 교장 선생님은 1월 25일까지 다시 감금되었다가 다행스럽게도 다시 풀려났다. 치푸 무역회사의 사장인 봅 맥뮬런은 도청 소재지로 끌려갔고 4월까지 생사가 알려지지 않았다. 그러다가 그의 사망 소식이 회사 사무실 유리창에 차갑게 나붙었다. 간수들이 그를 서서히 고통스럽게 독살했다는 소문이 돌았다.

우리 학교는 '일본 제국 군대'의 소유가 되었다. 학교 문마다 공지문

서(西)중국에서 동(東)일본으로

이 나붙고 군인들은 총검을 꽂은 라이플 소총을 잡고 위협적으로 서 있었다. 나는 신분증을 갖고 다녀야 했으며, 영국을 의미하는 'B'라는 스탬프를 찍은 완장을 차야만 했다. 냉혹하게도 일본 군인들은 우리의 건물을 더 많이 차지했고, 학교 직원들과 학생들을 좁은 공간으로 밀어 넣었다. 음식은 배급으로 공급받았다.

모든 고학년 여학생이 일본 해군을 위한 위안부로 모집된다는 지시에 우리는 충격을 받았다. 교장 선생님은 그러한 명령을 단호하게 거절했다. 일본인은 '체면'을 유지하려고 그 일을 미루었다. 그러나 이 '승리'를 기뻐할 수 없었다. 우리 학생들 대신에 중국과 한국의 소녀들이 끌려갔기 때문이었다.

1942년 11월 5일, 학교는 높은 금속 문을 닫아걸었다. 태평양 전쟁이 시작되었을 때 320명이었던 학생들은 대부분 부모에게 돌아가고 120명만 남았다. 그들은 우리에게 학교를 비우고 '민간 집회 장소'로 옮겨 가라고 명령했다. 무장한 군인들의 감시를 받으며 우리 스탠리 휴턴 선생님은 〈하나님은 여전히 왕이시다〉라는 찬양을 부르는 소년들을 미국 장로교 선교 본부가 있던 템플 힐까지 인도했다.

하나님은 여전히 보좌에 계셔
당신의 자녀를 기억하시지.
무거운 짐이 우리를 누르고,

어려움 때문에 낙심하기도 하지만

그분은 결코 우리를

홀로 두지 않으신다네.

하나님은 여전히 보좌에 앉아

땅에 있는 자녀들을 기억하시네.

그분의 약속은 진실하니

결코 우리를 잊지 않으시지.

하나님은 아직도 보좌에 계신다네.

치푸 학교를 떠나기 전에 나는 부모님이 보내 주셨던 편지 묶음(약 350통 되는)을 가지고 학교 운동장으로 나갔다. 그 편지들은 더 '중요한' 물건들을 넣어야 할 자리를 차지했기 때문에 또 다른 부담이 되었다. 나는 편지들을 쌓아 올린 후 성냥으로 불을 붙였다. 작은 불꽃의 열기가 갈색 선을 따라가며 편지 모서리를 태웠다. 글자들이 강렬하게 빛나는 것 같았으며, 종이가 다 그을려서 부서지기 전에 검은 잉크는 잠시 동안 신비스러운 빛을 발하는 듯했다. 나는 편지들이 다 타서 재가 될 때까지 뒤로 물러서서 지켜보았다. 물론 지금 나는 나의 그 무심한 실용주의를 후회하고 있다. 그 편지들은 내가 오랫동안 잊었던 이야기들을 간직하고 있었다. 곧 동리수인들의 삶의 기록이되, 전해 준 소식의 내용보다도 더 깊은 감정들이 표현되어 있는 것들이었다.

새장에 갇힌 새

돌담과 템플 힐에 있는 학교의 가시철조망 경계 뒤에는 교회, 병원, 교실, 그리고 이전에 일본 군대가 점령하여 쓰레기장처럼 만들어 버린 크고도 외딴 개인 주택들이 있었다. 그 지역은 세 구역으로 뚜렷이 구분되어 있었다. 하나는 치푸에 남아 있던 100여 명의 사업체 직원의 숙소였고, 또 하나는 여학생 숙소, 마지막 하나는 남학생 숙소였다. 치푸 남학생에게 지정된 집 세 채는 마치 보초병처럼 열을 지어 있었다. 우리 15~16세 남학생들은 다락방 하나에 빽빽하게 끼어 살았다. 여학생들은 350m 정도 떨어진 곳에서 우리보다 더 비좁게 살았다.

우리가 고수했던 영국식 삶의 특권들은 모두 박탈당했다. 학교 운영을 담당했던 중국인들은 우리와 함께 오지 않았다. 모든 것을 우리 스스로 해결해야 했거나, 아니면 전혀 하지 못했다. 우리는 빨래하고 요리하고 마루를 청소했으며, 또 나무를 자르고 보일러의 열을 유지하기 위해 석탄을 파야 했다. 또한 세탁장에서 빨래를 하고 옥수수를 갈고 감자와 채소 껍질을 까야 했다. 그런 일 말고도 나는 아침에 귀리죽을 끓이는 담당이었는데, 죽이 밤새 천천히 끓도록 중탕을 해야 했다.

일단 외형적으로 구조 체계가 세워지자 선생님들은 그 즉시로 수업을 재개했다. 그들은 그 구조 체계가 우리의 사기를 유지해 주고 당면한 역경에서 우리의 마음을 다른 곳으로 돌리게 할 것이라고 말했다.

하지만 우리는 결국 그 열악한 환경 때문에 고생했다. 나는 A형 간염을 앓다가 연이어 심한 열이 나서 마침내 쓰러졌다. 체온이 떨어지지 않아 애태우다가 시내 병원에서 설파제를 구하여 간신히 열을 내릴 수 있었다. 치료는 잘 되었지만 나는 쇠약해졌고 다락방 침대에 질리도록 누워 있었다.

나는 키가 167cm로 작았고, 나보다 한 살 많고 키가 180cm가 훌쩍 넘었던 존은 내 곁의 침대에 누워 있었다. 몇 주 전에 존은 내가 자기 하모니카를 불었다고 심하게 나를 비난했다. "만지면 안 돼."라고 말하며 거칠게 하모니카를 빼앗아 갔다.

그의 '이기심' 때문에 나는 화가 났다. 나는 하모니카를 불 줄 알았는데 내 하모니카를 잃어버렸다. 반면에 그는 한 곡도 제대로 불지 못했다. 그는 결핵에 걸려 있었고 나를 보호하기 위해서 그랬는데, 당시 나는 그 사실을 모르고 있었다.

악기는 새것처럼 반짝이며 한 팔 길이 정도 떨어져 있는 상자 안에 놓여 있었다. 그때 우리는 모두 악기 연주 강습을 받고 있었다. 나는 존의 몇 가지 소지품 가운데서 그 하모니카를 끄집어 냈다. 나의 행동은 바르지 않았고, 그 때문에 나는 기분이 좋지 않았다. 몇 가지 음을 불어 보다가 하모니카를 있던 자리에 다시 갖다 두었다. 죄책감 때문에 너무 슬퍼서 나는 숨이 막힐 정도로 흐느껴 울었다. 울음을 멈출 수가 없었다.

그것은 나의 삶에서 매우 예외적인 순간이었다. 그렇게 사소한 일이 영원한 결과를 가져왔다. 나는 하나님께 용서를 빌었다. 내 안에서 상쾌하고 새로운 감정이 솟아나왔다. 전에는 결코 경험하지 못한 기쁨에 흠뻑 젖었다. 내 삶의 구석구석이 평안으로 채워지는 것 같았다. 나는 감사의 노래를 부르고 또 부르다가 마침내 스르르 잠 속으로 빠져들었다.

내가 깨어났을 때, 친구 스탠이 침대 곁에 서서 내게 괜찮으냐고 물었다. 나는 활짝 웃으며 의기양양하게 대답했다.

"나 괜찮아! 괜찮고말고! 하나님께서 나를 치료하셨어. 하나님께서 내 죄를 용서하셨어."

스탠은 이상한 듯이 나를 쳐다보았다. 내 대답은 그가 전혀 예상할 수 없던 것이었음이 분명했다.

이 모든 일에는 아주 조심스러운 역설이 존재했다. 하나님과의 화해, 내가 그 누구보다도 더 필요로 했던 그 '협정'은 내가 하나님의 원수였고, 동시에 그 안에서 나는 힘없는 전쟁 포로였다고 선언하는 것이었다. 그 당시 우리가 있던 수용소에서 그리스도에게 반응한 사람은 나만이 아니었다. 내가 믿기로는 나와 다른 친구들의 영적 자유함은 선교사 부모들과 선교 후원자들의 고뇌에 찬 기도에 대해서 하나님께서 응답해 주신 것이었다. 학교가 압류되었다는 소식이 퍼졌을 때 그 충격은 대단했고, 사람들이 할 수 있던 유일한 반응은 오직 기도뿐이었다.

사방에서 영성이 우리 주위로 커다란 파도가 되어 밀려오는 것 같았다. 나는 갑자기 유명한 기독교 서적을 가능한 대로 전부 읽고 싶어졌다. 그래서 학교 직원이 겨우 건져 놓은 빈약한 도서관으로 책을 찾으러 다녔다. 나는 영국의 윌리엄 부스, 버마(지금의 미얀마)의 아도니람 저드슨, 미국의 드와이트 무디, 그리고 다른 사람들의 자서전들을 읽기 시작했다. 시간이 될 때마다 가방과 가구들이 쌓인 지하실에 틀어박혀 책 읽기에 몰입했고, 기도와 성경 공부에 집중했다. 성경 구절을 읽으며 스스로 주석을 달기 시작했다. 마가복음을 끝내고 빌립보서로, 그리고 욥기와 에스더서로 옮겨 갔다. 이렇게 하나님의 축복을 갈망하는 마음에 꺼지지 않는 불을 붙여 주신 분은 성령이셨음을 나는 의심하지 않았다.

템플 힐 포로 수용소는 유지 가능한 곳이 아니었다. 약 400명의 수용 인원 가운데 3분의 1이 미성년자였고, 어린아이들과 노인들을 돌보는 일을 감당하는 성인들의 짐이 너무 무거웠다.

가을의 기분 좋은 공기는 이내 매서운 겨울 추위로 바뀌어 버렸다. 만은 모두 얼어 버렸고, 파도 위에 떠다니는 보트처럼 1m 이상 되는 높

서(西)중국에서 동(東)일본으로

이의 얼음 더미에 바다 위의 거품이 모여 있는 것은 보기 드문 일이 아니었다. 대조적으로 짧은 봄철에는 건조하고 거친 바람이 불었다. 여름은 습기 찼으며 9월이 되면 폭우가 쏟아지는 태풍의 계절로 접어들었다.

돈을 다 썼기 때문에 우리는 더 이상 중국인에게서 식량을 구입할 수 없었다. 고기와 버터와 설탕과 밀가루가 부족했다. 두부, 거친 수수 빵, 그리고 양배추가 주식이었다. 옷은 너무 크거나 해어져 누더기에 가까웠다. 우리는 질병을 앓았고 신경쇠약에 걸렸다. 일상과 예의를 지켜 나가려는 우리의 시도는 지속적으로 압박을 받았다.

우리는 일본인들을 위협할 생각이 없었다. 그러나 우리 존재는 그들에게 부담이었다. 우리는 160km 정도 떨어진 웨이시엔(濰縣: 지금의 산둥성 웨이팡) 포로 수용소로 이동하게 되었다. 처음에는 배로 칭다오까지 가서, 그다음에는 육로로 기차를 타는 여정이었다.

일본이 전쟁 도중에 만행을 저지르기는 했지만, 또 한편으로 포로에 대해서 순수한 동정심을 보여 주었던 사람들도 있었음을 기억해야 할 것이다. 템플 힐 포로 수용소의 소장이었던 고사카 소령은 친절했다. 내가 아팠을 때 나를 찾아와서, 가장 좋은 약을 구할 수 있도록 의사와 함께 현지 병원에 간 적도 있었다. 이동해야 할 시점이 다가오자 그는 새 포로 수용소에 직접 가서 모든 상황을 눈으로 확인한 후에, 우리에게 침대와 매트리스를 포함해서 가져갈 수 있는 것을 전부 가져가라고 조언했다. 나는 우리 기차가 정거장을 다 빠져나올 때까지 칭다오의 기차역

승강장 끝에 서서 거수경례를 하던 그를 기억한다. 우리에 대한 책임을 새 보호관에게 넘겨주는 것이 당연한 규칙이었겠지만, 그가 책임을 수행했던 방식은 그의 보호 아래 있던 남자와 여자와 아이들에 대한 존중의 표시였다.

1943년 군용 트럭들이 우리 포로 수용소로 들어왔다. 우리는 시끄러운 소리를 내는 트럭을 타고 천천히 항구로 향했다. 그렇게 떠나는 우리를 떠돌이 도자기 수선공과 이발사, 서예가, 점쟁이, 목공, 거리 치과 의사, 그리고 귀 청소를 하는 사람들이 바라보고 있었다. 내게는 돈이 될 만한 귀중품이 거의 남아 있지 않아서, 모아 놓았던 우표 3,000장을 팔아 그 돈으로 사카린을 샀다. 나는 몇 가지 소중한 소유물들을 금속 상자에 넣었다. 우리가 항구를 떠날 때, 작은 증기선 한 척이 함께 따라 나갔다. 우리의 치푸 제빵사는 마지막으로 우리에게 빵을 배달해 주었다.

배는 승객과 쥐들로 포화 상태였다. 빵을 전해 받기는 했어도 음식이 부족했다. 우리는 선창의 판자 위에서 길게 줄지어 다닥다닥 붙어 잠을 잤다. 공기는 숨이 막힐 듯 답답했고, 배관시설이 좋지 않아서 냄새가 역겨웠다. 우리는 초가을 폭풍과 미국 잠수함이 두려웠다. 우리의 목적지인 웨이시엔은 배와 기차를 이용하는 우회 경로로 이틀이 걸리는 곳에 있었다. 우리는 다른 미국 장로교 선교부 구역에 수용되었고, 그곳에는 어울리지 않게 '낙도원(樂道院)'이라고 써 있는 큰 대문이 세워져 있었다.

계주

웨이시엔 민간인 포로 수용소는 기차역에서 5km 정도 떨어져 있었다. 우리 일행은 다시 비좁은 트럭에 빽빽하게 실려서 마을의 자갈길을 지나갔다. 트럭은 옛 성벽에 나 있는 큰 문을 지나 뜰 안으로 40분간 달려갔는데, 나무가 거의 없는 농지의 풍경은 생기가 없어 보였다. 우리의 최종 목적지는 전형적인 감옥이었다. 벽돌 건물의 수용 시설이었고, 2m 높이의 담에는 전류가 흐르고 있었다. 일본 군인들은 중국인 짐꾼 같은 모자를 쓰고 벽을 따라 걸으며 기관총의 뭉툭한 회전 총부리를 우리 쪽으로 겨누고 있었다.

우리는 오후 5시경 도착했는데, 피난민은 우리 외에도 더 있었다. 행색이 엉망인 피난민들이 무거운 짐들을 질질 끌고 냄새나는 진흙길을 가고 있었고, 많은 사람들이 거리에 줄을 서거나 문 앞에 서서, 또는 회

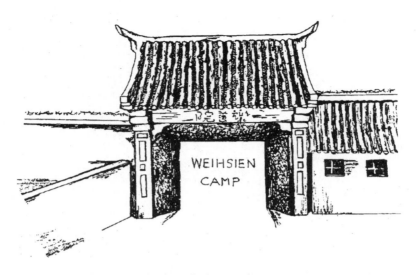

나중에 웨이시엔 수용소가 된 낙도원의 대문(주디스 미첼 그림)

색 유리창 너머로 우리의 힘든 행렬을 지켜보고 있었다. 꾀죄죄한 옷차림에 기운 없는 모습과 피곤하고 무표정한 그들의 얼굴은 부스스하고 피로에 지친 우리와 그리 다르지 않았다.

그들에게는 잡동사니가 들어 있는 배낭을 멘 어린아이들과 나이 든 사람들의 등장이 환영할 만한 일이 아니었을 것이다. 그래도 그들은 우리에게 우유와 설탕을 넣지 않은 묽은 차를 만들어 주었고, 수용소 관리자들은 취침 장소를 배정해 주었다. 나는 이전에 교실로 쓰던 좁은 숙소에서 자게 되었다. 그곳은 우아한 발코니와 아치가 있는 기둥, 그리고 높은 사각형의 종탑이 있는 큰 건물이었다.(http://weihsien-paintings.org/

서(西)중국에서 동(東)일본으로

maps/indexFrame.htm에서 웨이시엔-웨이시엔-POW의 지도를 볼 수 있다.)

나중에 나는 '셰이디사이드' 병원으로 옮겨 가서 그곳 다락방에서 일곱 명이 함께 살았다. 거기서 우리는 담장 너머로 평화로운 풍경을 볼 수 있어서 좋았다. 중국 농부들이 식구들과 함께 밭을 매고 논에 물을 대고 수확을 하는 모습을 보며, 우리가 얼마나 심각하게 평범한 삶을 살지 못하고 있는지를 실감할 수 있었다. 그 농부들은 매우 야위었다.

우리는 약 200명의 미국인들이 송환된 후에 도착했다. 그리고 그 이후에 로마 가톨릭 신부와 수녀들이 베이징을 향해 출발했다. 교황 대표단이 도쿄로 파송한 400명의 네덜란드와 벨기에 사람들은 자신들이 바티칸 시민이고 전쟁에서는 중립이라고 주장했기 때문에 풀려날 수 있었다. 수녀들은 능력 있고 진취적인 사람들이어서 매우 아쉬웠다. 재능이 출중한 그들에 비하면 우리는 그저 유약한 대용물이었다. 그러나 최소한 모두에게 조금 더 공간이 생겼다. 수용 인원이 제일 많을 때는 2,000명 정도일 때도 있었다. 1,500명이 조금 안 될 때도 있었지만, 12월에 갑자기 이탈리아인 100명이 와서 금방 수가 늘어났다.

수용소에는 세계 각지의 사람들이 모여 있었다. 영국인 1,000여 명, 미국인 200명, 캐나다인, 그리스인, 노르웨이인, 남아프리카인, 그리고 60명의 러시아 여인들(서구인들과 결혼한)과 그 자녀들이 있었다. 그들은 쿠바, 필리핀, 하와이, 이탈리아, 파나마, 우루과이 사람들과 함께 생활했고, 팔레스타인 유대인, 파시 교도들도 함께 살았다. 유력 회사들은 파산

했고, 상점 주인들은 도둑과 함께 살았으며, 법관들은 주점을 유지하는 사람들과 어울려 지냈고, 독신 여자 선교사들은 창녀였던 사람들과 같은 숙소에서 함께 자야 했다. 대충 살펴보건대, 이 이상한 공동체의 25%가 60대 이상이었으며 또 25%가 15세 이하였다.

우리는 사생활을 박탈당한 채 구금생활과 씨름하고 잘 씻지 못하는 문제와 화장실의 악취에 적응해야 했으며, 빈대, 파리, 모기, 쥐 등의 해충으로 인한 전염병과 싸우며 날마다 끼니를 위한 투쟁에 직면해야 했다. 더구나 이 모든 불행은 길이 180m, 너비 140m의 밀폐된 L자 형 구역 안에서 일어났다.

웨이시엔 수용소가 시작되고 나서 우리가 도착한 것은 다행한 일이었다. 템플 힐에서처럼, 잘 갖추어진 좋은 시설들이 쓰레기로 엉망이 되어 있었다. 처음에 수감자들은 무질서 가운데서 질서를 세워야 하는 불편한 시기가 있었다. 부엌과 의료 시설과 샤워 시설, 그리고 화장실 구역은 텅 빈 껍데기 같아 보였다. 부서진 긴 의자, 의자, 책상, 탁자 그리고 금속 부품이 건물 바깥의 쓰레기 더미에 쌓여 있었다. 일본인들은 자기 일은 자기가 알아서 하라고 명령했고, 각지에서 모인 수감자들은 실질적 기술과 지식을 가지고 수용소 생활의 체계를 만들기 위한 토론을 했다. 그렇게 해서 생활의 뼈대가 세워졌다. 9개의 위원회를 만들어 규율, 공업, 교육, 재정, 총무, 노동, 의약, 숙소와 보급품을 각각 담당하도록 했다. 이기적인 무정부 상태를 벗어나기 위해서 다수결 동의를 얻어서 만든 것이었다.

수용소에는 기본적으로 1층짜리 계단식 테라스에 지어진 방들, 튼튼하게 지어진 기숙사 건물 몇 채와 강당, 그리고 병원이 있었다. 여기저기 나무를 많이 심어 놓아 경치가 매우 좋았고, 채소밭을 가꾸려고 손질도 해 놓았다. 숙소도 다닥다닥 붙어서 궁핍하기는 했지만 사람의 손길이 닿으니 또 살 만한 공간이 되었다.

수용소 가운데로 길게 중앙 도로가 있었고 '샛길'들은 선셋 블루바드, 올드 켄트 로드, 파이타이호 비치, 월 스트리트, 릭 애비뉴와 같이 이국적인 이름을 가지고 있었다. 우리가 '연인의 길'이라고 명명한 짧은 길도 있었지만, 나는 여자 친구를 찾는 일에 거의 관심이 없었다. 그저 내 생활 반경 안에서 늘 가야 하는 붐비는 길만 다녔다.

수용소 위원회와 치푸 학교 체제라는 엄격한 조합 아래에서 공동체의 노동 팀이 곧 결성되었고, 우리는 신속히 계속해서 교육을 받았다. 나는 이제 열다섯 살의 나이 든 남학생이었기 때문에 양수기로 물을 퍼내는 치푸 파견단이 되었다. 이전에 천주교 신부들이 하던 일이었다. 1m의 금속 손잡이를 30분 동안 위아래로 계속 펌프질을 하면, 우물에서 물을 길어 그 옆에 있는 150L들이 통에 가득 채울 수 있었는데, 그런 통이 네 개 있었다. 이 작은 급수탑들은 둥근 기둥 네 개가 받치고 있는 대 위에 세워져 있었는데, 지상에서 3~5m 높은 곳이었다. 우리는 아침 6시부터 밤 9시까지 펌프질을 했다. 물탱크를 충분히 채우려면 늘 그렇게 해야 했다.

수업은 우리 숙소 안에 있는 긴 나무 의자에서 이루어졌다. 나무 의자 위에는 교과서를 놓거나 글을 쓸 때 기댈 수 있는 작은 팔걸이가 있었다. 교과서는 매우 부족했으며, 선생님들은 스스로 고안해 낸 옥스퍼드 입학 시험을 우리가 잘 준비할 수 있도록 과도할 정도로 열심히 일했다. 예상대로 나는 그렇게 뛰어나지 않았다. 나는 생물학이나 영문학, 일반 과학, 그리고 성경은 그런 대로 잘했지만 영어와 프랑스어에서는 그냥 '합격'했다. 이것으로 내 성적은 이상하기는 하지만 전체적으로 '보충하여 합격'이 되었다.

나는 양수기 팀에서 바로 부엌 팀으로 옮겨 갔다. 부엌은 두 개가 있었고, 각 부엌마다 700~800여 명이 먹을 음식을 만들어 내야 했다. 여섯 명의 수감자가 아침 6시부터 오후 7시까지 이 일을 맡아서 했다. 인상 좋은 미국인의 지휘 아래, 프랑스계 캐나다인 사업가, 백러시아인 회사의 보안 요원, 벨기에인 사제와 담배 회사에서 일했던 캐나다인이 부엌 팀을 이루었다.

우리는 바닥이 얇은 커다란 냄비에 요리를 하여 양철 깡통에 담아 먹었다. 불은 수용소 건물의 흙에서 긁어낸 진흙을 검은 분탄 가루와 섞어 조개탄을 만들어서 사용했다. 부엌에서 일하는 것은 나름대로 유익했다. 음식이 부족할 때도 있어서 일부 수감자들은 배식대에서 돌아가야만 했다. 우리는 급식 요원이라서 얼마 안 되는 자투리 음식이나 찌꺼기로 보잘 것 없는 식사를 그나마 보충할 수 있었다.

매일 소비되는 보급품을 실은 수레들이 아침마다 수용소로 들어왔

웨이시엔 수용소의 부엌

웨이시엔 수용소의 병원. 치푸 아동들은 그 위 다락방을 교실로 사용했다.

다. 기장, 소야콩, 다른 종류의 콩들, 중국인들이 주로 닭 모이로 사용하던 붉은 갈색의 수수가 제공되었다. 우리는 수수가 아무 맛이 나지 않는 초콜릿 푸딩 비슷하게 될 때까지 끓였다. 만약 수수를 미리 갈지 않으면 먹을 수 있기까지 48시간을 끓여야 했다.

때때로 양이 부족하기는 했지만 고기도 공급되었다. 양이 애매모호한 고기는 상하기 전에 즉시 끓여 버렸다. 수감자들은 각자 빵이나 과자를 만들었으며, 질 낮은 밀을 맷돌에 갈아 밀가루로 만들어 반죽을 했다.

초창기에는 채소들이 질이 좋았다. 우리는 '메뉴'를 다양하게 하려고 수많은 방법을 개발했다. 오이가 엄청나게 많이 반입되기도 해서, 우리는 가능한 모든 형태로 오이를 요리했다. 오이를 기름에 볶고 스팀으로 찌고 뭉근히 끓이기도 했고, 또 생으로 먹기도 했다. 그래서 설사도 했다. 몇십 년 후, 나는 일본인들이 오이를 소금에 절여 오이지를 만든다는 것을 알았다. 어떤 때는 고구마가 풍성했다. 그래서 술을 만들기 위해 껍질을 발효시키기도 했다. 찻잎은 마지막 향까지 다 추출하기 위해 지겨울 정도로 우려냈다.

"여기, 스티브. 네 운동화는 수선해야 할 때가 지난 것 같구나. 이 신발로 몇 주는 더 신을 수 있을 거야."

내 곁에 앉아 있던 마르고 머리가 벗겨진 중년의 스코틀랜드 남자가 운동화 한 켤레를 가만히 내밀며 내게 말했다.

1944년에서 1945년으로 넘어가는 겨울이었다. 겨울 날씨가 포근할 때면 나는 운동화를 신지 않고 달렸다. 그러나 기온이 영하로 내려가면 맨발로 다닐 수가 없었다. 낡을 대로 낡은 옷에 천 한 조각이라도 생겨서 기울 수 있으면 행운이었다. 그가 내게 준 운동화는 나에게 그렇게 매력적인 것이 아니었다. 수선하고 줄로 기워 거의 다 망가진 상태였다. 나는 그 신발이 나의 후원자에게는 큰 의미가 있으며, 나를 위해 신발을 고치느라고 많은 시간과 공을 들였다는 사실을 알았어야만 했다. 그러나 그는 조용하고 조심스러운 사람이었으며 나는 발이 얼어 있었다.

'날아가는 스코틀랜드인' 에릭 헨리 리들은 1902년 1월 중국 북서 지방 톈진에서 런던 선교사 협회 소속 선교사의 아들로 태어났다. 그는 스코틀랜드 국제 경기의 럭비와 육상 경기에서 경이로운 기량을 보이면서 명성을 얻었다. 그러나 1925년 여름, 그는 중국으로 돌아가서 먼저 톈진 영중(英中) 학교의 과학 교사로 봉사하다가 그다음에는 자신이 어릴 때 살았던 허베이성의 농촌 선교부에서 일했다. 그때 그는 캐나다에 있는 아내와 세 딸과 떨어져서 우리와 함께 웨이시엔에 수용되었다.

나는 수용소에서 맞은 첫 주일에 에릭을 만났다. 그는 산상수훈을 본문으로 하여 우리 성경반을 인도했다. 산상수훈에 대한 에릭의 열정과 호감이 가는 태도에 나는 이내 마음이 끌렸다. 날이 지나고 주가 바뀌고 달이 흘러갈수록 나는 그가 성경 말씀을 사랑할 뿐만 아니라 환경이 어떠하든지 간에 말씀대로 살고 있는 사람임을 알 수 있었다. 그는 어린아이들과 청소년들을 위하여 스포츠와 교육활동반을 조직하여 유익한 것들을 가르쳤다. 그는 나뿐만 아니라 모든 아이들의 롤 모델이었다.

나는 치열하게 경쟁했던 계주 경주를 기억한다. 내가 바통을 받았을 때 맨 앞에 있던 나의 경쟁자는 벌써 정상 궤도에 들어서고 있었다. 나는 그의 뒤를 쫓아가면서 상대편의 코치였던 에릭이 결승점 너머 서 있는 것을 의식했다. 나는 추격하여 거리를 줄이고 나중에는 1m 정도 앞서 나갔다. 몇 미터 남겨 놓은 상태에서 나는 앞서 나가기 시작했고, 결국 결승 테이프를 끊었다. 나는 너무나 지쳐서 에릭의 팔 안에 쓰러져 버렸다. 에릭은 그의 팀이 졌지만 나의 치열했던 승리를 치하해 주었다. 그는 실패에도 관대했고 승자의 입장에서도 기뻐해 주는 그런 전형적인 남성이었다.

나는 육상, 소프트볼, 풋볼, 체조 그리고 터치 럭비와 같은 거의 모든 종류의 스포츠를 잘했기 때문에 에릭과 자주 접촉할 수 있었다. 그는 나에게 달리기에 대해 조언해 주었고 자신의 오락 위원회에 내가 참여하기를 바랐다. 나는 지도자 역할을 하는 것을 좋아했다. 리더십은 내 주위 사람들의 존중을 얻게 해 주고 자신감을 강화시켜 주었다. 나는 몇 시간 동안이나 앉아서 에릭이 가르치는 것을 들었는데, 그는 겸손하여 자신이 성취한 것들에 대해서는 거의 말하지 않았다. 그러나 그는 나의 삶에 가장 큰 도전을 남겼다. 그것은 바로 "너는 일본인을 위해 기도해야 해."라는 말이었다.

　이런 비참한 수용소에 우리를 감금
하고 총으로 감시하는 일본인들을 위
해 기도한다는 것이 정말 가능할까? 나
의 가족과 떨어지게 만든 간수들을 위해
기도하는 것이?

1924년 대영 제국 경기에서의 에릭 리들.
그해 열린 파리 올림픽에서 에릭은 자신의 주종목인
100m 경주가 주일에 열리게 되자 이를 포기하고
400m 경주에 출전해 금메달을 받았다.

웨이시엔에서 에릭 리들과 같은 방을 쓰던 진 휴버너.
당시 에릭은 치푸 어린이들과 수용소의 오락을 담당했다.

여명

나는 우리를 수용소 담 안에 가둔 일본군 경비병들에 대해 대체로 상반
되는 감정을 갖고 있었다. 대부분 그들은 수감자들과 거리를 두었다. 그
들은 이전에 미국 선교사들이 살았던 넓고 좋은 장소에 살았는데, 수감
자들에게는 금지되어 있는 곳이었다. 경비병들은 영어를 하지 못했다.
그리고 우리도 일본어를 할 줄 아는 사람이 거의 없었다. 슬프게도 그들
은 일본이 우월하다는 교만한 미사여구와 원수에 대한 증오, 특히 중국
에 대한 증오심에 철저히 세뇌되어 있었다.

우리는 합리적으로 질서를 유지했다. 은근히 일본인들을 놀리기도
하며 작은 승리들도 맛보았지만, 우리는 그들의 인내심을 테스트하려고
애쓰지 않았다. 우리는 탈출에는 거의 관심이 없었다. 군인들과는 달리
우리는 민간인으로서 피해 다녀야 할 이유가 없었다. 일본이 점령한 영

역에서 자유 중국까지의 거리는 아마 1,000km 정도 되었을 것이다. 그 지역의 중국인이 자기들의 이익을 위해 우리를 넘겨주지 않으리라는 보장이 없었다. 중국 국민당과 공산당 간의 계속되는 대치 때문에 일본으로부터 자유를 찾는 것이 더 안전한 선택이라고도 볼 수 없게 되었다.

우리는 매일 점호를 받아야 했다. 우리는 여러 구역으로 나뉘어 경비병들이 숫자 세는 것에 만족할 때까지 할 수 있는 대로 최대한의 시간을 보내며 빈터에 모여 있었다. 나는 일본어로 니주산, 곧 23번이었다. 우리는 차례차례 점호를 하며 가벼운 농담을 했다.

"잇치."(itchy: 일본어로 '하나', 영어로는 '가려운')

"니."(knee: 일본어로 '둘', 영어로는 '무릎')

"캐치."(catchy: 재미난, 기억하기 쉬운)

"플리."(flea: 벼룩)

만약 조금이라도 잘못 세면 처음부터 다시 해야 했다. 그런 까닭에 경비병들의 사무실 칠판에 쓰인 매일의 통계 숫자는 매우 다양했다.(노먼 클리프의 기록에 수용소 인원이 1,492~1,518명라고 되어 있는 이유이다.)

나머지 시간에 경비병들이 다가올 때 여럿이 있는 것을 우리는 더 좋아했다. 저녁 시간은 통행금지령 때문에 특별히 어려웠다. 화장실 구역은 우리의 숙소에서 멀리 떨어져 있었는데, 셰퍼드들이 돌아다니고 있었다. 운이 없었던 한 수감자에 관한 재미있는 일화가 있다. 그는 숙소와 화장실 구역 중간에서 개를 데리고 있는 경비병에게 잡혔다. 그가 기억할 수 있는 '화장실'이라는 의미의 일본어 단어는 악기를 일컫는 영어 단어와 비슷했다. 다행스럽게도 그가 마침내 벤소(일본어로 화장실)에 가장 근접한 '밴조'(banjo)라는 단어를 찾아내기까지 "바이올린! 트럼펫! 드럼!" 하고 소리를 질렀다.

우리의 가장 큰 문제는 암시장에서 나왔다. 식량이 부족한 상태에서 중국인들은 목숨을 걸고 외국인들과 장사하려 했기 때문에 물품들을 수용소로 들여오는 여러 통로가 생겼다. 계란은 벽의 구멍으로 들어왔고 양배추와 닭은 전기 철조망 위로 던져서 들어왔다.

어느 날 나는 어머니가 일본인이라서 일본어를 잘하는 소년과 함께 있었다. 소년은 일본인 구역으로 반입되는 바구니에서 계란 하나를 슬쩍 들어올렸다. 근무조인 경비병들 가운데 한 사람이 소년에게 말을 걸자, 소년은 너무나 신경이 곤두선 나머지 손에서 계란을 떨어뜨렸고, 계란은 경비병의 맨발에 떨어져 깨져 버렸다. 소년이 어떻게 그 계란을 갖게 되었는지 알지 못했던 경비병은 그 광경을 보고 크게 웃음을 터뜨렸다.

암거래는 거의 들키지 않고 진행되었지만, 걸리면 대가를 치러야 했다. 암거래를 하다가 잡힌 서양인들은 1,2주 정도 독방에 감금되었다. 중국 사람은 전기 철조망에 매달아 놓고는 그냥 내버려 두었는데, 그것은 암거래를 하다가 잡히면 그렇게 된다는 끔찍한 경고였다.

마태복음 5장 43절은 '너희 원수를 사랑하라'고 말한다. 일본인들을 위해 기도하는 것이 정말 가능할까? 성경 공부 모임에서 토론할 때, 우리는 이 문제가 실천적인 현실이 아닌 이상이라고 생각했다. 에릭 리들은 우리로 하여금 다시 이 주제를 생각하도록 이끌었다.

"마태복음 5장은 '너희를 핍박하는 자를 위해 기도하라'고 기록하고 있다. 우리는 우리가 사랑하고 좋아하는 사람들을 위해 기도한다. 당신이 누군가를 미워할 때 당신은 자기 중심이 된다. 당신이 기도를 하면 당신은 하나님 중심이 된다. 기도는 당신의 태도를 변화시킨다. 당신이 누군가를 위해서 기도할 때, 그 사람을 당신이 미워하기란 어려운 일이다."

에릭은 자신의 운동화를 나에게 주고 나서 3주 후인 1945년 2월 21일, 나이 43세에 뇌종양으로 죽었다. 그다음 토요일에는 그의 장례 예배가 있었고, 수용소 사람들이 교회를 가득 메웠다. 나는 그의 운동화를 신고 관을 운반하는 일을 도왔다. 공동묘지는 일본인 구역에 있었기 때문에 경비병 입회 아래 몇 사람만 묘지까지 갈 수 있도록 허락을 받았다. 얼어붙을 것 같은 칼바람이 부는 끔찍한 추위에 몸을 떨면서 관을 땅속에 내렸을 때, 팔복이 낭독되었다. 우리 소년들은 우리의 챔피언을 잃어버렸다. 우리 공동체는 진정한 성자 한 사람을 잃어버린 것이다. 나는 그 순간 완전히 무너지는 기분이었다. 그의 가족은 그가 죽었다는 사실도 모르고 있을 것이다. 이 유명한 운동선수의 마지막 안식처는 악취 나는 수용소의 후미진 구석이었으며, 그의 이름은 조잡하게 만든 십자가에 검은 구두약으로 쓰여 있었다.

나는 내 자신에게 질문했다.

"이것이 다인가? 이것이 그토록 위대했던 사람의 전부란 말인가?"

그의 죽음은 그가 삶에 기여한 부분을 착각하게 만들 정도로 허무했다.

우리는 에릭이 남긴 일들을 찾기 시작했다. 묘지에서 나는 에릭이 들었던 바통, 곧 용서의 바통을 받아들었다. 나는 만약 내가 살아서 이 수용소를 나가게 된다면 일본에 선교사로 가겠다고 하나님께 말씀드렸다.

사람들은 나의 운동화에 대해 궁금해하면서 내가 에릭과 경주를 한 적이 있는지 질문했다. 우리는 두 번 경주했다. 첫 경주에서 나는 열정적인 10대 팀의 한 사람으로 그보다 몇 미터 앞에서 뛰었다. 나는 4년 동안이나 세계 기록을 가진 올림픽 영웅을 이겨 보려고 힘을 쏟았다. 하나님께서는 그를 빠르게 달리도록 만드셨다. 그러나 그날은 내가 그보다 빨리 뛰었다. 두 번째 경주에서는 코스가 더 길고 그가 40대 초반이었지만, 나는 그의 속도를 따라잡을 상대가 아니었다. 운동화는 가까스로 겨울을 버티고 있었다. 나는 운동화를 잘 보존해 온 것이었다. 그러나 나는 기쁘게 미군 군화를 바꿔 신었다.

치푸에서 우리가 착취를 당하고 있을 때에 나의 용감한 동료였던 브라이언 톰슨에게 슬픈 작별을 고했던 곳도 6개월 전 바로 이 수용소였다. 우리는 저녁 7시 점호를 위해 병원 옆에 있는 야구장에 나와 있었다. 브라이언과 닐 요크스턴은 히브리어 수업을 끝내고 나타났다. 우리는 241명의 수감자들이 줄지어 서 있는 속으로 우리에게 할당된 구역을 향해 발을 끌며 들어갔다. 10대들은 인원을 셀 필요가 없는 대상으로 취급되고 있었다. 때는 나른한 8월 저녁이었고, 습도가 극도로 높았다. 닐은 하품을 참으며 팔을 머리 위로 뻗었다. 그러다가 운동장을 가로질러 늘어진 전선에서 피복이 벗겨진 부분에 팔이 살짝 스치게 되었다. 전선들은 일몰부터 밤 10시까지 거리에 전기를 공급하고 있었다. 최근에 내린 비가 전선들을 지탱하는 전봇대 주위의 땅을 질퍽하게 하여 평소보다 전선이 더 아래로 처진 상태였다.

"전기가 통해!"

닐은 놀라서 손을 다급하게 치웠다.

헨리가 손을 뻗어 보고는 "정말 그러네."라고 말했다.

브라이언도 오른팔을 위로 뻗어 다른 전선을 만져 보았다.

그는 맨발이었다. 땅은 습기가 차 있었다. 그의 손가락들이 전선 주위로 말려들었다. 그의 입술에서 숨이 막히는 것 같은 소리가 터져 나왔다. 그가 전선을 아래로 끌며 쿵 소리와 함께 머리를 땅에 박으며 넘어지는 광경을 우리는 무력하게 보고 있었다. 그는 열여섯 살이었다. 어른 몇 명이 접이식 나무 의자로 전선을 찍어 그의 손에서 떼어내기 이전에 그는 이미 죽었다고 의사가 말했다. 일본인들은 그의 죽음을 자살이라고 기록했다.

일본인들은 우리가 전쟁 소식을 잘 알고 있는 것을 보고 우리에게 라

1945년 8월, 일곱 명의 미국 공군이 웨이시엔에 도착한 이래로 B29 폭격기가 낙하산으로 물자들을 23동 종탑에 떨어뜨렸다. 이때는 미국 국기가 달려 있었다.

디오가 있다고 확신했다. 수용소 생활 마지막 해에 '오늘의 소문'이 게시판에 올라오기 시작했다. 그 정확성은 우리를 감금한 사람들로 하여금 우리를 의심하게 만들었으나 그들은 결코 라디오를 찾아내지 못했다. 사실 라디오는 수용소 밖의 언덕에 숨겨져 있었다.

1944년에 미국인 교사 아서 허멜(Arthur Hummel)(그는 1981~1985년 중국 대사가 되었다.)과 영미 담배회사의 영국인 직원 로리 팁턴(Laurie Tipton)은 수용소 담장을 빠져나가 중국의 항일운동에 참여했다. 보안상의 허점을 눈치챈 일본인들은 보복심으로 불타올랐다. 그렇다고 해도 달라진 것은 감사하게도 매일의 검열에서 두 번씩 점호를 하게 된 것과 숙소가 바뀐

서(西)중국에서 동(東)일본으로

것뿐이었다.

허멜과 팁턴은 수용소로 소식을 보내 주는 계책들을 고안해 냈다. 그중 한 가지 계책은 메시지를 쓴 천 조각을 노동자가 코 안에 말아 넣었다가 그가 코를 씻으면서 그 천을 홈통에다 두는 것이다. 그 행동은 서구인들에게는 다소 탐탁지 않은 것이었지만 중국인들에게는 일상적인 일이었다.

일본의 선전문을 자세히 읽어서 속뜻을 알아내기도 했다. 일본은 하나하나의 승리에 대해 환호하며 보도하고 있었지만, 전쟁이 점점 더 일본 해안으로 가까이 가며 벌어지고 있다는 사실이 분명해졌다.

1945년 5월 게시판에 짧은 소식이 하나 올라왔는데, 독일이 항복했으며 유럽에서의 전쟁이 끝났다는 내용이었다. 우리도 풀려나리라는 희망이 조금 생겼다. 우리가 처한 환경에서는 어떤 즐거움도 다 표현할 수 없었다. 연합군이 태평양 지역을 더 강하게 장악해 오자, 원래 부족했던 식량 배급량도 절반으로 줄었고, 그나마도 때때로 생존을 위협할 정도까지 끊어지곤 했다. 나는 체중이 줄어들었고 에너지 수준이 저하되기 시작했다. 주위 사람들 역시 영양실조가 분명했다. 옷은 넝마가 될 때까지 깁고 수선했다. 우리의 어두운 마음에 대답 없는 질문이 떠돌고 있었다. 우리를 지키는 경비병들은 만약 자신들이 공격을 받는 상황에 들어간다면 우리를 살려 둘 것인가?

1945년 8월 15일 수요일, 다른 소식이 게시판에 올라왔다.

"전쟁이 끝났다. (⋯⋯) 일본의 왕이 전쟁이 끝났음을 선포했다.

(……) B29 폭격기가 히로시마에 원자 폭탄을 투하했다."

세부적인 내용은 정말 예상치 못한 것이었다. 우리는 B29 폭격기뿐만 아니라 원자 폭탄에 대해서도 들은 적이 없었다. 사람들은 흥분하면서도 두려워했고, 그러면서도 진실이 알고 싶어서 수용소 지휘관 사무실의 앞마당에 모여 있었다.

"정말 끝났나요?"

"전쟁이 끝났나요?"

마침내 지휘관이 나와서 우리를 마주 보고 말했다.

웨이시엔 수용소에서 해방되어 나오는 전쟁 포로들. 원 안이 스티브. 1945년.

서(西)중국에서 동(東)일본으로

"나도 모르오. 침소로 돌아가시오."

우리는 종전 소식으로 인해 대담해져서 그를 놀렸다. 그러나 그는 정말 패전 소식을 몰랐다. '패배'라는 단어는 그의 사전에는 없었다. 만약 일왕이 전에 그런 용어를 말하는 것을 들은 적이 없다면 누가 이런 단어들을 말했다고 할 수 있겠는가?

금요일 오전 9시 30분경, 아침 식사 후 병원에 있는 숙소로 돌아올 때 나는 비행기 한 대가 웡웡거리며 수용소로 접근해 오는 소리를 들었다. 'B24 해방자'라고 써 붙인 분명한 미군 비행기가 약 600m 거리 지점까지 날아왔다. 수감자들은 그 비행기의 주목을 끌기 위해 숨겨 왔던 성조기를 움켜잡고 운동장에 모여들었다. 비행기는 몇 분 후에 200m 정도의 더 낮은 높이에서 다시 우리 머리 위로 지나갔는데, 엔진의 소음은 우리를 감금한 자들에게 전쟁이 끝났다는 메시지를 선포하고 있었다. 말로 다할 수 없는 희열이 주요 도로를 포함한 모든 도로와 거리와 골목으로 흘러넘쳤다. 곳곳에서 사람들은 밖으로 나와 있었고, 그 순간 모두가 하늘을 바라보며 와자지껄하고 있었다.

그때, 우리는 놀랍게도 이 낮은 고도에서 비행기 아래쪽에서 군인 일곱 명이 수용소 벽 바깥뜰을 향하여 낙하산을 타고 내려오는 것을 보았다. 그러한 대담성은 정말 우리를 겸손케 하는 것이었다. 200명의 무장한 일본군이 그들의 강하를 지켜보고 있는 가운데, '덕 미션(Duck Mission)'이라는 불가능할 것 같은 임무를 수행하는 일곱 명의 군인이 우리를 위하여 생명의 위험을 무릅쓰고 있었다. 통제할 수 없는 황홀감의 물결이 우리를 휩쓸었다. 나는 수십 명의 사람들과 함께 수용소 문을 향하여 달렸다. 얼굴이 잿빛이 된 경비병들이 총을 들었지만 수감자들의 거대한 돌격은 너무나 갑작스러웠고 압도적이었다. 우리는 아랑곳하지 않고 그들을 조롱했다. 그들의 시대는 지나갔다. 나는 2m 높이의 수수밭 사이로 길을 만들어 가며 전력 질주했다. 나는 잠시 멈추어서 맨발에 박힌 가시들을 빼고 다시 다른 사람들과 마찬가지로 목청껏 고함을 치며 앞으로 달려 나갔다.

어떤 미군 병사가 권총을 뽑은 채 내 앞에서 걸어 나왔다.

"어디 있지? 일본군은? 그들은 어디 있지?"

"여기에 없어요. 수용소 안에 있어요. 모두 다."

나는 숨을 헐떡이며 대답했다.

우리는 지휘관인 스테이저 소령(Major Staiger)이 명령을 내리고 있는 곳으로 그를 따라갔다. 그들은 기관총을 중국인들의 무덤 꼭대기에 장치하고 무선으로 B24와 접촉하려고 하고 있었다. 그들 사이에서 20대 중반의 젊은이가 우리를 향해 성큼성큼 걸어 나왔다.

"미 해군 제임스 무어(James Moore)입니다. 여기에 파 브루스가 있습니까?"

제임스 무어는 루스보다 몇 년 일찍부터 치푸에 있었다. 나중에 나는 그가 특별히 선교 사역에 지원했다는 소식을 들었다.

서(西)중국에서 동(東)일본으로

미국 군인들 주위로 수감자들이 점점 더 많이 몰려들어 그들의 '구세주들'을 에워쌌다. 우리는 흥분을 가라앉힐 방도가 없었다. 일본군들은 혼돈에 빠진 것이 분명했다. 미군의 등장 방법은 그들의 상상을 초월한 것이었다. 군중들은 두세 명의 미군 병사를 어깨에 태우고 수용소의 문으로 향했다. 그곳에서는 관악대가 '승리의 행진'을 연주하고 있었다. 그것은 연합국들의 국가 메들리였는데, 그들은 승리의 기대 속에서 그것들을 연습해 왔던 것이다.(공식적인 연습에서는 멜로디를 생략하는 것으로 교묘하게 위장했다.) 수용소에 들어온 스테이저 소령은 일본군 수용소 지휘관이 항복의 표시로 가져온 칼을 받았다. 그리하여 더 큰 규모의 미군 파견 부대가 도착하기 전까지 그가 우리에 대한 돌봄과 안전의 책임을 지게 되었다.

나는 〈행복한 날이 다시 여기에〉라는 활기찬 군악을 들으면서 수용소 바깥에 있었다. 나는 2년 만에 드디어 수용소 경계를 넘게 되었다. 내가 조금의 자유도 맛보지 못한 지는 거의 4년이 되었다. 나는 수용소 담장 주위로 바다를 향해 빠르게 흘러가는 개울을 따라 걸어갔다. 그 담장 위로 3층 건물의 병원 유리창을 볼 수 있었는데, 나는 날마다 그 자리에 서서 과연 이런 날이 올 것인가 하고 생각했다. 풀려나는 것을 공상했는데, 이제 그 일이 일어난 것이다.

나는 열린 문을 통해 다시 걸어 들어갔다. 이제 자신들의 미래가 불확실해져 혼란에 빠진 경비병들은 계속 그곳에 서 있었다. 부엌에 가서 나는 오늘의 메뉴가 무엇인지 물었다. 수프와 빵 그리고 아마 과일이었을 것이다. 사람들은 음식을 사기 위해 나갔다. 요리사들은 내가 잊을 수 없는 식사를 약속해 주었다.

나는 여러 가지 면에서 자유로웠다. 수용소 생활이 끝났고, 나는 더 이상 전쟁 포로가 아니었다. 나는 열일곱 살이었고 학교에서는 더 이상 어린아이가 아니었다. 내게는 내 삶의 길을 선택할 수 있는 자유가 있었다. 그러자 가족이 만나고 싶었다. 나는 맨 먼저 윈난성과 다쿠로 갈 것이다. 이제 집으로 갈 수 있었다.

자유

나는 이후 며칠 동안 수용소 문을 마음대로 들락날락하며 시골길을 돌아다니며 시간을 보냈는데, 그것이 얼마나 즐거웠는지 모른다. 몇 년간 나는 새로운 것이라고는 아무것도 보지 못한 채 우울한 수용소의 낯익은 길만 강제로 다녀야 했다. 미군 군복과 군화를 새로 얻어서 착용하고 스위스 적십자에서 준 돈을 주머니에 넣고 다녔다. 나는 웨이시엔에 있는 중국 시장에서 설탕을 사서 딱딱한 사탕을 만들었고, 익숙하지 않은 도시의 도로와 길들을 탐색했다.

미군 지원병들이 우리의 비참한 생활을 근본적으로 해결하기 위해 두 번째로 와서 수용소 체계를 정비해 주었다. 아침 동틀 무렵이면 〈오, 얼마나 아름다운 아침인가!(Oh, What a beautiful morning!)〉라는 곡이 장내 방송으로 흘러나왔다. 오락 담당자의 노력에도 불구하고, 그 곡은 우리의 신경을 거슬렀을 뿐, 기분 전환에 그다지 도움이 되지 않았다. 그런 문화적인 일에 적응하기까지 우리에게는 시간이 더 필요했다.

가끔씩 B29 폭격기들이 각종 보급품이 들어 있는 드럼통을 들판에 떨어뜨릴 때는 천둥소리가 났다. 우리는 드럼통이 땅에 완전히 떨어질 때까지는 그것을 가지러 나가지 말라는 경고를 받았다. 전쟁 포로 수용소의 결핍 속에서 살아남았는데, 스팸 통조림 배달로 죽어서야 되겠는가! 그러나 그 내용물을 가지려는 중국인들의 경쟁이 너무 치열해서, 그 충고에 주의를 기울이지 않을 때가 많았다. 한번은 드럼통 하나가 내가 서 있는 곳에서 20m쯤 되는 거리에 떨어졌다. 막 달려갔다가 찌그러진 금속 더미가 피로 덮여 있는 광경을 보고는 구역질이 났다. 다행히 그 내용물은 토마토 수프와 케첩이었다!

나는 가끔 1941년까지 거슬러 올라가는 잡지들과 신문들로 가득찬 독서실에 파묻혀 있었다. 내 인생의 4년은 없는 것과 같았고, 아직도 적절하게 보상받지 못했다고 느껴지는 공백이었다. 그것이 내가 제2차 세계 대전의 역사에 대해 계속 관심을 갖게 하는 불쏘시개 역할을 했다.

"여행 허가를 받을 수 있어. 모든 전쟁 포로들이 집에 가고 싶어 하지. 그런데 허가증을 받지 않으면 아무도 여기서 나갈 수 없어."

미군 통신병이 나에게 알려 주었다.

"원난성에 있는 제 아버지께 전보 좀 쳐 줄 수 없으세요? 아버지를 7년간 보지 못했어요."

집으로 가는 비행기를 얻어 타려는 엉뚱한 시도는 감정적이라기보다는 현실적인 것이었다. 웨이시엔에서 보급품을 가지고 오는 비행기들은 빈 비행기로 돌아가고 있었다.

소령이 우리 대화에 끼어들었다.

"아버지를 7년간 못 봤다고?"

"네, 그렇습니다."

"윈난성은 여기서 아주 머네. 우린 자네를 시안까지 데려다줄 수 있어. 그 이후에는 자네가 알아서 해야 하네."

"상관없어요. 저는 돌아가고 싶을 뿐이에요."

"이 청년을 쿤밍까지 데리고 가야겠어."

소령이 통신병에게 지시했다.

통신병은 기계에 몸을 구부려 나를 위해 전보문을 작성해 주었다.

"나는 영국 영사관에 가려고 해. 그러면 그들이 자네 아버지와 연락해 줄 거야. 이름이 멧캐프라고 했나?"

"조지 에드거 멧캐프. 중국내지선교회(CIM)에서 일하세요."

바로 그다음 날 아버지의 응답이 왔다. 나는 행정 사무실에 소환되었고, 어떤 미국인 사무원이 나를 기다리고 있었다.

"짐을 싸세요. 시안으로 가는 비행기가 있어요. 트럭이 10분 안에 비행장으로 출발할 겁니다."

나는 쏜살같이 병원으로 달려가서 몇 가지 안 되는 소지품을 낡은 배

자유

75

낭에 집어넣었다. 나는 내 친구 세 명과 대기하고 있는 트럭으로 함께 달려갔다. 비행장에서는 작별 인사를 할 시간도 없었다. 비행기의 프로펠러는 이미 돌아가고 있었다. 나는 급하게 비행기로 달려갔다. 먼지로 얼룩진 원형 유리창 너머로 미친 듯이 손을 흔들어 대며 작별 인사를 하는 내 친구들의 모습이 작아지고 있었다. 나는 그렇게 탈출했다. 그들의 차례도 올 것이다.

그것은 나의 첫 비행이었다. 나는 저 아래서 날아가듯이 지나가는 산등성의 밭에 매료되었다. 허난성을 가로질러 시안까지 길고 꼬불꼬불한 황허강이 내려다보였다. 해질녘에 우리는 공항의 희미한 불빛 사이로 원을 그리며 착륙했다. 나는 그날 밤 미군 부대의 막사에서 식사와 침대를 제공받았다.

너무 급하게 출발하느라 작별 인사를 할 시간이 충분하지 않았지만, 어쨌거나 웨이시엔에서 나올 수 있었던 것은 정말 행운이었다. 우리 아버지는 몰랐지만, CIM의 총재 프랭크 휴턴 주교(Bishop Frank Hougton)는 모든 선교 관련 인사들의 송환이 질서 있게 이루어져야 한다는 명령을 발의했다. 그의 논리가 어떠하든지 간에 다시 자녀들을 보고 싶어 애가 타는 부모들은 잘 받아들일 수 없는 지침이었다. 많은 부모들이 자녀들이 전쟁 중에 살아남았는지, 만약 그렇다면 어떻게 살아남았는지 궁금해했다. 그들은 나의 부모님들과는 달리 가족이 재결합하기까지 몇 주간을 더 기다려야 했다.

시안에서의 둘째 날, 나는 돌담으로 지어진 사무실로 뛰어 들어갔다.

"너를 여기서 데리고 나가 줄 비행기가 없어."

그날의 근무병이 말했다.

나는 쿤밍으로 가는 비행기가 있기를 바라면서 할 수 있는 한 최대한 인내심 있게 환승 테이블에 앉아 있었다. 그는 내 이야기에 감동하는 것 같지 않았다. 다행히도 화물 파트에서 일하는 머리가 희끗한 군무원이 나의 비행에 관한 소식을 듣고 내 상황에 대해 무게를 실어 주었다.

"너 돈 가진 것 있니?"

그가 물었다.

나는 머리를 흔들었다. 내가 몹시도 아쉬워했던 금전은 사치가 아니었다. 그는 자기 지갑을 꺼내어 있는 돈을 모두 나에게 주었다. 그의 그런 행동이 사무실 안에 화기애애한 분위기를 만들어서, 다른 군인들도 나에게 지폐와 동전을 주었다. 모두 87달러였는데, 나는 그 돈이 얼마큼의 가치가 있는지 몰랐다.

"이제, 문제를 해결해 보자."

나의 은인이 '스톤 월(Stone Wall)'을 불렀다. 그에게는 아무것도 없었다. 명령도 없었고 서류도 없었다. 방법이 없었다……. 명령보다는 호의가 더 작용했다.

"내가 이 젊은이를 책임지겠어. 병사, 그를 위한 비행기를 찾아보게."

스톤 월은 즉시 행동으로 옮겼다.

"예, 군무관님! 비행기를 무슨 명목으로 착륙시킬까요?"

"OSS. 청두(成都)를 경유하는 길로."

"예, 군무관님!"

"항상 자기 지위를 이용해서 감당하지."

그 군인은 변경된 계획을 나에게 알려 주면서 웃었다.

"OSS요?"

내가 물었다.

"장교들의(Officers') 특별(Special) 서비스(Service). 장담하건대 아무 문제가 없을 거야!"

정말 탁월하게도 그의 말이 맞았다. 몇 시간 내에 나는 쿤밍으로 가는 비행기를 기다리며 청두에 가 있었다.

청두에서 우리는 쓰촨성 남부 다량산을 둘러 남쪽을 향해 날아갔다. 양쯔강의 은빛 굽이를 건너고 윈난성의 언덕들을 가로질렀는데, 그 아래에 내 눈에는 보이지 않지만 다쿠가 있었다. 나는 한편으로 그곳이 너무 그리웠다. 그러나 부모님은 호주로 돌아가기 위해 쿤밍에 계셨다. 지프차가 불빛이 희미한 거리를 지나 평범하고 전형적인 중국식 대문 밖의 좁은 골목길에 나를 내려 주었을 때는 날이 어두운 시간이었다. 나는 대문에 새겨져 있는 도톰한 글자들을 알아볼 수 있었다. 중국내지선교회(China Inland Mission), 나는 나무 문을 막 두드렸다.

"문 열어 주세요! 문 열어 주세요!"

발걸음 소리가 들렸다. 그리고 문이 활짝 열렸다.

잠시 동안, 이제 머리가 허옇게 센 연로한 아버지가 어둠 속에서 뚫어지게 나를 보시다가 '미국 군인' 세 명이 문에 서 있는 것을 보고 놀라셨다. 내가 마지막으로 아버지와 헤어졌을 때가 열한 살이었다는 사실을 나는 잊고 있었다. 그때 나는 변성기 전이었고, 단정치 못하게 늘어뜨린 앞머리에 모자를 쓰고 반바지를 입고 양말을 무릎까지 끌어 올려 신은 둥근 얼굴의 소년이었다. 이제 나는 성인 초기의 청년이었다. 나의 얼굴은 남자의 특징을 지닌 모습으로 길어졌다. 흑갈색의 머리칼은 이마에서 뒤로 빗어 넘겼다. 깎지 않은 턱수염에 키는 아버지만큼 자라 있었다. 그러나 내 얼굴은 앙상했으며, 군복을 입은 내 몸은 매우 말랐고 쇠약했다. 나는 돌멩이 여섯 개 정도의 무게밖에 안 나갈 정도로 가벼웠다.

"아버지……. 저예요, 스티브예요!"

아버지, 어머니는 나를 뜰 안으로 데리고 가서 끌어안으셨다. 나를 태워다 준 사람들은 잊은 채. 아버지는 이틀 전 다쿠에서 오자마자 바로 영사관에서 나에 관한 전문을 받고서 그의 동료들이 전해 준 휴턴의 지시에 대해 알기도 전에 나에게 답을 보냈던 것이다. 부모님은 내가 온다는 소식을 듣지 못하셨다. 나는 집으로 가서 모든 선교사들의 환영을 받았다. 그들은 나의 귀환을 위해 기도했던 분들이었다. 치푸 학교 아이들의 행방과 상황에 관해서 좋지 않은 소문이 무성했다. 그래서 자녀들이 아직 웨이시엔에 남아 있는 부모들은 나의 귀환을 보는 것이 감정적으로는 시험이 되었을 것이 분명하다.

나는 부모님과 만나자마자 떨어질 수밖에 없었다. 부모님은 안식년을 맞아 48시간 안에 쿤밍을 떠나 호주로 가서야 했기 때문이었다. 나는 히말라야 산맥을 넘어 캘커타까지 영국 항공기 C47을 타고 하루 늦게 부모님을 따라갔다.

나의 첫 비행은 숨 막히게 멋진 것이었는데, 두 번째 비행은 위험한 주변 환경으로 인해 다소 불안했다. 메콩강 위에서 우리는 폭풍 속으로 들어갔다. 우리는 비행기 일인용 좌석 벨트에 매여 사정없는 강풍에 휘말려 균형을 잃은 종이 연처럼 이리저리 내던져졌다. 조종사가 폭풍 위로 비행기를 올리려 하자 엔진이 포효하듯 큰 소리를 냈다. 비행기가 수직 기류 속으로 들어갈 때는 900m 뒤로 밀리기도 했다. 조종사는 전략을 바꾸어 고도를 더 낮추기로 했다. 그래서 우리는 땅이 우리 쪽으로 치솟는 것 같은 광경을 지켜보다가 그다음에는 다시 위험을 피해 공중으로 날아오르는 식으로 인도의 논 위를 저공 비행했다. 비행기 연료가 다 떨어질 즈음에, 우리는 시내에서 20km 떨어진 덤덤 공항에 다행히도 착륙할 수 있었다. 많은 다른 비행기들이 논에 불시착하던 상황이었다.

캘커타에서 나는 총독 관저로 가게 되었다. 1803년 인도 총독이었던 리처드 웰즐리의 감독 아래 지은 돔 모양의 관저였다. 마치 영국의 사유지에서 옮겨 와서 아시아에 내려놓은 건물 같았다. 그 건물은 전쟁 포로들의 귀환을 위한 센터가 되어 있었다. 얼마나 많은 사람들이 일본이 장악한 동아시아의 수용소에서 공포를 견뎌야 했는지를 알게 된 것도 바로 그 장소에서였다. 나는 병원 침대에서 무기력하게 죽어 가는 호주 청년과 이야기를 나눠 달라는 요청을 받았다. 그는 아무 감정 없이 움푹 파인 눈으로 멀리 허공을 바라보는 듯했다. 그가 벌벌 떨며 하던 말들을 생각하면 나는 아직도 괴로운 심정이다. 나는 그의 야윈 손가락을 감싸 쥐고 격려하려고 애썼다.

"이겨 낼 거예요. 간호사가 이겨 낼 거라고 얘기했잖아요. 기다리는 가족에게 돌아가야지요."

간호사는 그날 아침 세 구의 시체를 관에 넣어서 고국으로 보냈다고 말했다. 병원에서는 살고자 하는 의지가 있는 사람들을 구하려는 노력이 계속되었다. 머리가 벗겨진 한 스코틀랜드 남자는 하나님께서 자기를 지옥에서 구원해 주신 것에 감사드린다고 말했다. 자기 대대에서 2/3가 죽거나 실종되었다고 했다. 나는 나 자신의 환난에 대해서는 말할 이유가 거의 없었다. 병원에서 줄줄이 죽어 가던 사람들은 전쟁이 얼마나 끔찍했는지를 말해 주었다. 그에 비하면 나는 어떤 면에서 행운인 경우에 속했다. 나는 병원에서 다시 귀환 센터로 가서 정신이 온전한 청년들을 만났다.

나는 캘커타에서 콜롬보로 갔다가 포로 귀환자 한 사람과 같이 B24 폭격기를 타고 퍼스까지 갔다. 그는 민간인 조종사였고, 건강이 좋지 않았다. 그는 아메바성 이질과 뎅기열, 말라리아를 앓았기 때문이었다. 그의 납치범들은 갑자기 사라졌는데, 그와 다른 수감자들은 몇 주 전에야 그 사실을 알게 되었다. 내가 가지고 있던 87달러는 콜롬보에서 다 썼다. 그러자 그는 너그럽게도 자기는 체불 임금을 많이 받았고 아마 1개월분은 더 있을 것이라며 나에게 돈을 주었다.

나는 퍼스에서 시드니로, 그리고 시드니에서 멜버른으로 갔다가 거기서 최종 목적지인 애들레이드로 갔다. 부모님이 인도에서 출국하는 방법을 찾아내기 몇 주 전에 나는 이미 도착해 있었다. 나는 전쟁 포로였기 때문에 우선순위에 있었던 것이다. 부모님은 시민으로 분류되었기 때문에 최선을 다해 스스로 길을 찾아야 했다. 호주는 봄일 것이라고 생각했는데, 내가 기대했던 윈난성과 같은 신선한 초록의 풍경은 거의 볼 수 없었다. 활주로 가까이에서 보이는 풍경은 사막과 같이 건조하고 음울했다. 공군 지프차 한 대가 시내를 향해서 달리고 있었다. 나는 차를 얻어 탔고, 잠시 후에 나는 주요 직통로의 모퉁이에 있는 킬케니가 1번지, 식료품 가게 앞에서 내렸다.

"여깁니다." 하고 운전사가 확신 있게 말했다.

나는 조심스럽게 가게 문을 열었다.

"저는 루스 멧캐프를 찾습니다." 하고 내가 말했다.

몸집이 크고 얼굴이 붉은 남자가 웬 미국 군인이 애들레이드에서 루스를 찾는지 의아해하면서 손님과 이야기하던 계산대 뒤에서 나를 올려

서(西)중국에서 동(東)일본으로

다보았다.

"옆문으로 가세요."

그는 고갯짓으로 알려 주면서 말했다.

나이 든 여인이 옆문을 열어 주었다.

"저는 스티브 멧캐프입니다. 루스의 남동생이에요. 루스 여기 있어요?"

"루스는 전염병 병원에서 근무 중이에요. 요즘은 자주 보지 못했어요. 병원은 저쪽에 있어요."

그 여인은 자신을 루스 하틀리(Ruth Hartley)라고 소개했다.

"우리도 루스의 동생이 올 줄 알고 있었어요. 언제라고 듣지는 못했지만요."

몇 년 전에 루스 하틀리는 중국내지선교회에 지원했지만 허입되지 않았다. 그녀의 어머니는 이전에 우리 어머니가 중국에 갈 수 있도록 경비를 지불했으며, 그 가족은 우리 부모님의 신실한 후원자가 되어 주셨다. 나는 준비가 될 때까지 루스 하틀리의 남동생 제프(Geoff)와 마지(Marge) 부부 집에 머물 예정이었다. 루스 하틀리가 병원에 있는 나의 누나 루스에게 전화를 걸어 주었다.

루스는 질문 폭탄을 터뜨렸다.

"엄마는? 아빠는? 그분들은 어디 계셔? 왜 너는 이리로 온다고 말해 주지 않았어?"

루스는 가능한 한 빨리 집에 오겠다고 약속하고 전화를 끊었다.

나는 수화기를 내려놓았다. 갑자기 걷잡을 수 없는 감정이 나를 휘감았다. 나는 완전히 낯선 사람의 집 거실에 서서 울었다. 너무 많이 흐느껴서 말을 할 수도 없을 정도였다. 석탄에 더러워진 웨이시엔 민간인 포로 수용소의 검은 흙에 파묻었던 그 감정들을 더 이상 부인할 수 없었던 것이다. 눈물은 여행에 지친 내 얼굴의 더러운 먼지들을 씻어 주었다. 처음으로 오랫동안 내가 겪었던 고난에 대해서 생생한 감정을 드러냈는데, 그것은 나에게는 매우 예외적인 경험이었다.

전쟁 후 호주에서 다시 만난
멧캐프 가족, 1946년.

서(西)중국에서 동(東)일본으로

샛길

나는 1945년 11월 6일, 멜버른 컵 대회가 열리는 날에 애들레이드에 도착했다. 그리고 처음 몇 주간 동안 내가 머무는 집 여주인 마지의 안내로 골목길을 다니며 전쟁 후의 서구 문명을 구경했다. 마지는 나를 적십자사에 데리고 가고 싶어 했다.

"입고 있는 군복 말고는 옷이 없군요. 사복을 좀 구해 줄게요."

시내에 있는 적십자사 사무실에서 일하는 마지는 처음 만난 '미국 사람'을 챙기는 일을 매우 재미있어 했다. 나는 마지가 끊임없이 건네주는 옷들에 정신이 어리벙벙했다. 또 식량 배급 사무실에서는 100파운드를 주었다. 식량 배급 사무실에서 일하는 남자의 이름은 포싱햄이었는데, 줄여서 '포스'라고 불렀다. 포스는 나에게 배급 카드를 주면서 일자리가 필요한지 물었다. 일자리 때문에 만난 그랜트는 마지와 나를 호주의 대표적인 백화점인 마이어 엠포리움으로 데려갔다. 나는 거기서 직장 생활에 필요한 스포츠 코트, 회색 바지, 가죽 구두, 챙 넓은 펠트 모자, 그리고 나의 새 직장에 맞는 옷들을 준비했다. 나는 11월 12일 월요일 9시부터 일하라는 연락을 받았다.

나는 그 성탄절의 마이어 백화점 매출에 내가 얼마나 기여했는지 잘 모른다. 그러나 내가 숙녀들에게 인기가 있었던 것 같았다. 내가 처음 산 신사복이 몸에 맞을 정도로 신속하게 체중이 불어났지만, 그들이 특별히 나의 체형에 좋은 인상을 받았다는 것이 믿어지지 않았다. 나는 호주식 발음에 익숙해지지 못하고 늘 쓰던 '우아한' 발음을 그대로 쓰고 있었다. 손님들은 내가 말하는 것을 들으려고 우리 상점에서 머물렀으며, 다른 백화점에서 일하는 소녀들은 나와 '잡담'을 하려고 계속 전화를 걸어왔다. 판매하는 일과 내가 사람들에게 호기심을 갖게 한다는 이유로 나는 한 주에 5파운드를 받았다.

교회를 찾는 일은 더욱 어려웠다. 주일에는 하틀리 부부가 가는 감리교회에 함께 갔으며 밤에는 장로교회에 갔다. 얼마간 나는 형제교회에도 갔다. 그러나 나는 세례를 받지 않았기 때문에 성찬식을 할 때 떠날 수밖에 없었다. 마침내 나는 나에게 더 맞는 것 같은 구세군으로 갔다. 그러나 내게 끊임없이 앞으로 나와 '회개'하라고 요구해서 거기도 가지 않게 되었다. 나는 어디로 가든지 똑같은 문제를 겪었다. 즉, 어떤 형태의 예배를 드리든지 간에 내 편에서 정착하기가 힘들었고, 교회에서는 일반적으

서(西)중국에서 동(東)일본으로

로 한 인간으로서의 나에 대해서 관심이 없었다. 아무도 그들이 알지 못했던 10대 소년에게 관심이 없었다. 유일하게 '포스'만이 바에서 나를 만나서 점심으로 샌드위치도 함께 먹고 시내에서 80km 정도 떨어진 그의 농장에 초대해서 우정도 나누어 주었다. 그는 기독교인이 아니었다.

부모님은 새해가 될 때까지 캘커타에 머물 수밖에 없었다. 부모님은 인도를 출발하는 배를 탈 수가 없었다. 결국 어머니는 호주로 가는 배의 침대칸을 확보해 달라고 호주 대사관에 편지를 보냈다. 부모님이 애들레이드 기차역에 도착했을 때, 우리 가족은 마침내 모두 재상봉하게 되었다. 7년 만에 처음이었다. 그 이전에도 루스가 치푸로 가기 위해 다쿠로 떠난 이후에는 2주간의 성탄절 휴가를 제외하고는 없었던 일이었다.

루스와 나는 더 이상 어린아이가 아니었다. 그 세월들은 학교와 전쟁으로 사라졌다. 루스는 병원에서 맡은 일들을 감당해 내느라고 분주했다. 나는 이제 가족 가운데 가장 키가 컸다. 부모님은 표정이나 태도가 할아버지와 할머니 같아 보였다. 50대 중반인 어머니의 검은 머리는 흰 머리가 되었고, 아버지는 65세로 은퇴할 나이였다. 우리는 가족으로 사는 삶에서는 서로 이방인 같았고, 이 기간은 짧아서 몇 주에 지나지 않았다. 그러나 중국에서 보낸 그 긴 세월이 나의 부모님에게 어떤 의미였는지를 이해하기 시작하면서, 나는 그 시간을 매우 소중하게 여기게 되었고, 그들이 동리수족을 위해 치렀던 희생에 대해 존경하는 마음을 갖게 되었다.

우리는 부엌을 다른 두 가족과 공동으로 쓰는 큰 살림방을 찾아냈다. 나는 처음에 건물 뒤에 있는 작은 별채에서 머물다가 곧 옆집에 있는 방으로 옮겼다. 그리고 전기기술자의 견습공 일자리도 얻었다. 그러나 처음부터 혹사를 당할 것이라는 사실이 분명해졌다. 나는 대학 치과 과정에 등록하려고 아버지와 함께 애들레이드 대학으로 내려갔다. 그러나 새 학기는 이듬해 1월에야 시작될 것이었다. 나는 돈이 부족했고, 계속적으로 두통에 시달렸다. 부모님이 멜버른으로 갈 계획이라고 했을 때 나는 애들레이드를 나와서 과일 따는 일을 하기로 결정했다.

베리는 애들레이드에서 약 270km 상류에 있는 머리강의 북쪽 댐에 있는 지역이었다. 그곳까지 기차와 곧 부서질 것 같은 버스가 운행되고 있었다. 1946년 당시에 베리는 호주 남부의 갈증을 포도주로 식히면서 일하기에는 몹시 어려운 곳이었다. 2월의 어느 날 아침, 내가 과일 따는 사람들을 따라가고 있을 때였다. 한 농부가 다가와 자신의 과수원에 와서 과일 말리는 일을 도와 달라고 나를 붙잡았다. 임금도 좋아서, 마이어 백화점에서 시간 외 근무를 한 것보다 50%나 더 많이 받을 수 있었다. 게다가 기본적인 식사도 제공해 주었다.

농장의 담장 너머에는 키가 작고 가지가 가느다란 유칼립투스와 말리가 어우러진 숲이 끝없이 펼쳐져 있었다. 경작되지 않은 관목지였다. 이른 아침, 나는 나뭇가지에서 살구를 따기 전에 캥거루와 에뮤 새가 물을 마시려고 강으로 내려가는 것을 보았다. 내가 하는 일은 매우 고된

육체 노동이었지만, 탁 트인 전원지대의 고요함에 쉽게 적응했다. 내가 도시에서 견뎌야 했던 두통도 사라졌다. 나는 나의 삶을 다시 돌아보기 시작했다.

이 무렵 나는 여자 친구 조이를 만나 사랑에 빠졌다. 조이는 나보다 두 살 많았다. 조이는 내가 애들레이드에 있을 때 함께 머물렀던 감리교 가정의 딸이었으며 타이피스트였다. 당시에 조이의 오빠는 근육이 마비된 상태였다. 그들은 절망한 상태에서 오순절 교회에 갔고, 믿을 수 없게도 조이의 오빠는 기도를 통해 부분적으로 치유를 받았다. 이후에 그는 조금씩 걸을 수 있게 되었고, 휠체어를 사용하게 되었다.

내가 의도적으로 조이를 사랑하려고 했던 것은 아니었다. 조이는 매력적이고 다정했으며, 밝은 갈색의 짧은 머리와 날씬한 몸매를 하고 있었다. 키는 나보다 5cm 정도 작았다. 조이는 우리 가족과 '수다' 떠는 것을 좋아했으며, 우리 가족도 조이의 가족을 좋아했다. 조이는 나와 이야기하기를 원하면서 자주 내 주위를 맴돌았다. 그리고 우리가 멀리 떨어져 있을 때는 긴 편지를 써서 보냈다. 나는 우정을 기대했다. 그리고 나에 대한 조이의 분명한 감정들에 나는 반응하기 시작했다.

베리에서 5주간을 지내자 수확 철이 끝났다. 그 후 나는 멜버른 남서쪽 교외에 있는 머럼비나로 가기로 결정했다. 부모님이 그곳에서 새집을 구했기 때문이었다. 나는 떠나기 전에 먼저 애들레이드에서 조이를 보기 원했다. 그러나 조이는 바빴다. 나는 마지못해 애들레이드에서의 마지막 며칠 동안 감리교 센트럴 홀에서 열리는 선교 집회의 초청을 받아들였다. 교회 참석은 나의 주간 일상에서 가장 중요한 부분이었다. 그러나 많은 10대 후반 청소년이나 20대 청년들처럼 개인적인 헌신의 문제에서는 표류하고 있었다.

강사는 꽤 유명한 리오넬 플레처 목사(Rev. Lionel Fletcher)였는데, 그는 한때는 '영국의 복음 전도자'로 알려진 분이었다. 그는 범선의 견습공으로 시작해서 광부와 기자로 일했으며, 그 이후에 조합 교회의 사역자가 되었다. 그는 애들레이드, 웨일스, 그리고 뉴질랜드에서 목회했고 영연방 국가들을 다니며 부흥회를 인도했다. 그가 설교를 시작한 그 순간부터 나는 그에게 혼이 빠졌다. 그는 감성적이지 않고 유머러스했으며 나에게 직접 말하는 것 같았다.

집회 마무리 시간에 30~40명이 기도를 받으러 앞으로 나갔다. 나는 조용히 기도했다. 이전에 내가 알지 못했던 신선함으로 하나님의 자비가 나의 삶 속에 흘러 들어왔다. 얼마 동안 나는 방향을 잃은 채 구불구불한 샛길을 따라왔다. 그러나 이제는 나의 영적인 목표가 분명해졌다. 바로 하나님이 예비하신 길을 걸어야 한다는 것이었다.

부모님은 설교 사역도 하시지만 멜버른에서 직업을 가지셨다. 94세 된 노인을 그의 넓은 집에서 돌보는 일이었다. 환경은 애들레이드보다 더 쾌적했다. 애들레이드에는 붐비는 기차역이 있었고, 상점들이 즐비했으며, 광활한 관목지가 있었다. 나는 그곳으로 이사해서 야간에 올림픽

타이어 공장에서 일했다. 저녁이나 주말에는 아버지와 함께 지낼 수 있는 혜택을 누리며 동리수족 마을에서 사역하시던 이야기를 재미있게 들었다. 아버지는 여전히 중국으로 돌아가 신약 성경을 그들의 언어로 번역하는 일을 마치고 싶어 하셨다.

1946년에 중국내지선교회(CIM)는 놀랍게도 갑자기 아버지의 신청을 받아들였고, 아버지와 어머니는 다시 다쿠로 떠나셨다. 나는 부모님의 결정에 아무런 의문이 없었다. 아버지는 아직 건강하셨고, 부모님은 아무 의문 없이 이것이 하나님의 부르심이라고 느꼈다. 루스 역시 선교사로 나갈 준비를 하고 있었다. 루스는 태국 북부로 가고 싶어 했다. 멜버른에 정착한 지 6개월 만에 나는 다시 집이 없어졌고 일자리를 구해야 했다. 내가 낸 신청서에 관심을 기울여 준 곳은 베리의 고용청뿐이었다. 그래서 나는 다시 과일 농장으로 돌아갔다.

조이를 보기 위해 애들레이드로 다시 여행을 하는 기간이 복음 전도를 위한 전국대회(National Convention Christian Endeavour Moment)와 일치했다. 그 대회는 엄청난 규모로 이루어졌고 음악도 매우 감성적이었다. 강사의 메시지는 바로 나를 향한 하나님의 메시지였다.

"당신은 당신의 그 여분의 4시간을 어떻게 사용하렵니까? 누가 그것을 하나님께 드리겠습니까? 누가 그 4시간을 자기만의 관심과 즐거움으로 채우지 않고 하나님을 섬기는 일에 헌신하겠습니까?"

당시 호주의 주당 근무 시간이 48시간에서 44시간으로 바뀌려 하고 있었다.

그의 호소에 마음이 움직여서 나는 그에 응답하기 위해 일어섰다. 그는 "하나님, 이 청년을 축복해 주소서. 저에게 어떤 말씀이라도 주시옵소서!"라고 기도했다. 그는 내가 할 일이 있다고 했다. 그러나 그것은 내가 기대했던 일이 아니었다.

베리의 과일 농장으로 돌아가서 나는 숙소 건너편에 있는 감리교회에 정기적으로 출석했다. 어느 날 설교할 사람이 부족하게 되었다. 담임 목사가 교회를 네 군데 돌보고 있었기 때문이다. 베리에 있는 상점의 소유주이자 열변가인 헌트가 제안했다.

"목사님의 교인 가운데서 스티브 멧캐프에게 부탁해 보세요. 그는 막 떠오르는 설교자입니다."

나는 정말 그런 인물이 아니었다. 내 평생 단 한 번 설교를 한 적이 있었는데, 그것도 몇 주밖에 되지 않았다. 그때도 헌트가 내가 그의 교회에서 설교하게 되었다고 불쑥 말해서 일어난 일이었다. 그는 나에게 항의할 시간도 주지 않았다. 나는 많이 기도하고 그 교회의 성도 18명에게 짧게 설교했다. 그리고 내가 설교한 내용이 그들에게 도움이 되었는지 어땠는지 알지도 못했다.

헌트의 추천은 문제가 있었지만, 목사님이 나를 찾으셨다.

"글로솝 감리교회에 설교자가 필요해요."

"그렇지만……"

"나는 다른 대안이 없어요."

나는 변명을 할 수 없었다. 그래서 다음 주일에 그 교회에서 설교하는 것에 동의했다.

예배가 끝났을 때, 젊고 매력적인 교사이자 오르간 연주자이며 나보다 몇 살 더 많은 멀(Merl)이 다가왔다. 그녀 역시 매우 직설적으로 내게 말했다.

"당신은 내 기도의 응답이에요."

나는 몹시 당황했다. 도대체 무슨 일이 벌어지고 있는지 알 수가 없었다.

"나는 당신이 베리에서 복음 전도 모임을 시작하기 원합니다."라고 그녀가 설명했다.

마치 멀이나 헌트는 내가 남은 시간을 하나님께 헌신했다는 사실을 알고 있는 듯했다.

"나는 결혼할 거예요. 그러나 내가 할 수 있는 모든 지원을 해 드릴 겁니다."라고 그녀는 약속했다.

우리가 함께 사역한 청년들이 30명 이상 되었는데, 그중 많은 사람들이 기독교인이 되었다. 그것은 내가 진정한 내 삶의 목적을 발견했던 풍요한 시절의 서막이었다.

고비를 넘기다

하나님께서는 내가 일본으로 가겠다고 결정하기까지 매우 온유하게 나를 인도하셨고, 그것은 정말 놀라운 일이었다. 나는 에릭 리들의 장례식에서 그것이 내가 해야 할 일이라고 결정한 적이 있었다. 그러나 아무런 준비가 되어 있지 않은 상태에서 이국적인 호주 생활에 적응하는 일은 그리 만만한 일이 아니었기 때문에, 그러한 생각은 차츰 희미해졌다. 중국에서 탈출했던 일로 인해서 나는 모든 익숙한 것을 잃었지만, 호주 생활에 다시 완전히 익숙해져 있었다.

그 무렵 조이와 나는 자주 만나고 있었다. 우리는 18개월 동안 사귀었고, 서로에 대한 사랑은 더 깊어졌다. 조이는 약혼할 준비가 되었다. 나는 호기심이 더 많았다. 나는 아직 스무 살이 되지 않았고, 현금이 없었다. 1947년 6월 우리는 선교 집회에 갔는데, 그 행사를 주관하던 내 또래의 남자 열두 명은 모두가 멜버른 바이블 칼리지 사람들이었다. 그들은 설교하고 찬양하고 간증했다. 그 메시지는 선교 사역에 대한 나의 생각을 다시 한 번 흔들어 놓았다. 나는 조이에게 내가 느끼고 있는 것을 말했다. 조이는 열정적이지 않았다.

"다른 언어를 배워야 하잖아. 나는 외국에서 살고 싶지 않아."

조이는 그렇게 말했다.

우리의 관계가 안정되지 못했던 것은 바로 이 차이점 때문이었다. 이 듬해 봄, 조이가 일주일간 베리에서 머물렀다. 우리는 약혼에 대해 그리고 선교사가 되겠다는 나의 갈망에 대해 오랫동안 이야기했다. 그런데 아무것도 해결되지 않았다. 그 후 조이에게서 충격적인 편지 한 통이 왔다. 내용은 간단했다. 자신은 선교사 아내가 되는 것에 대해서 고려할 수 없다는 것이었다. 자신의 다른 친구들은 결혼을 했고, 자신도 다른 누군가, 좋은 친구이자 자신을 오랫동안 흠모해 왔던 사람을 만났다고 고백했다.

나는 조이에게 전화를 걸어 서로 이야기를 나누었다. 해외 선교사가 되려는 나의 갈망 때문에 조이는 더 이상 나를 사랑할 수 없었다. 전화를 끊으면서 나는 조이가 나와 함께 가지 않을 것이라는 사실을 알고 마음이 무너졌다. 나는 일주일 동안 아팠다. 장염을 앓으며 병원에 입원해 있었다. 3개월 동안 나는 미래에 대한 나의 꿈을 약하게 만든 그 황폐함을 숨기면서 일터와 30명의 청년들이 있는 사역지를 왕래하며 비틀거렸다.

나는 기도를 할 수가 없었다. 상실감에 갇혀서 가족이나 친구들과 아무 연락도 하지 않았다. 루스는 나에게 부모님께 편지를 보내라고 말했다.

나는 일본으로 항해하기 전에 두 번 더 조이를 만났다. 어느 날 저녁, 나는 선교 사역에 대한 CIM의 컨퍼런스에 참석하기 위해 애들레이드로 가면서 대회 참석자들이 타는 버스에 올라탔는데, 약간 어두운 뒷자리에 조이가 앉아 있었다. 믿을 수 없게도 조이는 나와 나란히 앉았다. 복잡한 생각과 감정이 나를 괴롭혔다. 아마……. 나는 천천히 그녀의 손을 잡았다. 그러나 조이는 살짝 손을 뺐다.

"스티브, 이젠 상황이 바뀌었어."

조이는 손을 살짝 들어 보였는데, 도로에서 들어오는 잠깐의 불빛으로 나는 조이의 약혼반지를 볼 수 있었다.

조이가 이야기를 하는 동안 나는 마음을 진정하려고 애썼다. 조이가 나에 대해 어떤 애정을 느꼈든지 간에 이제 그것은 과거의 일이라는 사실이 명백해졌다.

"네가 한번 만나 봤으면 하는 친구가 하나 있어. 그 친구는 전임 사역자가 되려고 하고 있어. 아마 너도 좋아할 거야."

조이의 말대로 조이의 친구가 굉장히 멋지고 아름다운 찬양 사역자임은 분명했지만, 우리의 대화 속에서 내 마음을 끄는 것은 아무것도 없었다. 나는 이 사건을 내 인생에서 과거의 일로 놓아 버리기로 결심했으며, CIM의 호주 대표인 오스월드 샌더스와의 대화에서 용기를 얻었다.

"샌더스 씨, 저는 선교 사역을 고려하고 있습니다."

그는 내가 다른 지역으로 떠나서, 나이가 더 들 때까지 몇 년 더 인생 경험을 하는 것도 괜찮다고 추천했다.

"그렇지 않으면 바이블 칼리지로 가서 학문적인 것만 배우게 될 걸 세. 좋은 경건 서적들도 읽게나."

나의 예산이 그만큼 될지 궁금해하고 있는 동안, 그는 귀중한 책들의 목록을 줄줄 대고 있었다.

"자네는 선교 지역에 대한 분명한 부르심이 필요하네. 에디 멧캐프의 아들이라는 것만으로는 부족하네."

그리고 그는 여성에 대해서도 다음과 같이 조언했다.

"선교지에서 언어를 익힐 때까지는 배우자의 일로 방해를 받아서는 안 될 걸세."

그런 상황 속에서 나는 어느 누구에게도 마음을 급하게 주어서는 안 되었다. 샌더스의 다른 충고와 함께 나는 그 조언도 따르려고 애를 썼다. 그렇지만 지금 생각해 보면 아무리 그러한 조언이 선교사의 지혜에서 나온 것이었다고 해도, 새로운 선교 지망생이 꼭 들어야 했던 것이었는 지는 모르겠다.

이제 선교에 헌신했기 때문에 나는 기회만 있으면 더 배울 수 있는 자리를 찾아갔다. 애들레이드 바이블 칼리지의 초대 교장인 앨런 버로 (Allan Burrow) 목사(그의 부모는 남아메리카 선교사였다.)가 해 준 볼리비아 이야기를 들으며 나는 또 한 번 분발하게 되었다. 나는 하나님께서 원하시는 곳이면 어디든지 보내 달라고 기도했다. 나는 중국 남서부의 산악 지역으로 돌아가고 싶었다. 그곳은 내 고향이었고, 동리수족 사람들은 내 삶에서 중요한 부분을 차지하고 있었다. 나는 만다린 중국어를 할 줄 알았고, 동리수어를 어렸을 때 배웠다. 그러므로 중국에서 사역하겠다고 신청하는 것이 상식이었다. 그러나 하나님께서는 내가 에릭 리들의 묘지 앞에서 했던 서원에서 벗어나지 않도록 하실 작정이셨다.

1945년 태평양 지역의 연합군 최고 사령관이었던 더글러스 맥아더(Douglas MacAhur) 장군의 전략으로 일본이 패전했다. 미국은 승리한 맥아더에게 도쿄에서 점령지 행정권을 넘겨주었다. 맥아더는 일본 사회의 종교적 속성과 패전이 현재의 영적 상황에 어떤 손상을 줄지 잘 알고 있었다. 1945년 10월에 그는 도쿄의 다이이치 보험회사 건물 안에 있는 맥아더 사령부 본부로 미국인 성직자들을 초청하여 "일본은 영적인 진공 상태입니다. 여러분들이 기독교로 채우지 않는다면 공산주의로 채워질 것입니다. 이곳에 선교사들을 많이 보내 주십시오."라고 말했다. 2년 후인 1947년 2월 24일, 한 라디오 방송에서는 맥아더가 미국 의회에서 한 말을 보도했다. "일본인 200만 명이 자신들의 신앙이 붕괴됨으로써 생겨난 영적인 진공 상태를 채우기 위해서 일본인으로서의 삶을 버리고 개종했다."라는 내용이었다.

하루는 저녁에 내가 베리의 숙소에서 라디오를 듣는데, 일본인은 복음을 받아들일 필요가 있다고 맥아더가 말하고 있었다. 그의 말은 마치 하나님께서 친히 말씀하시는 것처럼 나를 사로잡았다. 나는 그 메시지를 그냥 지나칠 수가 없었다. 중국은 공산주의가 지배하여 선교사들에게 문을 닫고 있었다. 나는 점점 더 선교 예정지로 일본을 주목하게 되었다. 1950년에 나는 멜버른 바이블 칼리지에 등록했는데, 기숙사 동료도 일본을 목표로 하고 있었다. 그의 열정은 나에게 또 하나의 도전이자 격려가 되었다.

바이블 칼리지에서 들었던 레슬리 곰(Leslie Gomm) 목사의 강연은 나에게 중요한 영감을 주었던 또 다른 계기가 되었다. 곰 목사의 아들은 뉴기니 전투 중에 실종되었다. 곰 목사는 아들에게 무슨 일이 일어났는지 알기 위해 일본에 있는 호주 군대에 군목으로 입대했다. 슬프게도 그의 아들은 살해당한 것으로 밝혀졌다. 그러나 그는 아들의 무덤을 알아낼 수가 없었다. 내가 처음으로 일본 선교에 대해 연민의 마음으로 말하는 것을 들었던 사건이었다. 너무나 많은 호주인들이 전쟁 중에 있었던 이야기에 고통스러워했다. 일본인은 사랑하기에 너무 힘든 사람들이었다. 일부 기독교인조차 일본인에게 공개적으로 적대감을 드러냈다.

성경 공부 훈련이 끝나 가면서 나는 일본으로 가기 위해 여러 선교 단체의 문을 두드렸다. 다른 곳의 문이 닫히고 결국 CIM으로 방향이 잡혔다. 공산당이 국민당 정부에 승리를 거둠으로써 CIM은 중국에서 강제로 철수해야 했다. 그래서 지도부가 다른 나라들을 조사하는 중에

CIM은 OMF(Overseas Missionary Fellowship)라는 이름으로 재탄생했다. 나의 아버지는 오랫동안 CIM 선교사였는데도 불구하고 나의 일본 선교를 환영하지 않으셨다.

"그들은 일본에 대한 경험이 전혀 없어. 체제를 갖추기까지는 문제가 많을 텐데 다른 곳을 찾아봐야 할 거야."

아버지의 충고는 예언적이었다. 그러나 나는 내가 OMF에서 일해야 한다는 것을 알았다. 나는 일본에 배치해 달라고 신청했다. 나를 부르시는 것이 분명했음에도 불구하고 당시에 선교부는 사역자가 필요하다고 요청하는 곳에 사람들을 보냈다. 난감했다. 선교회에서는 선교 정책이 나의 확신보다 먼저였다. 그러나 감사하게도 하나님은 한 걸음 앞에 계셨다. 일본에 있는 새로운 사역자들은 젊은 선교사들을 가능한 한 빨리 보내 달라고 요청했다. 내가 뽑혔다. 나는 타이핑호를 타고 브리즈번을 떠나게 되었다.

떠나면서 나는 조이에게 마지막으로 작별 인사를 했다. 이미 4년 전에 끝난 일이었지만, 마지막 감정의 찌꺼기를 정리하기 위한 것이었다. 루스와 내가 아시아로 떠나기 전에 누군가 애들레이드에서 모임을 주선해 주었다. 그곳은 축복해 주는 사람들과 기도 동역자들로 꽉 찼다. 나는 간증하기 위해 일어섰다가 얼어붙어 버렸다. 조이가 방 한쪽에 서 있었던 것이다. 나는 감정이 격해졌다. 전혀 예기치 않았던 사건이어서 준비가 되지 않은 채, 나는 더듬거리며 말을 이었다. 그 후에 조이와 조이의

어머니가 내게로 왔다. 그들은 나와 루스를 위해 기도하겠다면서 나에게
기도 편지를 보내 달라고 말했다. 그러고 나서 조이는 떠났다. 내 삶의
고통스러운 한 장이 이제 끝이 났다.

얼룩

1952년 11월 17일 월요일, 호주의 동부 해안에는 밤에 별이 보이지 않았다. 한밤중에 브리즈번 부두의 '항만 노동자들'은 비명을 질렀다. 내가 타고 있던 일본행 배의 엔진이 흔들리면서 낡은 통이 깨졌고, 배가 앞으로 나아갈 때는 마치 침상에서 벗어난 환자처럼 힘겨운 소리를 냈다. 우리는 강 하류로 내려가려고 고군분투했다. 별도 보이지 않아 앞은 캄캄했다. 도시의 불빛이 희미해지다가 사라졌다. 나는 선실 바깥에 있는 난간에 기대어 기도를 했다.

"저를 표지등이 되게 해 주십시오. 빛이 없어 매우 어두운 곳, 빛과는 너무 거리가 먼 그런 곳에서 폭풍의 어둠 속을 비추는 빛이 되게 해 주옵소서!"

우리가 탄 배, 타이핑(SS Taiping)호는 행선지가 정해져 있지 않았고,

원래 느리게 다니도록 만든 배 같았다. 100m가 넘는 긴 몸체에 기능 본위의 어수선한 외양을 갖추고 있었다. 돛대 사이에 일등 선실과 이등 선실을 구분하는 높은 굴뚝이 앞의 선창 위에 하나, 고물에 또 하나가 있었다. 정규적인 식당 요금은 배 삯에 포함되어 있었지만, 몇 안 되는 승객들을 위한 오락 시설은 거의 없었다.

1925년 홍콩에서 건조되어 호주와 동양을 연결하던 타이펑호는 마닐라와 멜버른을 수없이 운항하며 임무를 수행했다. 타이펑호는 일본이 필리핀에 있던 미국 공군기지를 폭파시키자 1941년 마닐라 항구에서 여자와 어린이들을 태워 호주 보호 구역으로 피신시켰다. 아마 루스와 친구 베티가 그때 탈출했을 것이다.

6년 후에 타이펑호는 전쟁 이후에 남편이자 아버지였던 병사들을 일본에서 호주 시드니로 실어 와서 아내와 아이들과 다시 만날 수 있도록 해 준 최초의 배였다. 그 두 가지 사명을 감당하던 사이에 타이펑호는 호주 해군의 공식적인 요청을 받아서 아프리카나 지중해까지 멀리 보급품을 공급하는 연합군 전함의 '군수품 저장과 보급 선박' 역할을 했다.

우리가 처음 정박한 곳은 인도네시아 군도 보르네오섬 동쪽 해안에 위치한 타라칸섬이었다. 항구에는 연합군이 사용했던 상륙정의 잔해가 부서진 제방을 따라 널려 있었다. 부두는 잘 정비된 인도네시아 군대로 가득했다. 그들은 전쟁 중 그들을 지배했던 일본인들에 대해서도 그리고 이전의 식민지 통치자였던 네덜란드인에 대해서도 좋게 말할 수가 없었다. 마을에는 다양한 국적의 사람들이 살고 있었다. 토착 인도네시아인, 인도인, 말레이인, 중국인들이 있었다. 중국인들은 상점을 소유하고 사업을 하고 있었다. 먼지로 덮인 길에서 나는 좀 이상하게 보이는 조합의 사람들을 만났다. 부유한 사람들과 분명히 정글에서 걸어 나온 것 같은 남녀 부족민이 함께 섞여 있었다. 시장은 온통 생선 말리는 고약한 냄새로 가득 차 있었다. 어른이고 아이고 간에 빈랑나무 열매를 씹어 치아가 붉게 물들어 있었고, 짙은 초록색의 사탕수수 가지에서 설탕 맛이 나는 중과피의 껍질을 벗기고 있었다.

시간을 메우기 위해 나는 천 덮개가 있는 개조된 지프차를 타고 유전을 다녀왔다. 타라칸 유전은 전쟁 중에 두 번이나 화재를 입었다. 처음에는 일본의 돌격 부대가 공격했고, 3년 후에는 연합군이 폭격했다.

타라칸에서 필리핀까지의 항해는 대체로 싫증이 날 정도로 평온무사했다. 이등석에는 나를 포함해서 승객이 여덟 명뿐이었는데 침대는 48개나 있었다. 그래서 어디로 가든지 선실이 여유가 있었다. 나의 선실에는 침대가 세 개 있었고 온수와 냉수가 나오는 조그만 세면대가 갖추어져 있었다. 승객들은 식사 시간에 모두 모여서 열두 명 정도 되는 근무자들과 대화를 나누었다. 가끔씩 육지의 정보를 나누었고, 숨이 막힐 것 같은 습기를 해소시켜 주는 미풍에 감사했으며, 또 어두워 가는 하늘을 화려한 색깔로 물들이는 석양을 즐기며 마치 유람하듯이 북쪽을 향해 가고 있었다.

전쟁 후의 마닐라는 궁핍한 타라칸과는 완전히 대조적이었다. 그것은 남중국해 해안의 가장자리에 옮겨다 놓은 현대 미국이었다. 미국산 차와 트럭들이 고속도로를 메우고 있었고, 양옆에는 멋진 건물들이 즐비했다. 나의 필리핀 친구들은 오래된 스페인식 집에 앉아 있는 장래의 아내에게 세레나데를 불러 주었다고 했다. 그러한 이야기는 매우 재미있었다.

타라칸에서와 마찬가지로 그곳에도 아직 전쟁의 잔해가 무수히 많았다. 연합군이 필리핀에서 점령 세력을 몰아낼 때, 일본 배들이 폭파되어 마닐라 항구의 바다에 가라앉았다. 또한 쓸모없이 썩어 가는 폐선의 잔재로 인해 수로가 계속 막혀 있었다. 그러나 일본인들은 자기들의 배를 구하여 일본으로 수송하기 위해서 다시 돌아왔다.

우리는 폭풍 속에서 홍콩의 환영 보호소까지 운항했다. 첫날 해질녘의 어스름 속에서 산모퉁이가 작은 불빛들의 행렬로 밝게 빛나고 있었다. 엿새 전에 떠났던 브리즈번의 불빛을 생각나게 하는 광경이었다. 영국은 식민지에 밀려드는 난민들로 인해 짐이 무거웠다. 공산당 정부가 중국에서 권력을 견고히 하자 수많은 선교사들이 홍콩으로 빠져나왔다. 그러나 홍콩에는 부유하거나 가난한 중국인들도 많았는데, 그들은 시청 너머 마을에 있는 오두막이나 난개발되고 있는 불법 거주자 수용소에 빽빽하게 모여 있었다. 홍콩에는 선교사들이 많이 있었기 때문에 그곳 사역은 그다지 어렵지 않았다. 수많은 중국인들이 사유 재산을 다 잃어버린 상태에서 열정적으로 그리스도를 영접했다.

　사흘 후에 타이펑호로 돌아왔을 때, 안락했던 나의 선실은 저 둥근 선실 창문 밖으로 사라지고 없었다. 낮은 갑판에는 수용 가능 인원 이상으로 영국 군인들로 빽빽하게 들어차 있었다. 징집된 300명 정도의 군인들이 100명 정도 들어갈 수 있는 공간에 들어와 있었다. 반면 장교들은 우리가 있는 이등 선실에서 넓은 공간을 차지하고 있었다. 신참 병사들은 새 군복을 입고 있었으며 18~20세 정도로 보였고, 한국에서 모집하는 미군 부대의 참전 병사로 가고 있었다.

　1950년 6월, 공산화된 북한은 남한을 기습적으로 공격했으며, 38선을 넘어 서울을 비롯한 남한의 많은 지역들을 점령했다. 주로 미국 군대에 의존하는 유엔군은 중국 국경을 위협했던 전략으로 북한 군대가 되돌아가도록 밀어붙였다. 이제 저항하는 군대들—중국과 북한의 동맹에 반대하는 유엔 국가들—은 말 그대로 제1차 세계 대전을 상기시키는 암울한 메아리와 같은 상황 속에 둘러싸여 있었다. 땅들을 확보했다가 잃고, 잃었다가 다시 찾곤 했다.

　영국은 그러한 전쟁에 열정을 보인 적이 없었다. 전후의 긴축 정책에 힘이 약해져서 전장의 일에는 완전히 흥미를 잃어버렸다. 그런데도 완고한 정치가들은 매달 전쟁 포로들을 교환하면서 영국인의 생명을 담보하는 모병을 하고 있었다. 감소된 군대를 강화하기 위해 영국 정부는 군복무를 2년으로 연장했다. 이 새로운 모병은 궁핍과 죽음에 직면한 일인데도 그 대가로 지불하는 돈은 주당 1.62파운드밖에 되지 않았다.

시간이 많이 흘러서 나는 함께 얘기했던 그 젊은이의 얼굴을 기억할 수가 없다. 퀘이커 교도였던 그는 "이 배에는 선교사가 당신뿐입니까?" 하고 물었다.

"그렇습니다."

그는 머리를 흔들며 말했다.

"이 군인들은 모두 전쟁을 하러 가고 있어요. 평화를 위해 가는 사람은 당신 한 명뿐이고요."

다른 사람들은 잘 이해하지 못했다. 대부분의 사람들은 내가 전쟁 포로였는데도 일본에 가기로 결정한 것을 알고 충격을 받았다.

그들은 "당신은 이상주의자군요."라고 냉소했다.

그들이 보기에 나는 그럴 수 있었다. 전쟁 포로로 수용소에 갇히는 경험은 누군가에 의해 고통을 당하는 학대 목록에 속하는 것이 아니었다. 그렇다고 휴가 캠프도 아니었다. 그리고 나는 일본인의 야만성에 대해 생생한 기억을 갖고 있었다. 쉽게 지워지지 않는 흔적들이었다.

중국 남부 해안에 위치한 홍콩 서부에 베이하이라는 항구가 있다. 1938년 12월, 베이하이 항구는 여러 가지 흥미로운 놀이들을 즐기는 소리로 시끄럽고 부산했다. 열한 살이었던 나는 학교 모자를 쓰고 짧은 바지를 입은 다른 열다섯 명의 친구들과 신이 나 있었다. 그들은 성탄절 휴가를 보내기 위해 집으로 돌아가는 치푸 학교 학생들이었다. 그 항구는 우리 배 캔턴(SS Canton)호가 정박하기에는 너무 얕았다. 중국의 범선들이 짐을 내리고 다시 싣고 하면서 앞으로 뒤로 움직이는 가운데, 우리 배는 부두에서 300m 떨어진 곳에 정박했다. 배에 실린 짐들은 잔가지로 만든 돼지 우리부터 기이한 열대 과일을 담은 큰 상자들, 그리고 엄청나게 큰 쌀 포대들이었다.

멀리 하늘에서 윙윙거리는 소리가 들리자 소년들은 비행기를 보려고 이리저리 허둥대면서 갑판으로 나왔다. 비행기 여섯 대가 속력을 내어 날아오고 있었다. 나는 그것을 세었다.

"일본 비행기다!"

"전투기야!"

바로 머리 위까지 날아든 전투기들은 거친 바람처럼 항구를 가로지르며 어선과 범선들에 불을 쏟아 냈다.

고요하게 작업을 하고 있던 작은 항구는 몇 분 내에 물을 뒤집어쓰고 시체가 나뒹구는 아수라장으로 바뀌었다. 내 바로 위의 하늘에서는 돛의 구멍을 따라, 그리고 나무를 쪼개면서 총탄이 불을 내뿜으며 아래로 쏟아졌다. 총탄들은 목표물을 맞히거나 빗나가거나 물속에 박히기도 했다. 중국 선원들과 항만 근로자들은 피난처를 찾기 위해 몰려다녔다. 많은 사람들이 숨을 데가 없는 상황이었다. 안전한 장소라고는 있을 수 없었다. 나는 총탄에 맞은 사람들이 고통 때문에 지르는 끔찍한 소리를 듣고 넘어졌다. 전투기는 다시 돌아오지는 않았다. 공격자들은 그들의 탄창을 마음대

서(西)중국에서 동(東)일본으로

로 비우고 날아가 버렸다.

우리의 작은 프랑스 증기선 갑판은 승객들로 붐볐다. 그들은 일본군의 재빠른 공격에 할 말을 잊고 그 냉혹한 행동에 간담이 서늘했다. 중국 선원은 대답을 요구하는 듯 큰 목소리로 분노를 터뜨렸다. 군대와는 상관이 없고 위협도 안 되는 배인데, 어떻게 그 배에 탄 죄 없는 어부에게 총을 쏠 수 있단 말인가?

충격이 나에게 밀려왔다. 소년다운 나의 모든 전쟁놀이는 베이하이 항구에서 일어났던 것과 같은 끔찍한 현실에는 아무런 준비가 될 수 없었다. 나는 이제 어느 정도 컸기 때문에 학교 기숙사 밖의 거리에서 열을 지어 가던 일본 군인들이 중국의 적인 것은 알 수 있었다. 그러나 이 잔혹 행위는 너무나 터무니없었다. 희생자들은 평범한 시민이었다. 그들은 자기들 배에서 우리에게로 헤엄쳐 와서는 몇 살인지 묻고 어디 사는지 묻던 그런 사람들이었다. 나는 이 사건 때문에 최면이라도 걸린 듯 전투기가 사라진 빈 하늘을 올려다보고 또 아래로 파괴된 것들을 보았다. 나는 거의 무의식적으로 출항하던 선장과 선원들의 고함 소리를 들었다. 우리 배는 용골을 작동하면서 부서진 것들을 뒤로 남겨 두고 엔진이 허락하는 한 빨리 바다로 향해 나아갔다.

나는 그 몇 분간의 공포를 잊을 수 없었고 또 잊지도 않을 것이다. 자연히 나는 중국인들에게 공감을 느꼈다. 일본인들은 호전적인 사람들이었다. 열한 살 아이에게 그것보다 더 혼돈스러운 일은 없었다. 그래서 그것은 기억 속에 남아 있다. 그러나 일본인들을 향한 일종의 지속적인 적의는 사랑으로 변화되었다.

홍콩에서 타이펑호는 중국 공산당과 국민당이 아직도 전쟁 중인 타이완 해협을 가로질러 항해했다. 항해하는 동안에 나는 가슴이 터질 것 같은 참혹한 광경을 보았다. 폐허가 된 타라칸의 유전, 숨 막히는 마닐라 항구, 불쌍한 홍콩의 불법 체류자들, 한국을 향해 가는 병사들의 암울한 미래, 그것들은 모두 생명의 파괴와 전쟁이 초래하는 끔찍한 삶을 기억시키는 것들이었다.

서(西)중국에서 동(東)일본으로

입구

10만 엔, 그것은 스위스 시계를 컨베이어 벨트에 통과시킨 것에 대한 대가였다. 중국인 선실 승무원이 나에게 그것들을 가지라고 강요했다.

"두 개, 넌 두 개를 가져."

"20만 엔이야. 큰돈이지!"

"큰돈이야. 아무 문제 없어."

그 가을에 밀수품을 일본에 들여오는 데 사용된 배는 타이펑호뿐만 아니었다. 전쟁 직후 몇 년간 점령군 행정부가 사람들의 필요에 대해 언급하기까지 암시장은 주요 산업으로 커져 갔다.

나는 시계를 가지지 않겠다고 거절했다. 나는 내 이익을 위해 일본에 온 것이 아니라고 그들에게 말했다.

나의 선실 친구는 내가 어리석다고 말했다. 그들은 유흥을 즐기기 위해 해안으로 가서 호리호리한 몸에 기모노를 입은 젊은 여인들이 있는 료칸(여관)에 가려고 했다. 나는 배에서 내려 일본인들로 가득한 버스를 탔다. 그리고 히로시마 해안을 따라 구레로 갔다.

1945년 8월 6일 아침, 일본에서 제일 큰 섬인 혼슈 해안의 남서쪽에 있는 항구 도시 구레는 잠에서 깨어나 하루 일과를 위해 서서히 움직이고 있었다. 구레는 소소한 물건들을 보급하는 일과 전쟁 상황을 알리는 통신 센터의 역할을 했고 산업 정보들을 전달하는 것을 대의명분으로 삼았으며 방어 군대들을 위한 기지가 여러 곳 있었다. 섬을 차례차례 점령하면서 연합군은 일본 본토와 놀라울 정도로 가까운 거리에서 태평양을 따라 북쪽으로 가는 길에 도착했다. 미국의 폭격기들이 일본의 여러 도시에서 사람들의 생명을 앗아 갔다. 그러나 무조건적인 항복의 요구는 거절당했다. 히로시마는 대부분 파괴되지 않은 상태였다. 그날 월요일 아침은 맑고 푸른 하늘과 함께 고요했다.

조기 경고 레이더가 아침 7시경 외국 비행기가 접근해 오는 것을 감지했다. 사람들은 불안하게 하늘을 바라봤다. 비행기가 가까워 올수록 긴장이 더해 갔다. 800m 상공에서 은색의 파괴자가 시야에 들어왔다. 정찰기 같다는 것이 지배적 견해였다. '경보 해제 사이렌'이 울렸다. 8시 15분에 사람들이 직장으로 일하러 나가는 시간에 두 대의 B29가 나타났다. 폭격기 중 하나인 에놀라 게이(Enola Gay)가 미국의 맨해튼 프로젝트로 만든 우라늄 235 동위원소 폭탄인 '리틀 보이'를 투하했다.

서(西)중국에서 동(東)일본으로

앞이 뭉툭한 작은 자동차 크기의 그 공중 어뢰는 그 자체의 무게로 땅에 떨어지도록 고안된 폭탄이 아니었다. 낙하산이 장비된 그 폭격기는 조용히 아래로 운행했다. 히로시마의 많은 시민들이 그것을 보았다는 사실이 의문스럽다. 정체를 알 수 없는 회색빛 금속 덩어리가 조용하게 움직여 가는 것은 순식간의 일이었다. 그것이 그 안에 엄청난 파괴력을 품고 있었다는 것을 어느 누구도 상상하지 못했을 것이다.

하늘에서 폭탄이 떨어지기까지는 1분도 채 안 걸렸다. 땅 위 약 600m 지점에서 폭발한 폭탄은 건물이나 지형의 방해를 받지 않고 사방을 파괴해 버렸다. 폭심지로부터 중심부가 주홍빛인 빽빽한 검은 연기 기둥이 솟구쳐 오르면서 엄청나게 뜨거운 먼지와 잔해 덩어리들이 아치 모양을 그리며 대기 속으로 퍼져 나갔다. 주홍빛 중심부는 끔찍한 기둥이 붉은색으로 번쩍일 때까지 그 검은 연기를 삼켜 버리며 밖으로 퍼져 나갔다. 그것은 인간이 또 다른 인간과 그 환경을 가장 폭발적으로 강타한 것이었다. 히로시마가 무차별 융단 폭격으로 겪은 파괴의 고통은 엄청났다.

폭격의 생존자들은 번쩍이는 불빛에 눈이 멀 것 같았고, 끔찍한 열풍 때문에 의식을 잃을 것 같았으며, 파괴시키는 폭발음에 귀가 멀 것 같았다고 증언했다. 폭격으로 강타당하고 혼비백산하여 그들은 과거에 상상하지도 못했던 미래로 뛰어들게 되었다. 그들은 무슨 일이 일어났는지 이해할 수 없었으며, 그 파국을 어떻게 헤쳐 나가야 할지 아무 생각도 할 수 없었다. 바로 그 순간, 흔들리고 있던 일본의 제국주의는 무너졌다. 제2차 세계 대전을 겪으며 서구 세계가 무모한 야만 국가로 선포했던 일본은 세계에서 가장 굴욕적인 희생자로 변했다.

히로시마에는 숨을 곳이 없었다. 일본의 내륙해인 세토나이카이로 천천히 흘러 내려가는 오타강의 평평한 삼각지에 개발된 도시였기 때문이었다. 수많은 넓은 교각들 아래로 평화로이 흐르는 강은 작은 언덕의 골짜기 입구에서 일곱 통로의 부채꼴로 나뉘어 있었다. 강 둑 위로 목조 가옥들이 빽빽이 서 있었고, 벽돌과 철근 콘크리트로 지어진 저층의 상점, 학교, 사무실들이 건너편에 촘촘히 들어서 있었다.

그 사건 4주 후에 방문한 호주의 윌리엄 버체트(William Burchett) 기자가 원자 폭탄으로 인한 폐해에 대하여 쓴 기사가 1945년 9월 5일자 〈런던 익스프레스〉지에 실렸다.

"기습 공격을 받은 태평양의 섬이 에덴같이 여겨진다. '히로시마 성이 1m 높이의 돌무더기…… 그리고 담 하나만 남았다.' '공장이 없는 굴뚝들, 끝없이 널려 있는 피 묻은 잡석들의 행렬' '괴물 같은 폭탄이 모든 것을 으깨 없애 버렸다.'"

신문의 사진에는 구조물들의 뼈대만이 몇 개 부서진 채 남아 있을 뿐 파괴된 잔해물들이 도시의 주요 거리와 바다에 이르기까지 가득 쌓여 있는 광경이 나와 있었다.

폭발 현장 인근의 것들은 모두 사라졌다. 모든 것이 형체를 알아볼 수도 없을 정도로 파괴되어, 존재의 흔적도 찾을 수 없었으며, 재조차 남지 않았다. 집과 사무실이 무너져서 밖으로 나온 피폭 생존자들은 모두 알몸이었다. 옷이 다 타 버렸던 것이다. 어떤 사람들은 타 버린 피부에 옷의 디자인이 문신처럼 새겨 있기도 했다. 거의 의식도 못 한 채 입은 상처에서는 피가 흐르고 살이 옆으로 찢어져서 근육 조직들이 드러났고, 팔다리는 부러지고 짓뭉개진 채, 생존자들은 파괴된 병원을 향하여 폐허가 된 거친 땅 위를 비틀거리며 기어갔다. 그들의 몸은 불에 탔다. 그들은 견딜 수 없는 갈증을 느꼈다. 유황의 악취가 그들의 코를 괴롭혔다. 공기는 노란 먼지로 가득차 질식할 것 같았다. 일장기는 소용돌이치는 재로 가득한 어둠 뒤로 사라져 버렸다. 목조로 지어진 유적 건축물들은 화염에 휩싸였다. 소나무들이 불타서 꺾이거나 넘어졌다. 숨겨진 '불쏘시개'가 계속 불타올라 땅에서는 화염이 뿜어 나왔다. 피폭자들은 극한 쇼크에 놀라서 말을 잃었다.

8월 29일, 다른 B29 폭격기가 히로시마에 떨어뜨린 폭탄보다 두 배의 파괴력을 가진 플루토늄 239 '팻 맨' 폭탄을 나가사키의 산업공단 지역에 투하했다. 마침내 일본은 머리를 조아려, 자기네 집단의식에서 사라졌던 개념인 '패배'를 받아들였다.

내가 구례에서 탔던 버스는 이제 히로시마에 도착했다. 나는 히로시마에서 내가 신문에서 읽었던 파괴의 흔적을 거의 찾아볼 수 없어서 놀랐다. 신문은 암울한 사진들을 보도했지만, 나를 맞이했던 광경은 예상과는 전혀 달랐다. 전쟁 후 7년 동안, 히로시마는 재건되어 옛 악몽을 모두 흡수해 버렸다.

마치 인구의 절반이 분주하게 움직이고 있는 듯했다. 소형 택시와 세바퀴 트럭들은 붐비는 길을 누비며 잘 빠져나오고 있었다. 남자들은 물건을 실은 손수레를 끌거나, 상품을 실은 자전거를 타고 복잡한 거리를 따라 위태롭게 가고 있었다. 행인들은 모양과 크기가 다른 상품들을 천보자기에 잘 싸서 들고 가고 있었다.

나는 사람들이 술집과 도박장에 모여 앉아서 수입을 전부 날려 버리는 것을 보고 충격을 받았다. 놀랍게도 그들은 나를 사창가로 유혹하기도 했다. 집은 긴 막사 형태로 지어져 있었으며, 초라한 거주 공간들이 단조롭게 죽 늘어서 있었다. 가족 열 명이 그 줄의 방 하나씩을 차지하여 살고 있었다. 좁은 부엌과 화장실은 그 줄의 끝에 만들어져 있었다. 내가 듣기로는 일본 전역이 모두 동일했다.

오타강이 혼가와와 모토야스강으로 갈라지는 곳에 세워진 T 모양의 아이오이 다리는 이 세 수로에 모두 걸쳐 있다. 그 주변 지역이 히로시마의 행정, 상업, 정치의 심장부였기 때문에, 아이오이 다리가 폭탄을 떨어뜨리려던 목표 지점이었다. 그때 폭발과 연관된 몇 가지 구경거리가 유적으로 남아 있다. 나는 누군가의 안내를 받아 30년 전 체코의 건축가 얀 레트젤(Jan Letzel)이 설계한 '원자 폭탄 돔'으로 갔다. 위치 덕택에 폭발의 와중에서 완전히 폭파되지 않은 벽들이 얼마간 남아 있었는데, 돔

안에 금속 골조를 비슷하게 설치하여 파괴를 상징하는 형상을 만들었다. 그 주위에는 지역 주민들이 세워 놓은 재앙의 전시물들이 있었다. 그것들 가운데 가장 충격적인 것은 사람이 불에 타는 모습을 구체적으로 보여 주는 이미지였다. 폭발의 실제 폭심지는 한 구역 떨어진 곳에 있었다.

오타강의 분기점에 있는 삼각지에 평화 기념 공원이 조성되었다. 강둑을 따라 깨끗하게 조각된 추모 흙 봉분이 있었다. 강에서 수습한 시신들을 화장하고 그 유골을 여기로 옮겨 왔다. 지하의 납골당에는 희생자 7만 명의 유골이 보관되고 있는데, 그 가운데 일부는 아직도 주인을 모르고 있다. 이 반대편에는 3층 규모의 상당히 큰 기모노 상점이 있었다. 지붕은 안으로 푹 꺼져 있고 실내는 파괴되었다. 특이하게도 직원들은 모두 탈출했는데 한 명이 지하실에 남아 있다가 폭발로 인해 죽었다. 그 너머에 서 있는 아치 형태의 기념비는 고대 일본인 집의 성소를 의미한다. 그 벽 안에는 히로시마 폭발에서 죽은 사람들과 부차적으로 방사능 때문에 죽은 사람들의 이름이 보관된 돌 상자가 있다. 국적이나 지위와 상관없이 이 책에는 20만 명 이상의 이름이 보관되어 있다. 공원의 남쪽에는 모토야스강으로 돌아가게 하는 평화의 다리 곁에 낮은 담으로 둘러싸인 기념물이 있는데, 그것은 시내의 어떤 학교보다도 많은 600명 이상의 사망자를 낸 시립 여학교의 학생들에게 헌정하는 것이었다. 기념물 앞의 판에는 세 여학생의 모습이 새겨져 있었다. 중앙에 있는 형상은 'E=MC^2'라는 공식을 담은 상자를 들고 있었는데, 그것은 '핵 전쟁'(전쟁 후 점령군의 행정부는 이 용어를 쓰는 것을 금지했다.)을 간접적으로 의미한다.

나는 다시 정류장으로 가서 구례로 가는 버스를 찾았다. 이상하리만큼 예상했던 감정의 동요가 없었다. 내 주위에 있는 모든 것이 매우 특별했다는 생각밖에 할 수 없었다. 기대와 달리 모든 것이 중국과 달랐다. 내가 1945년 8월 이곳에서의 사건 덕분에 포로 수용소에서 해방되어 자유롭게 되었다는 것을 깨달은 것은 그 이후의 방문 때였다. 생명을 말살시키는 일에는 기쁨이 존재할 수 없다. 그러나 나의 석방과 히로시마가 연결되어 있다는 사실을 부인할 수 없다.

저녁에 나는 고베를 향하여 항해하는 타이펑호에 승선했다. 나는 거기에서 하선하여 산 위에 있는 도시인 가루이자와로 갈 것이다. '밝은 봄날의 골짜기'라는 의미의 가루이자와는 도쿄 서쪽에 위치하고 있으며, OMF의 일본어 학교가 있는 곳이다. 나는 스스로와의 싸움을 시작해야 한다. 어쨌든 나는 일본어를 배워야 했다. 그러지 않으면 히로시마 거리에서 나에게 인사하던 정중한 이방인들이 계속 이방인인 채로 남아 있을 것이기 때문이었다.

비틀거리는 발걸음

    '하타라쿠(はたらく)'는 '일하다'라는 뜻의 일본어이다. 동사의 어미 변화 형태가 20가지가 넘는다. 초보자가 그러한 언어를 배우려면 대단히 주의를 기울여야 한다. 일본어는 의미 전달에 필요한 단어 이외에도 어휘를 사용하는 능력이 대단하다. 영어로 100페이지인 책을 일본어로 번역하면 분량이 그 3배가 되기도 하고, 1시간 나눈 대화를 몇 분짜리로 통역할 수도 있다. 외국인에게는 명확해야 좋으련만, 일본어는 개념이나 신념, 그리고 의사소통에 언제나 매우 모호한 단어를 사용한다. 효율성에 높은 가치를 부여하는 국가에서 온 외국인은 일본인이 결정적인 끝맺음이 부족하다고 생각되어 불편할 수 있다. 기차는 시간에 맞춰 정확하게 달리고 산업은 또박또박 규칙적으로 움직이는데, 실제 생활에서는 대단한 불확실성이 그러한 정확성과 함께 어우러진다.

내가 발견한 다른 한 가지는 일본인이 한 가지 입장에 얽매이지 않고 어느 나라에서든지 많은 것을 모방해 온다는 사실이다. 그들은 미국의 공업 기술과 발명을 받아들였으며 영국 문학에서 가장 좋은 것을 빌려 왔고, 장엄한 유럽 음악을 수용했으며 프랑스의 패션을 자기네 것으로 만들었다. 불교는 중국에서 가져와서 일본 종교인 신도에 동화시켰다. 그들은 이 혼합된 교리 속에 그리스도를 첨가하는 것에 대해 아무런 거리낌이 없었다. 포괄성이 이상적인 것처럼 보였다. 이 모든 '최고의 것들'이 '최고로 거대한 일본'으로 통합될 수 있었다.[외국 문물이 도입되는 문이 닫혀 있을 때도 있었다. 도쿠가와 쇼군 시대(1639~1853)에는 세계와의 접촉을 막았고 항구에 들어오는 배의 크기도 제한했다. 외국 무역을 할 수 있는 곳도 나가사키 항구만으로 제한되었고 외국 상인들은 누추한 숙소에 머물러야 했다. 어쩌다가 일본인이 외국 해변으로 쓸려 나가게 되면 다시 돌아오지 못했다.]

로마가 영국을 몰아낼 무렵 일본은 복잡한 한자를 자기네 문자로 받아들였다. 발음은 가타카나와 히라가나라는 음절 문자의 도움을 받았다. 일본인들은 다양한 언어의 유희를 허용하며 이런 체계들을 영리하게 조합하는 것을 매우 재미있어 했다. 한자만 받아들인 것이 아니었다. 내가 일본어를 배우기 시작한 지 얼마 되지 않았을 때, 문방구를 찾아 OMF 선교 센터에서 가루이자와까지 3km를 걸었다. 문방구는 쾌적하고 깔끔했다. 벽에는 달력이 걸려 있었으며 다른 조언이 필요 없을 정도로 잘 정돈되어 있었다. 어두운 빛깔의 검소한 기모노를 입고 있는 여점원이 나에게 가볍게 인사를 했다. 나는 내가 찾고 있던 것을 유리 판매대 밑에서 발견했다. 내가 원하는 것을 우물거리며 어설프게 설명하지 않아도 되어서 나는 안심했다. 점원은 정중했으며, 내가 짧은 일본어로 더듬거리며 말하는 것을 인내심을 갖고 기다려 주었다.

"이쿠라데스카?(얼마예요?)"

나는 펜을 가리키며 물었다.

"펜데스카?(펜 말이지요?)"

나는 점원의 영어 실력에 놀랐다. 나는 고개를 끄덕이며 지우개를 집어 들었다.

"이쿠라데스카?(얼마예요?)"

"고무데스카?"

"불어를 말하시네요!"

점원은 고개를 흔들면서 내가 살펴보도록 공책을 내밀며 말했다.

"노토부크데스카?(공책 말이세요?)"

엔화가 바닥에 떨어졌다. 점원은 유럽의 언어를 배워 본 적이 없었다. 단지 서양의 언어들을 몇 개 조합한 것이었다. 나는 기분이 좋아져서 비용을 지불하고 돌아서서 문방구를 나왔다.

"마타 도조."

점원은 전과 같이 허리까지 굽히며 인사를 했다. 그리고 우리의 짧은 대화를 마무리했다.

"마타 도조."

나도 답례를 했다. 나는 점원이 웃어서 유감스러웠다. 무엇 때문에 웃는지 몰라서 급히 나와 버렸다. "마타 도조."가 "안녕히 가세요."라는 뜻이었나? 내 사전에는 다르게 되어 있었다. 그 문구는 문자 그대로 하면 "제발 다시 오세요."라는 의미의 초청이었다.

가루이자와는 낡고 딱딱한 의자가 놓인 증기기관차를 타고 도쿄 북서쪽으로 약 3시간 반을 달려야 하는 거리에 있다. 가루이자와는 혼슈 섬의 중앙부 높은 곳에 위치한 고원 도시로, 자작나무, 가문비나무, 단풍나무, 참나무, 호두나무, 버드나무가 울창하게 들어서 있다.

여행의 초반기에는 기차가 톱날 형태의 산을 향하여 광활한 강 유역의 평야를 따라 굽이굽이 돌아가는데, 정거장이 12군데 있었다. 소박한 목조 주택들이 모여 있는 작은 마을 안에 늦가을 시골 풍경이 펼쳐져 있었다. 집집마다 정원이 잘 정돈되어 있었고, 오랫동안 꽃을 피우는 국화들로 잘 꾸며져 있었다. 농부들은 대충 면도한 얼굴로 머리에 천을 두르고 털모자를 쓰고, 패딩 점퍼에 무늬가 있는 통 넓은 바지로 더 깔끔하게 차려입은 아내들과 함께 논에서 일을 하고 있었다.

나는 멀리서 회색빛 재를 공기 중에 내뿜고 있는 아사마 활화산을 볼수 있었다. 분출되는 재들이 공기 중에 높이 솟아올랐다가 깨끗한 눈 위에 어두운 색깔로 내려앉았다. 그것은 일본인들이 장황하게 주장하듯이

'뭐라 말할 수 없는' 장관이었다.

　두 번째 엔진이 기차 뒤 칸에 매여 있어서 경사면의 위쪽을 향해 밀고 당기는 운행을 시작했다. 우리는 한 단계 올라갔다가 다음에는 내려오는 식으로 56개의 급커브를 갈지자로 이동해 꼭대기까지 올라갔다. 마침내 우리는 터널을 통과해 몇 분 후에는 산의 고원을 향해 달려서 목적지에 도착했다. 중심 마을에는 10,000명이 채 안 되는 주민이 살고 있었는데, 그곳은 부유한 외국인의 여름 휴양지이자 일본인들의 휴가 장소였다. 널찍한 유럽풍의 호텔과 집들은 나무로 가려져 있었다. 많은 선교 단체들이 일본어 연수를 위해서 가루이자와에 모여 있었다. 그 지역에는 교회가 세 군데 있었다. 전국적으로 주택 공급이 부족한 데다 일본인들은 전쟁에서 자기 나라를 멸망시킨 나라의 사람들에게 거처를 빌려 주기를 꺼렸다. OMF는 다 허물어져 가는 호텔의 부속 건물과 방이 여덟 개가 있는 집 두 채를 빌렸고, 골짜기 끝에 위치한 집 한 채를 선교사 자녀의 학교로 사용했다.

　가루이자와는 여름에는 매력이 있지만 겨울 동안은 조용하고 추웠다. 우리 집 앞문 옆에 서 있는 전나무는 눈의 무게 때문에 가지가 아래로 늘어져 있었다. 호텔 마당을 가로질러 졸졸 흐르는 작은 시내는 바람에 날려 와 둑에 쌓여 있는 눈덩이들을 조금씩 갉아 아래로 떠내려 보내고 있었다. 몇 주일 동안 우리의 얼어붙은 안경알 너머로 보이는 것은 냉랭하고, 하얗고, 고요하고, 움직임이 전혀 없는 광활한 풍경뿐이었다. 일본의 고원 지대에 있는 가루이자와의 집들은, 내가 장담하건대 여름 휴가를 위한 것이지 혹독한 겨울 추위를 견딜 수 있도록 지어진 것이 아니었다.

나는 방이 세 개인 낡은 집에서 호주인 데이브 헤이먼과 영국인 더그 에이브러햄과 함께 살았다. 데이브와 더그는 매우 열정적이어서 당일에 배운 일본어를 가지고 나를 찾아와서 일본어 실력을 보여 주고자 했다.

내가 쓰던 교과서는 로마자로 표기된 기본 입문서였고 예일 대학교에서 발행한 것이었다. 그리고 소책자 하나는 핵심 기독교 성구가 수록된, 매일의 경건 생활을 위한 것이었다. 우리는 다행히도 녹음기와 축음기와 같은 현대적 기구들의 도움을 받았다.

나는 기독교인 일본인 교사들에게서 공식적으로 두 시간 수업을 받았고, 날마다 추가로 하루 네 시간씩 종교 언어를 배웠다. 하루에 단어 20개와 씨름하면서 그것들을 정확하게 발음하고, 그 문법적 사용을 이해하며, 문장 속에서 활용하는 법을 알아야만 했다. 우리는 정기적으로 시험을 봐야 했고, 그것에 통과하여 우리가 열심히 공부했다는 증거를 보여야 했다. 나는 일본식 이름을 가졌는데 스테파노 메테카푸, 또는 스테파노 상이었다. 후자는 나의 실수였다. 일본인들은 성을 앞에 놓고 이름을 뒤에 놓는다는 것을 그만 잊어버리고 내 이름을 스티브 멧캐프로 소개했던 것이다.

"살림을 맡아 해 주던 미스 싱글턴이 데이브에게 마을에 가서 쇼핑을 하도록 했다." 데이브는 알고 있던 몇 가지 단어들을 이용해 이런 문장

서(西)중국에서 동(東)일본으로

을 만들었다. 그러나 우리 선생님은 머리를 저었다.

"그렇게 말하면 안 돼요. 그렇게 말할 수 없어요. 일본에서는 어떤 여성도 남자에게 무언가를 시키지 않아요. 여성은 남자에게 무언가를 부탁해야 해요."

그래서 우리는 일본어와 함께 가끔 마을에 들렀을 때 경험하게 되는 근본적인 일본 문화에 대해 배우기 시작했다. 남성 우월의식이 삶의 특징이어서 남성은 여성에 대해 무조건 지배권을 가지고 있었다.(1950년대 이후 달라졌다.) 우리는 그런 가부장적인 관계를 부적절하다고 판단하면서도 의문을 가졌다. 우리 일본어 학교에는 우리 세 사람 이외에도 미혼 여성 여덟 명과 부부 네 쌍이 함께 공부하고 있었다. 어떻게 우리 여성 선교사들이 일본 사회에 영향을 줄 수 있을까? 더 적절하게 말하자면, 왜 남자들은 선교의 장으로 나오기를 더 꺼리는가?

몇 주 후, 나는 불가피한 상황에 처하게 되었다. 나는 이발을 해야 했다. 치푸에서도 이발사가 일본인이었다. 이발소에는 언제나 푸른색과 붉은색과 흰색의 회전 불빛이 있었다. 나는 곧 칙칙한 상점들이 20개 정도 늘어서 있는 가루이자와의 주요 도로에서 이발소를 발견했다. 내가 미끄러지듯 문을 열자, 다소 초라한 환경과는 달리 융숭한 영접을 받았다. 주인은 반쯤 면도를 한 손님을 내버려 둔 채 자신의 흰 가운에 손을 비비면서 자리를 안내하더니, 내 곁의 작은 테이블에 놓여 있던 녹차를 따라 주었다. 다른 테이블에는 세 명의 남자가 앉아서 바둑을 두고 있었다. 그들이 바둑돌을 아래위로 신중하게 옮겨 놓을 때마다 담배 연기가 구불구불 올라가며 퍼져 나갔다. 이발사는 고객의 면도가 끝나자 그를 다른 자리로 안내하여 차를 따라 주었다.

이제 내 차례였다.

나는 이발사가 말하는 말을 전혀 알아듣지 못한 채 그의 질문에 그저 고개를 끄덕이고 미소를 지었다. 두피까지 면도를 받기를 원하느냐고 묻는 것은 아니겠지 하며 끔찍한 생각을 지웠다. 나는 신경이 곤두서서 자리에 앉아 큰 거울을 보며 내 머리가 어떻게 되어 가는지 살폈다. 30분이 지났다. 45분이 지났다. 그는 서두르지 않는 것이 분명했다. 거의 한 시간이 지났다. 이발이 거의 끝나가는 것 같아 안도감을 느꼈다.

갑자기 그가 낡은 가죽의자의 등을 뒤로 젖혀 수평 위치에 놓더니 내 얼굴에 뜨거운 물수건을 얹었다. 다른 물수건으로 두 번째 얹어 얼굴을 닦더니 둥근 붓으로 내 얼굴에 거품을 발랐다. 칼날이 긴 면도기가 내 얼굴 위에서 왔다 갔다 했다. 나는 그날 아침 이미 면도를 한 사실을 기억했지만 면도를 하지 말라고 어떻게 말해야 할지 기억이 나지 않았다. 그는 한 올의 잔털도 남기지 않으려는 듯 부지런히 면도날을 밀고 있었다. 아마 세 번 이상 밀었을 것이다. 털 한 올 한 올, 곧 모근과 모낭까지 모두 밀어 버리는 것 같은 느낌이었다. 거울을 보니 내 뺨과 목이 분홍빛으로 반짝이고 있었다. 나는 내 옆 의자에 앉은 여자도 면도를 받고 있는 것을 보고 깜짝 놀랐다!

서(西)중국에서 동(東)일본으로

아직 이발이 끝나지 않았다. 이발사는 손으로 나의 어깨를 열정적으로 두드렸다가 손가락으로 나의 아픈 목을 마사지했다. 마침내 그는 나의 머리를 살피다가 마음에 들지 않는 부분을 잘라 내더니 향내 나는 크림을 내 얼굴에 문질러 바르고 깨끗이 솔질을 했다. 그러고 나서 다른 테이블을 가리키며 차 한 잔을 따라 주었다.

내가 떠날 때 그는 "마타 도조!(다음에 또 오세요!)"라며 성의를 다해 인사했다. 그러나 나는 배우는 중이었기 때문에 공손하게 절을 하고 집으로 돌아와 더그와 데이브에게 나의 이야기를 들려주었다. 이발소에서 90분을 보냈다고? 단지 70엔에? 그보다 서비스를 덜 하는 것은 자존심 있는 이발사의 처사가 아닌 것이다. 그렇다니 무슨 불평을 할 수 있었겠는가?

배워야 할 것이 정말 많았다. 고개를 숙이고 허리까지 굽혀 절을 하는 모습은 완전히 일종의 예술이었다. 그 각도와 깊이를 체득하기 위해서는 연습이 필요했다. 누구에게 언제 어떻게 절을 할 것인가를 아는 것이 매우 중요했다. 목요일은 일본식 식사를 하도록 계획되어 있었다. 우리는 낮은 테이블을 중심으로 다다미에 무릎을 꿇고 앉았다. 그리고 가느다란 젓가락으로 다양하고 흥미로운 음식들을 맛보았다. 나는 중국에서 자랐기 때문에 이런 가정용품들을 잘 다룰 수 있었다. 그러나 중국에서와는 달리 밥그릇을 입까지 들어 올리면 안 된다는 이야기를 들었다. 식사하는 과정이 갑자기 더 혼란스러워졌다. 핀이나 바늘 때문이라면 잠시 다리를 옆으로 할 수도 있지만 반드시 계속 무릎을 잘 꿇고 있어야 하는 것이었다. 또 다른 민감한 문제는 슬리퍼 사용이었다.

일본인들은 중국인들이나 다른 아시아 문화권의 사람들처럼 다른 사람의 집에 들어갈 때 신발을 벗는다. 일본의 슬리퍼 에티켓 관습은 외국인들이 우스꽝스럽게 실수하는 부분이었다. 모든 상황에 다 신을 수 있도록 뒷굽이 편편하고 트여 있는 특수한 슬리퍼가 있다. 홀이나 부엌에서 사용하는 슬리퍼는 거실에서 사용할 수 없다. 거실에서 신는 슬리퍼는 홀이나 부엌에서 신지 않는다. 그들은 이 슬리퍼에서 저 슬리퍼로 쉽게 갈아 신는다. 화장실용 슬리퍼를 신고 집에서 어슬렁거리는 운 나쁜 외국인은 곤경에 빠지게 된다.

가루이자와에서 떠나 있던 어느 날 밤, 나는 중대한 실수를 저질렀다. 낮 동안의 여행에 지쳐 나는 일찍 잠자리에 들려고 했다. 갑자기 트럼펫 소리와 드럼을 연속으로 치는 소리가 들렸다. 나는 창문 밖으로 밴드를 대동한 '광고하는 사람들'을 발견했는데, 모두 샌드위치 광고판을 걸치고 있었다. 한 무리의 상인들이 여관 앞 건너편에서 가게를 열던 참이어서 팔 물건들이 거리에 흩어져 있었다. 이것은 복음을 전할 수 있는 좋은 기회였다! 소책자도 모든 마을 사람들에게 나누어 줄 수 있고, 다음 날에 이 집 저 집으로 다니며 전도도 할 수 있을 것이다. 나는 누빈 기모노를 걸쳐 입고 열정적으로 전단 무더기를 움켜잡았다. 사람들의 호기심은 매우 강했다. 사람들이 내가 제공하는 것을 보려고 하던 일을 중단했다. 초보자이든 아니든 간에 이러한 태도는 선교사의 노력을 더 용이하게 해준다! 나는 분명히 더그와 데이브에게 해 줄 이야기가 있을 것이다. 상인들이 마침내 정리하기 시작했을 때, 나는 그중 한 명에게 다가가 전단지를 내밀었다.

"당신 나라에서는 실내에서도 신발을 신지요?"

그가 물었다.

"그렇습니다."

"거실에서도요?"

그는 극도로 신중하게 단어들을 골라서 사용했다. 그런데 그때 그는 내 발을 보고 있었다. 당혹스러웠다. 내가 거리에서 슬리퍼를 신고 있었던 것이다! 더구나 그 슬리퍼는 '화장실용'이었다! 슬리퍼를 제자리에 가져다 놓기 위해 나는 급하게 내가 숨을 수 있는 성소인 내 방으로 돌아왔다. 어떤 배움은 매우 어려운 방식으로 습득된다.

또 다른 경우는 타지로 여행을 하다가 한 작은 마을에서 밤을 지내려고 했을 때의 이야기이다. 모든 것을 다 파는 잡화점으로 보이는 상점 앞에 작은 여관이 있었다. 나는 숙박에 대해 문의하고 이층에 있는 좋은 방을 구경했다. 그리고 저녁 식사를 할 수 있는지 물었다.

"찬이 없어서 걱정입니다."

나는 당황했다. 이전 경험에 따르면 저녁이나 아침은 항상 제공되었기 때문이었다. 나는 다시 물었다.

"미안합니다, 별게 없어요."

주인이 대답했다. 나는 더듬거리는 일본어로 밖에 나가서 먹을 수 있겠느냐고 물었다. 근처의 식당에서 면발이 굵고 뜨거운 국물이 있는 우동을 팔고 있었다. 다시 여관으로 돌아와서 목욕물이 준비되었는지 물었다. 방에 들어와 보니 낮은 식탁에 여러 가지 음식이 차려져 있었다. 나는 너무나 당황하여 여관 주인이 밥을 담은 칠기 그릇과 뜨거운 물을 담은 놋쇠 주전자를 들고 나타날 때까지 기다렸다.

주인은 다시 말했다.

"드실 만한 게 없지요. 많이 드세요!"

나는 완전히 좌절했다. 그제야 나는 여관 주인이 자신의 요리 실력에 대해 공손하게 말한 것임을 깨달았다. 그러한 공손함에 내가 대응할 말은 과장된 칭찬이어야 했다. 그럼에도 불구하고 이 특별한 여관에서 내가 겪었던 당혹감은 아직 끝나지 않았다.

머리 주위에서 마치 거품이 끓어오르는 것 같은 이상한 소리가 나서 나는 잠을 잘 수 없었다. 나는 안정을 찾을 수가 없어서 마침내 일어나 불을 켰다. 내 뒤에 있는 선반에는 뚜껑을 덮은 나무통들이 줄지어 있었다. 이상한 거품 소리는 그 작은 통들에서 나오는 것이 분명했다. 나는 조심스럽게 뚜껑 하나를 들어 보았는데, 강한 향이 코를 찔렀다. 그것은 중국 양배추와 순무를 식초에 발효시킨 냄새였다.

나는 머리를 반대 방향으로 누워서 다시 한 번 잠자리를 정리했다.

그런데 그것은 내 방 밖에 있던 여관 주인을 당혹스럽게 만들었다. 주인은 무언가에 스트레스를 받은 것 같았다. 그 대상은 바로 나였다! 주인이 나타나서 잠자리를 원래 위치로 돌려놓을 때까지 혼란스러운 소동이 일어났다. "머리가 잘못된 방향으로 놓였어요!"라고 주인은 단호하게 말했다.

나의 선생님은 그 이야기가 아주 재미있다고 생각했다.

"어떻게 머리가 잘못된 방향으로 놓일 수가 있어요?"

내가 물었다.

"머리를 북쪽으로 놓는 것은 시체뿐입니다. 주인은 아마 엄청나게 충격을 받았을 겁니다."

선생님은 설명했다.

예일 대학교 입문서를 10과까지 배우고 나서 친 첫 시험에 나는 불합격했다. 우리의 OMF 언어 감독은 별로 놀라지 않았다.

"5과로 돌아가서 기초를 완전히 익혀야 합니다. 이 시험을 통과하기 전에는 더 올라갈 수 없어요."

내가 시험에 약하다는 사실을 또 한 번 직면해야 했다. 나는 아버지와 같은 언어 재능이 없었다. 그러나 어머니가 지니셨던 모방의 재능은 있었다. 학교에서는 그다지 쓸모가 없다고 생각했던 그 기술이 지금은 진짜 좋은 자산이 되었다. 나는 단어를 듣고 난 후 크게 노력하지 않고도 따라 할 수 있었다. 나는 공책에 내가 들은 새로운 단어들을 가득 채우고, 그것들을 발음대로 기록하고 나서, 올바르게 했는지 확인하기 위해 사전으로 교차 점검을 했다. 다음 6주간 동안 나는 10과까지 묵묵히 공부해서 시험에 통과했다. 내가 모범적인 학생인 적은 한 번도 없었지만, 감사하게도 더 이상 시험에 낙방하지는 않았다.

우리는 2년 동안 일본어 공부를 해서 기초를 습득했다. 그러나 그것은 그 지역의 낮은 언덕을 올라가는 것과 같았다. 모든 고원마다 정복해야 할 새로운 봉우리가 있었던 것이다. 우리가 그 산속 휴양지를 떠나야 할 시간이 되었을 때도, 나는 아직 성경 구절들을 유창하게 읽을 수 없었고 편지도 쓸 수 없었다. 여덟 살짜리 아이가 나보다 더 잘 읽을 것 같았다. 나는 성경에 대한 이야기를 로마자 표기로 종이에 썼는데, 준비한 대본에서 잠시라도 눈을 떼면 그 자리를 잃어버리곤 했다. 그리고 찬송가는 무슨 뜻인지도 모른 채 불렀다. 나는 겨우 말로 표현된 것만 알았고, 세부 내용이 의미하는 것도 표현된 것만 이해했다. 그러나 나는 일본에 단기간 있을 것이 아니었다. 시간이 흐를수록 나는 작은 언덕을 향한 나의 첫 시도를 훨씬 능가하여 정상을 향해 성큼성큼 걸어가고 있었다. 그 여정을 따라 가며 하나님께서는 가장 무딘 연장이라도 그분의 왕국을 건설하는 일에 사용하실 수 있다는 사실을 나에게 가르치셨다.

성과

1952년 성탄절 전날에 데이브, 더그와 나는 선교회의 차 하나를 확보하여 복음 소책자를 가지고 시골로 전도하러 나갔다. 차는 고집 센 나귀처럼 움직이기를 거부했다. 우리는 엔진을 움직이게 하려고 잠시 동안 살살 달래 보았다. 그러나 소용없었다. 남자의 자존심을 내려놓아야 했다. 우리는 집으로 돌아가서 여성 몇 명에게 시동이 걸릴 때까지 차를 밀어 달라고 도움을 요청했다. 좁은 도로는 끔찍했으며 바퀴 자국에는 얼어붙은 눈이 꽉 들어차 있었다. 그러나 이른 아침 저 멀리 산 사이에서 아침 해가 떠오르자 하늘이 밝아지면서 끝없는 푸른색으로 바뀌었다. 잎이 떨어진 키 큰 금빛 감나무가 보여서 기뻤다. 잘 익고 주름진 감이 서리 내린 검은 나뭇가지에 붙어 있었다. 그것은 중국에서 보낸 유년 시절부터 내게 소중했던 추억의 장면이었다.

우리는 복음 소책자들을 주기 위해 잠시 멈추기도 하면서 이 마을에서 저 마을로 천천히 움직여 갔다.

"얼마예요?" 하고 그들이 질문했다.

"무료예요, 하나 가지세요."라고 내가 대답했다.

일본에서 선물이라는 것은 받는 사람이 주는 사람에 대해 장차 갚아야 할 의무를 지우는 역할을 한다. 그래서 어떤 사람들은 우리가 제공하는 소책자들을 무료로 가지기보다 사는 것을 더 선호한다. 하지만 대부분 일본인들은 외국인들이 내미는 것이 무엇인지 호기심을 가지고 보려고 했다. 우리가 가지고 갔던 소책자는 빠른 시간 안에 동이 났다.

우리는 추위 때문에 음식점을 찾아 들어갔다. 이내 몸이 따뜻해졌다. 우리는 다다미 위에 놓인 방석에 앉아서 고다쓰 아래 패인 곳에 발을 내렸고, 그곳에 있는 작은 화로가 다리를 녹여 주었다. 식탁이 두꺼운 이불로 덮여 있어서 그 덕분에 우리 무릎이 따뜻한 것이었다. 나는 돈가스를 주문했다. 돈가스는 얇은 돼지고기를 계란과 빵가루를 묻혀 기름에 바싹 튀겨서 양파와 양배추를 곁들인 밥과 함께 먹는 요리이다. 종업원은 우리에게 차와 떡도 갖다 주었다. 그 후에 우리는 가루이자와로 되돌아왔다. 힘든 하루였다. 그러나 그 일로 나는 밖으로 나와서 사람을 만나고 싶다는 생각을 더 많이 하게 되었다.

휴가철에 공부를 쉬면서 우리는 그 지역 휴양지로 스키를 타러 갔다. 묘코라는 도시는 눈 속에 묻혀 있어서 집들이 지붕만 겨우 보였다. 나는 가로등 꼭대기와 같은 높이에 있는 길을 따라 갔다. 하지만 눈 아래서 생명을 잃지는 않았다. 각 집의 계단 옆은 주인들이 밖으로 나올 수 있도록 얼음이 잘려 있었다. 상점들도 문을 열었다. 카페들은 부지런히 영업을 하고 있었다. 작은 스키를 타는 아이들은 부모와 함께 슬로프를 내려가고 있었다. 나에게는 그들과 같은 기교가 없어서 회전하기보다는 넘어지는 데 시간을 더 많이 소모했다.

밤이 되자 데이브의 미래 아내가 될 로절린 오미스턴이 넘어졌다. 그리고 우리는 로절린의 스키 하나가 언덕 아래로 조용히 미끄러져 가는 것을 지켜보았다. 나는 그 스키를 추적했다. 내가 어둠 속에서 버둥거리고 있는데 일본인 두 명이 스키를 타며 나타났다.

"스키 한 짝 보셨어요?"라고 내가 일본어로 물었다.

"영어로 말씀하시면 더 잘 알아듣겠는데요."라고 그 남자들은 재치 있게 말했다.

그래서 나는 영어로 이야기했다. 나는 이내 로절린의 곤경을 잊어버리고 잃어버린 스키 한 짝을 들고 해질녘의 묘코산에 서 있었다. 그리고 그 두 명의 청중에게 복음을 전했다. 매우 기이한 복음 전파의 장면이었다. 눈 속에서 허리까지 밖으로 나와 있던 로절린은 마침내 내가 어둠 속에서 승리자로 나타났을 때 아주 안도감을 느낀 것 같았다.

아카쿠라라는 다른 휴양지에서도 어느 날 저녁에 나는 30명 정도 되는 사람들에게 둘러싸여 있었다. 불 옆에 앉아서 차를 마시고 땅콩을 먹으면서 포켓 사전의 도움을 받아 영어가 섞인 일본어로 간증을 했다. 내가 계속해서 영웅적으로 가르치고 있을 동안, 청중들은 나의 잘못된 발음과 실수에 폭소를 터뜨렸다. 그들에게 유용한 영향력을 남기는 것은 어려워 보였다. 영원한 의미를 가진 어떤 것을 남긴다는 것이 어렵게 느껴졌다. 하지만 몇 주 후에 나는 편지 한 통을 받았다.

"당신은 나를 도와주었어요……. 당신의 이야기는 나에게 감동을 주었고 내 마음을 휘저어 놓았어요. 나는 일본군 장교였습니다. 내가 살아 있는 한, 나는 그 하얗게 눈 덮인 산비탈에서 당신이 성경에 대해서 말해 준 것을 잊지 못할 것입니다. 나는 기독교인이 아닙니다. 그러나 도쿄로 돌아가면 성경을 읽어 볼 것입니다. 사요나라!"

또 한번은 광산주의 아들이 일본어를 배우고 있는 우리 학생들을 초대하여 광부들에게 복음을 들려 달라고 부탁했다. 그는 우리 선생님 한 분에게서 소책자를 받은 사람이었다.

"아무도 우리를 찾아와서 가르치려고 하지 않았습니다. 스님들도 오지 않았지요."라고 그는 설명했다.

그는 우리가 잘 준비하기를 원해서 그들의 사정을 말해 주었다.

"그들은 술을 많이 마셔요. 점잖지도 않고 거친 사람들입니다."

그는 우리가 안전하게 여행할 수 있을지 염려했다.

"3시간 반 정도 걸립니다. 제가 여러분들을 맞으러 나와서 광산으로 모시고 갈 것입니다."

서(西)중국에서 동(東)일본으로

전기기관차가 우리를 언덕의 바로 중심부까지 데려다 주었다. 그 지역은 겨울에는 눈 더미에 쌓여 외부와 단절된다. 그때는 광산에서 철로 종착역까지 7, 8km 되는 길이의 케이블이 외부 지역과 연결해 주는데, 그 케이블에 석탄 운반용 양동이가 매달려 있다. 눈이 녹았고 그 지역은 빠르게 흐르는 시냇물에 의해 되살아나기 시작했다. 일본에서는 어디서나 물이 있고 물소리를 들을 수 있었다. 언덕 비탈에는 엄청나게 많은 데이지와 강렬한 붉은 철쭉, 그리고 야생 붓꽃이 흐드러지게 피어 있어서 숨이 막힐 정도로 아름다웠다. 더 큰 나무들은 두꺼운 등나무 덩굴로 덮여 있었다. 우리는 기차역에서 바로 산비탈까지 올라갔다. 나는 원난성을 떠난 이래로 산을 그렇게 빠르고 멀리 올라가 본 적이 없었다.

끝까지 올라가서 보니 독립된 공동체 마을이 있어서 놀라웠다. 학교와 꽤 넓은 놀이 공간도 있었다. 해발 1,800m 높이의 마을에서 300여 명의 광부와 그 가족들이 살고 있었다. 30명이 모임에 나왔다. 데이브는 융단을 사용했다. 돌아온 탕자 이야기를 하기 위해 무늬가 없는 천을 배경으로 하여 펠트 천으로 잘라 만든 성경 인물들을 그 위에 놓았다. 더그는 자신의 간증을 했다. 이 사람들이 복음을 들은 것은 처음이었다. 우리가 떠날 무렵, 그들이 원하여 가져간 자료들을 하나도 남김없이 주고 올 수 있었다. 그 보답으로 우리는 철쭉 꽃다발을 받았다.

정거장을 향해 걷는데, 사방으로 광활한 산악 고원지대가 보였다. 수백 개의 비슷한 마을들이 깊은 골짜기 안에 숨어 있었다. 웅장한 전경이었다. 그리고 그 장소들은 복음이 한 번도 들어간 적이 없는 곳이었다.

하루는 토요일에 가방에 소책자와 복음 전도지들을 가득 채우고 가루이자와에서 40여 km 떨어진 다카사키로 내려갔다. 도시의 서쪽 언덕에 40여 m 높이의 위풍당당한 불상이 서 있었다.

"누구예요?" 하고 내가 물었다.

"관세음보살, 자비의 부처님이죠."

불상의 콘크리트 외벽 안에는 여러 개의 움푹 들어간 공간을 지나 위로 감아 올라가는 계단이 있었는데, 그 공간은 우상숭배를 하는 곳이었다. 계단 꼭대기에는 도시를 볼 수 있는 유리창이 있었다. 그 불상의 발 앞에는 '데메드리오'(사도행전 19:24) 은장색 상인들이 여러 명 앉아 있었다. 동물원과 공원이 있었고 예배하는 사람들을 위한 사원도 여럿 있었다. 쌀밥과 돼지고기와 해산물을 파는 음식점이 한 군데 있었다. 내가 주인에게 소책자를 하나 주자, 그 부부는 답례로 내게 관세음보살의 사진을 주었다!

"버스 정거장이 어디예요?" 하고 내가 물었다.

나는 내 질문에 대한 대답을 항상 다 알아듣지는 못했다. 그렇지만 이번 경우에는 문제 없이 그 장소를 찾아낼 수 있었다. 벽을 따라 각 마을의 벽화를 그려 놓았는데, 그 길을 따라 가면 버스 정류장이 나왔다. 다카사키에서 버스를 타고 종점으로 가면, 거기에 가루이자와로 돌아가는 산길이 있었다. 다음부터는 스위치백 기차를 기다리지 않고 이 길을

서(西)중국에서 동(東)일본으로

따라서 거처로 돌아가겠다고 마음먹었다. 나는 버스를 기다리며 의자에 앉아 쉬었다. 내 반대편에 어느 농부 아주머니와 아들이 앉았는데, 소년은 대나무 새장을 들고 있었다. 그들은 매우 불편하게 나를 바라보았다.

새장을 가리키며 "난데스카?"("이게 뭐예요?")라고 내가 물었다.

그 소년은 부끄럼을 타며 엄마를 밀었다.

"기리기리스예요."라고 아주머니가 대답했다.

"기-리-기-리-스."라고 내가 따라 했다.

"기리기리스."

"기-리-기-리-스."

나는 단어 공책에 그 단어를 조심스럽게 첨가했다. 그것은 '귀뚜라미'를 의미했다. 그리고 이 단어는 영국을 의미하는 일본어 단어 이기리스(イギリス)와 멋진 운율을 이룬다.

"나는 기리기리스 진(人), 귀뚜라미 사람입니다."라고 내가 농담을 하자 그 소년이 웃었다.

"기리기리스 진!"

"당신의 귀뚜라미는 무엇을 하나요?"

"나쿠."("그건 울어요.")

"운다고?"

일본에서는 귀뚜라미가 운다.(영어로 새나 벌레의 울음소리는 cry가 아니라 chirp이라는 단어로 표현한다.)

마을의 버스 종점은 방금 도착한 미국 사람을 보려고 애쓰는 아이들로 가득했다.

"미국! 미국!"

아이들은 목청껏 외쳤다.

"아니야. 영국 사람이야. 나는 이-기-리-스-진(人)!"

나는 그들의 실수에 다소 흥분하여 그렇게 소리를 쳤다. 그들이 함께 외치는 소리로부터 주의를 좀 돌려 놓으려고 나는 나의 농담을 반복했다.

"나는 귀뚜라미, 귀뚜라미 사람, 기-리-기-리-스-진."

내가 한 언어 놀이는 그들의 웃음소리에 묻혀 버렸다.

"기리기리스!"

나는 그들에게 소책자를 나누어 주려고 했다. 그러나 나는 순식간에 "귀뚜라미! 귀뚜라미!"라고 소리치는 어린이 무리를 몰고 다니는 사람이 되어 버렸다. 나는 점점 더 당황해서 선교 활동을 포기하고 밤을 지내기 위해 여관으로 갔다. 아이들은 단념하지 않았다. 아이들은 창문 주위에 모여들어 계속 구호를 외쳤다. 마침내 여관 주인이 중년의 지역 경찰을 불러서 아이들을 해산시켰다.

"어디서 오셨습니까?" 하고 그가 물었다.

나는 경찰에게 등록증을 보여 주었다.

"왜 여기 오셨습니까?"

나는 요한복음 복사본을 그에게 주었다. 나는 그가 이전에 성경을 본

적이 있는지 알 수가 없었다. 그는 그것을 받아 재빨리 펴서 예수님이 십자가에 못 박히시는 사건이 기록된 19장 부근을 읽기 시작했다. 그는 자주 멈추면서 그때마다 "하!" 또는 "하아!"라고 했다. 그가 읽을 때 나는 그의 마음에 감동이 되는 것이 있게 해 달라고 기도했다. 갑자기 그의 목소리가 떨렸다. 굵은 눈물이 그의 뺨에 흘러내렸다. 그는 황급히 일어서서 돈을 나에게 내밀었다.

"아닙니다. 가져가세요. 무료입니다." 하고 내가 말했다.

다음 날, 가루이자와까지 돌아가기 위해 2시간 반 동안 고된 등산을 했다. 길을 가면서 나는 그 경찰을 위해 기도했다. 오늘날까지 나는 그를 위해 기도한다. 그는 벽지의 산모퉁이에 있는 이름 없는 마을의 평범한 남자였고, 예수님의 십자가에 대한 이야기를 처음 읽고서 하나님의 사랑에 압도되었던 사람이었다.

여름방학 동안 나는 주변 지역을 여행했다. 한번은 기차를 탔는데, 내가 다른 마을에서 만났던 사람들 무리 속에 둘러싸여 있었다. 그들은 글라이더 클럽 모임에 참석했다. 그들은 내가 어디서 내려야 할지 잘 모르면서 기차를 탔다는 사실을 이해하지 못했다. 내가 나가노하라라는 작은 시장 마을을 찾아간다고 하자 그들의 당혹감은 더 커졌다. 저녁이 되어 역사 건너편에 있는 숙소에 도착했을 때 나는 지쳐 있었다.

"방이 없어요."라고 직원이 말했다.

나는 이전에 호텔이나 게스트 하우스에서 거절을 당한 적이 없었다.

그러나 아무리 간청해도 그 직원의 마음을 바꿀 수는 없었을 것이다.

"방이 없다니까요. 마을 끝으로 가면 다른 여관이 있어요."

그들의 퉁명스러운 거절에 무시당한 기분을 느끼면서 나는 마지못해 느릿느릿 발걸음을 옮기기 시작했다. 내가 운반하고 있는 전도지들의 무게가 점점 더 무겁게 느껴졌다. 농가들이 죽 늘어서 있는 마을에 강 위의 다리가 긴 리본처럼 펼쳐져 있었다.

값도 저렴하고 시설도 허름한 그 여관은 멀었다. 마침내 내가 피곤한 발걸음으로 문 안으로 들어갔을 때 친절한 환영 인사를 받았고, 나는 부서질 것 같은 발코니가 있는 방으로 인도되었다.

거리를 가로지르면 젓가락에서부터 난로 연통에 이르기까지 모든 것을 파는 상점이 하나 있었다. 상점은 매일 아침 5시 반에 열고 밤 11시에 문을 닫았다. 부지런한 여주인은 나에게서 복음 책자를 받을 만큼 준비되어 있었다. 그러나 그녀는 그것을 읽을 시간이 없다고 말했다. 이층 창문에는 작은 실로폰을 연주하는 남자가 앉아 있었다. 그는 앉은 자리에서 거의 움직이지 않았으며, 어떤 정신적 장애가 있어 보였다. 내가 머무는 동안 계속 나의 관심을 끌었던 애처로운 광경이었다.

나는 다다미 위에 누워 잠에 빠져들었다. 우아한 기모노 위로 짧은 앞치마를 두른 키 작은 가정부가 웃으면서 나를 깨웠다. 그리고 목욕물이 준비되었다고 말했다. 이전에 내가 보았던 목욕통은 전부 나무통이었다. 그런데 이곳은 불 위에 얹혀 있는 큰 구리 가마솥이 비좁은 목욕실을

서(西)중국에서 동(東)일본으로

장악하고 있었다. 나무 뚜껑이 물 위에 떠다니고 있어서 나는 뜨거운 물에 몸을 풀기 전에 조심스럽게 그것을 집어냈다. 나는 재빨리 묘안을 생각해 냈다. 뜨거운 구리가 내 발바닥 피부를 태울 것만 같았다. 좀 더 지혜롭게, 나는 그 나무 '뚜껑'을 내 발 밑에 가라앉혔다.

만약 식인종의 저녁 식사용으로 솥 안에 있는 선교사를 상상하지 않았더라면 나의 목욕은 상쾌했을 것이다. 내가 식사거리가 되지 않고 식사를 할 수 있는 것에 기뻐하며 목욕통에서 나왔다. 가정부는 날계란을 올린 고기 요리에 밥 한 공기와 평범한 차 한 잔을 차려 주었다. 나는 그녀가 나를 재미있게 생각하고 있음을 알았다. 그녀는 나에게 쉴 새 없이 얘기했다. 마치 이해하는 듯 고개를 끄덕였지만, 나는 그녀가 하는 말을 전혀 짐작하지도 못했다. 마침내 나는 모기장 안의 잠자리로 기어 들어가서 쉽게 잠이 들었다.

나는 가정부가 불을 켜면서 손님이 왔다고 알려 주는 소리에 잠을 깼다. 기모노를 입은 한 젊은 남자가 다다미 위에 몸을 굽혀 정식 인사를 했다. 나는 요에서 몸을 가누지 못하고 비틀거리다가 겨우 균형을 잡고 공손히 인사했다. 그는 명함을 나에게 주었지만 나는 읽을 수가 없었다. 그때 그는 들고 온 짐 보자기를 풀어서 일본어로 된 신약 성경과 두 개의 사전, 그리고 많은 일본 서적들을 내놓았다. 수면을 방해하여 미안하다는 말 한 마디 없이 그는 신약 성경을 펼쳤다.

"제발 이것이 무슨 의미인지 가르쳐 주세요."

갑자기 나의 혼미했던 머리에 깨달음이 왔다. 이것이 바로 내가 일본에서 하려고 했던 일이다. 이것이 바로 내가 그 책들을 끌고서 멀고 힘든 길을 온 이유이다.

가정부는 쟁반에 차 두 잔을 받쳐 들고 다시 왔다. 그 젊은이는 갈색 설탕으로 만든 소형 도넛 꾸러미를 꺼냈고, 우리는 다음 두 시간 동안 그것을 야금야금 먹었다. 나는 이중 언어로 된 나의 신약 성경을 찾았다. 11시가 되자 나의 머리는 일본어로 소용돌이치는 것 같았다. 대부분이 사전에서 찾아야 하는 새로운 단어들이었다. 나는 그 진지한 학생이 지금이 몇 시인지를 깨달았으면 하고 바랐지만, 그는 계속 새로운 질문을 해댔다. 나는 그의 학구열을 만족시킬 수 있는 다른 명쾌한 표현이나 일관성 있는 구절들을 찾는 일을 내가 하지 못하겠다고 느꼈다.

"아마 제가 기도할 수 있겠는데요."라고 내가 제안했다.

"좋습니다."

"그러고 나서 저는 자겠습니다."

"저도 기도하고 싶습니다."

이것이 내가 일본어 교실 밖에서 일본어로 기도한 첫 경험이었다. 내가 기도를 끝냈을 때 그는 눈을 감고 아주 조용히 앉아 있었다.

"당신이 기도하시겠습니까?" 하고 내가 물었다.

그는 놀라서 나를 바라보았다.

"끝나셨어요?"

"그래요, '아멘'은 기도가 끝났을 때 하는 말이죠."

그는 고개를 끄덕이더니 펜을 집어 들고 그림을 그리기 시작했다.

"이 분은 석가입니다. 여기에 신도(神道) 신들이 있습니다. 이것들은 호토케, 즉 세상을 떠난 사람들의 영혼입니다. 이 분은 예수 그리스도입니다. 어떤 신에게 기도를 해야 하나요?"

게슴츠레한 눈으로 나는 사도행전 17장, 곧 사도 바울이 아덴 사람들에게 설교했던 내용을 폈다. 그리고 그에게 읽으라 하고 나는 조용히 기도했다. 23절에서 그는 멈췄다.

"알지 못하는 신에게라고요? 나는 그를 모르겠어요."

"계속 읽어 보세요."

잠시 후에 그는 다시 멈추더니 자신이 그린 그림을 가리키며 말했다.

"석가와 이 모든 신들은 손으로 만든 것이군요. 그러나 이 신은 손으로 만든 성전에 살지 않으시군요. 그분은 위대한 창조주시군요. 모든 것이 그로부터 생명을 가지게 되었고요……. 이제 그분은 세계 모든 곳의 사람들에게 회개하라고 명령하시는군요. 나는 참된 신에게 기도하겠습니다. 내가 알지 못하는 그 하나님에게요."

아래층에서 시계가 12시를 쳤다.

5시경이 되었을 때, 그 진지한 젊은이는 거리에서 부르는 소리를 듣고 일어났다. 그는 일하러 가는 길이었다. 그는 내가 준 《여기에 길이 있다》라는 책자를 즐겁게 흔들었다. 아침 식사 시간에 나는 그의 이름이 무엇인지 가정부에게 물었다.

"마스다예요."

가정부는 내가 알아들을 수 있도록 천천히 대답했다. 그녀는 거리 건너편에 있는 농가 하나를 가리켰다. 그녀가 그다음에 덧붙인 말은 아마 마스다의 가족사에 관한 내용이었을 것이다. 그러나 나는 그것을 다 이해할 만큼 명석하지 못했다. 그 후 이틀 동안 나는 마스다에 대해 더 많이 알게 되었다. 그는 28세 미혼의 농부였다. 내가 상점 위의 방에서 보았던 사람은 그의 형이었다. 그의 슬픈 상태는 사고로 인한 것이었다. 이제는 마스다가 가족의 생계를 책임져야 했다. 그는 종교적 축제를 관장하는 마을 위원회의 위원이었으며 그 지역의 신사들을 책임지고 있었다.

그렇게 하여 마스다는 교회에 가게 되었다. 그 교회는 20년 동안 목회자 없이 주로 한 확대 가족 15명 정도로 구성된 마음 따뜻한 사람들의 공동체였다. 나는 그들에게 그 젊은이를 가르쳐 달라고 요청했다. 2주 후에 마스다는 어느 맹인 곁에 앉았는데, 장애에도 불구하고 그리스도께 헌신하는 그의 모습에 감동했다. 마스다는 맹인이 부르는 찬송에 감동을 받아 눈물을 흘렸다.

그 후 마스다는 정기적으로 나에게 편지를 썼다. 그는 교회에 갈 것이라고 했다. 그는 기독교인이 되는 데 필요한 서류를 요청했다! 그는 사람들에게 8월 8일, 곧 우리가 만났던 그날이 자신의 영적 생일이라고 말하고 다녔다. 그는 가족과 친구들과 갈등을 겪었다. 축제와 신사를 관장하는 마을 위원회는 그의 새로운 신앙을 좋아하지 않았다.

그에게는 언제나 질문이 마르지 않았다. 바리새인은 누구인가? 게헨나는 어디인가? 로마 가톨릭 교인은 기독교인인가? 성경 어디에 성탄 트리에 대한 언급이 있는가? 성경은 하나님의 자녀들에 대해 말씀하는데, 하나님에게는 독생자밖에 없었다는 말은 무슨 의미인가? 세례는 무엇인가?

그는 내가 볼링장에도 가지 않고 쇼기(일본 장기)나 노름도 하지 않는 것을 알았다. 나는 돈을 교회나 가난한 사람에게 주었다. 밤에 여자들과 잠을 자지도 않았다.

"나는 외국인들에 대해서 사치스럽게 산다고 생각하고 있었어요. 외국인들은 천박스럽게 껌을 씹고 다니고 담배 연기로 가득찬 방에서 술을 거나하게 마신다는 이미지를 가지고 있어요. 빵과 버터 그리고 치즈만 먹고 밥은 안 먹으려고 하는……."

마스다는 편지에 이렇게 썼다. 그는 나를 기독교인의 모델로 삼았다. 그는 여관의 가정부에게 나에 대해 더 많이 알려 달라고 부탁했다. 그 결과, 그는 담배 피우고 술 마시는 것을 포기했다. 식사 중간에 간식을 먹는 것도 끊었다. 그는 더 이상 야한 노래를 부르지 않고 찬송가를 불렀다. 그가 가장 좋아하는 찬송가는 주로 장례식에서 부르는 〈나의 마지막이 가까웠네〉였다.

마스다는 내가 처음으로 기독교로 인도한 일본인이었다. 교회 사람들은 그가 나를 방문하러 여관에 왔던 것은 하나님의 일하심이었다고 말했다. 은혜가 부족하고 일본어 실력이 부족했던 나를 고려해 볼 때, 나는 그들의 결론에 동의하지 않을 수 없다.

서(西)중국에서 동(東)일본으로

먼 길

1951년 2월에, 중국내지선교회(CIM)가 선교 사명을 수행하기 위한 터전을 잃었을 때, 총재인 프랭크 휴턴 감독은 멜버른에 있었다. 그는 선교회가 불확실성의 안개 속으로 나아갈 것이 틀림없다고 썼다. 선교사들은 윈난성에서 상하이로, 또 시닝에서 상하이로 철수하면서 언제 다시 돌아와 중국에서 사역할 수 있을지 확신할 수 없었다. 나의 멘토인 휴턴과 오스월드 샌더스와 선교회의 여러 지도자들이 모여 이틀은 기도하면서 또 닷새는 회의를 하면서 보냈다. 그들은 회의를 통해 흥분과 감탄을 자아내는 합의점을 찾았고, 그것을 파송 국가들과 홍콩에 전보로 보냈다.

"너의 줄을 길게 하며 너의 말뚝을 견고히 할지어다.(이사야 54:2) 태국에서 일본까지."

선교회는 중국에서의 사역이 빠른 시일 내에 다시 세워지도록 기도

하면서, 다른 아시아 국가에서 사는 중국인들을 대상으로 사역을 수행할 것이었다. 선교사들이 사역을 가장 잘 전개할 수 있는 곳들이 어디인지를 결정하기 위해서 인도네시아, 말레이시아, 필리핀과 태국을 포함한 여러 나라들을 살펴볼 것이었다.

일본은 선교회의 관심을 거의 끌지 못했고, 그 명단에 우수리로 첨가된 나라였다. 휴턴은 일본을 포함시키기로 결정한 것에 대해서 이렇게 설명했다.

"우리 중 몇 사람은 우리가 분명하게 표시된 디딤돌을 밟으며 흐르는 물을 건너는 대신에 흐르는 물속으로 직접 뛰어들도록 주님께서 요구하신다고 느꼈다!"

아니면 디딤돌이 어디 있기나 했나? 그들의 최종 결정은 그날 아침에 배달된 우편물에 의해서 확증이 되었다. 주님의 때에 맞추어, 선교회의 한 친구가 절반은 선교회가 중국에서 철수하는 데 쓰고, 나머지 절반은 일본에서 시작할 새 사역에 쓰라면서 500파운드를 기부한 것이었다. 또 다른 편지에는 두 번째 기부금이 있었다. 아프리카에서 사역하는 수단내지선교회(Sudan Interior Mission)가 일본 선교에 써 달라고 표시를 한 1,000달러 수표를 받았는데, 그곳에서는 그 헌금을 사용할 수가 없었다. 그래서 CIM에서 그 헌금을 받겠느냐고 물어온 것이었다.

1951년 5월까지는 일본으로 파송된 세 명의 조사 팀이 그들의 작업을 완성했고, 가루이자와에 일본어 연수생들을 위한 건물이 확보되었다.

그리고 나를 포함한 후보자들이 일본을 지원하고 있었다. 지도부는 전에 중국에서 사역했던 레너드 스트리트를 임명해 그 사역을 지도하도록 했다. 해외선교회(Overseas Missionary Fellowship, OMF)라는 새로운 이름 아래 사역이 신속하게 일본으로 확장되었다. 1952년에 OMF 선교사들은 북쪽 섬 홋카이도에 있는 일곱 센터로 파송되었다. 그것이 가루이자와에 있는 선교 기지로부터 사역이 뻗어 나갔던 첫 번째 단계였다.

내가 일본 선교사로 부르심을 받았다는 확증이 필요했다면, 1953년 새해에 가루이자와에서 일어났던 부흥은 그 디딤돌 이상이었다. 내가 방에서 자고 있을 때, 복도에서 큰 소리가 들렸다. 내가 졸린 눈을 비비고 있는데, 더그가 문을 열었다.

"부흥이 일어났어요! 부흥이 일어났어요!"

우리 옆집에서 자고 있던 짐이 말했다.

"에?"

"TEAM 선교사들이 재정을 위해 기도해 왔잖아요."

"그렇지요."

OMF는 TEAM, 즉 복음주의 선교 연맹회(The Evangelical Alliance Mission)와 일본어 학교 건물을 함께 쓰고 있었다. 복음주의 선교 연맹회는 새 사역을 시작하려는 선교사가 약 100명 있었는데, 그들을 지원할 자금이 충분하지 않았다.

"오늘 저녁에 어떤 사람이 일어나서 말했어요. 하나님께서 사람들을 헌금하도록 움직여 주시기를 원한다면, 먼저 자신들부터 자기 호주머니에 손을 넣어야 할 것이라고요."

짐이 설명했다.

그 말에 대한 반응은 극적이었다. 한 사람 한 사람 자신의 죄를 고백하며 현금과 자동차와 보석을 드리려고 일어섰던 것이다. 이 사건은 '환난의 많은 시련 가운데서 저의 넘치는 기쁨과 극한 가난이 저희로 풍성한 연보를 넘치도록 하게 했던 마게도냐 교회'(고린도후서 8:2, 3)에서 일어났던 일과 같았다.

그 이후에 나는 저녁마다 TEAM 기도 모임에 참여했으며, 모임에서 수십 명의 젊은 선교사들은 일본 복음화를 위해서 온 마음으로 기도했다. 나는 관계들이 치유되는 것을 목격했다. 많은 선교사들이 통역자를 구하여 복음을 전하러 나갔다. 수많은 사람들이 개종했다. 이 사건 직후 한동안, 일본인들은 우리의 전도에 많이 반응했다. 나는 또한 선교사 공동체에서 일어난 이 부흥이 여러 해 동안 참고 견뎌야 할 우리 앞에 놓인 과제를 위해 하나님께서 그의 백성을 준비시킨 것이라고 믿는다. 그것은 가장 상쾌한 영적 체험이었다. 나는 일본인들이 예수님께로 향하는 것을 보는 비전에 새롭게 사로잡혔다. 나는 어서 일본어 공부를 끝마치고, 내가 섬길 사람들을 위해 사역하고 싶었다.

1954년 5월에 나는 본부의 요청으로 레너드와 그의 통역자 오노를 만나기 위해 북쪽으로 여행했다. 그들은 홋카이도에서 남쪽으로 내려왔다. 우리는 아오모리 기차역 개찰구에서 만났다. 전쟁 중에 아오모리의 90%가 폭격으로 파괴되었고, 재건 프로그램은 아직 끝나지 않은 상태였다. 가난한 사람들은 아직도 일시적인 막사를 사용하고 있었다. 그들의 상황은 한국 전쟁을 등에 업고 국가 경제가 빠르게 회복하는 것에 편승했던 다른 일본인들과 매우 뚜렷한 대조를 이루었다. 더 나은 상점들에서는 돈이 있는 사람들을 위해 세탁기, 냉장고, 라디오, 심지어 텔레비전도 특매하고 있었다. 레너드와 오노와 나는 아오모리현을 3주 동안 답사하는 일에 착수했다.

우리가 첫 번째로 머문 곳은 고쇼가와라 읍이었는데, 푹신한 의자가 없는 버스를 타고 한 시간 가는 곳에 있었다. 포장도로가 너무 훼손이 되어서 차라리 서 있는 것이 더 편했다. 버스는 유명한 사과 과수원들이 있는 지역을 가로질러 서쪽을 향해서 쓰가루 반도 기슭에 있는 언덕 꼭대기로 올라갔다. 풍경은 장관이었다. 남쪽으로 펼쳐지는 전경으로는 아주 멋진 세 봉우리의 이와키 화산이 눈으로 덮여 있어서 두드러지게 눈에 띄었다. 언덕의 능선이 북쪽을 향해 가오리 같은 모양이 되어 있는 항구 쪽으로 갔다. 우리 쪽에 있는 강은 굽이굽이 평야를 지나 항구로 흐르고 있었다. 우리 앞에는 반듯한 직사각형의 논들이 있었고, 작은 마을들이 여기저기에 점점이 흩어져 있었다. 그 중심에 고쇼가와라가 있는데, 고쇼가와라는 강과 평야가 있는 곳에 자리 잡은 다섯 장소를 의미한다.

고쇼가와라에 있는 교회는 이전에 담배 공장이었다. 회중은 약 40명이었다. 아오모리현에서 사역하는 일본인 사역자는 16명뿐이었는데, 그 중 한 사람이 그 교회를 목회하고 있었다. 그는 평판이 좋지 않은 전쟁 미망인의 아들이었다. 그는 거리의 한 모임에서 어떤 일본 설교자가 간음하다가 현장에서 붙잡힌 여인에 대해 설교하는 것을 들었다. 그는 "너희 중에 죄 없는 자가 먼저 돌로 치라."라는 말씀을 통해서 예수님을 믿게 되었다.

그가 우리에게 말했다.

"선교사들은 매우 부유해요. 그래서 사람들은 선교사들과 관계를 가질 수 없습니다. 장애물들을 부숴 버릴 필요가 있어요. 참아 주어야 하고 편견이 없어야 합니다."

우리는 그곳을 떠나 북쪽 가나기로 향했다. 가나기는 언덕 기슭에 있는 더 작은 읍으로, 강이 마을을 관통하여 흐르고 있었다. 가나기에는 9,000명이 살고 있었다. 목재로 부유해지고 암거래로 유명해진 곳이었다. 그곳은 또한 미신의 중심지였다.

우리의 세 번째 목적지인 인상적인 옛 도시 히로사키는 이와키산 아래 쓰가루 평야의 남쪽 끝에 있었다. 그 도시는 해마다 열리는 벚꽃 축제로 유명했다. 17세기에 건축된, 우아하고 흰 3층으로 된 성의 마당에서 열리는 축제였다. 한 여성 목사가 우리를 맞았다. 그녀는 선교사들이 그 지역에 와서 사역하도록 기도해 왔다고 말했다. 그녀가 속한 교단에서 어느 국가적인 지도자가 복음을 일본에서 예루살렘으로 다시 가져가는 운동에 관한 책을 쓴 적이 있었다. 동쪽에서 서쪽까지의 땅들을 정복한다는 개념이 일본 군사 전략가들의 관심을 끌었다. 그런데 유감스럽게도, 일왕이 아닌 예수님께서 통치하신다는 비전이었기 때문에 핍박이 있었다. 그래서 교회 지도자들은 투옥되고 교회는 폐쇄되었다. 그 결과로 히로사키 교회는 죽어 있었다.

머지않아서 나는 고쇼가와라와 가나기, 히로사키, 이 세 곳 모두에서 일을 할 것이었다. 그러나 당장은 그 지역에서 이미 사역을 하고 있는 다른 선교회 소속의 선교사 몇 사람에게 조언을 구하기 위해서 아오모리로 되돌아갔다. 그들은 아마도 복음이 가장 필요한 사람들이 쓰가루 평야의 가장자리에 사는 어부 가정들일 것이라고 말했다. 그들은 아오모리현의 생소한 방언을 공용어로 사용했고, 많은 사람들이 겨울 석 달 동안은 접근하기도 어려운 후미진 곳에 살고 있었다.

레너드와 오노는 나 혼자서 답사를 끝마치도록 하고 떠났다. 다시 또 3주 동안을 나는 덜컹거리는 버스를 타고 크고 작은 길들을 누볐고 초라한 여관에서 잤다. 버스가 갈 수 없는 곳들은 걸어야 했다.

"다음 마을까지 얼마나 먼가요?"

"짚신이 다섯 개는 필요할 겁니다."

"짚신 다섯 개요?"

나는 그를 망연히 바라보았다.

"절벽을 올라가려면 발에 사용할 짚신 두 개, 손에 사용할 짚신 두 개, 그리고 코에 사용할 짚신 한 개가 필요할 걸요."

그와 그 주위 사람들이 웃음을 터뜨렸다. 일본 유머는 나에게 효과가 없었다. 나는 말린 생선과 해초를 일상적으로 먹어야 했다. 힘든 상황이 었다. 내가 오믈렛을 좋아한다는 사실을 솔직하게 전달할 때까지, 내가 먹었던 것은 생선 맛이 나는 음식뿐이었다.

이마베쓰도 방문했는데, 지금은 북쪽 해안 홋카이도섬으로 가는 철 도 터널의 입구 부근이다. 그곳에서 나는 여관에 들었고, 또다시 말린 생 선과 해초와 밥과 날계란을 먹었다. 내 나이 또래의 젊은이가 성경을 가 지고 나에게 다가와서 말했다.

"나는 여관 주인의 아들이에요. 우체국에서 일을 합니다."

"앉으세요."

내가 그에게 권했다.

그는 자기 이야기를 매우 하고 싶어 했다. 내가 먹던 해초는 나를 좀 기다려야 했다.

"저는 어렸을 때 결핵을 앓았어요. 요양소에 갔지요. 거기에서 예수 님에 대해 들었습니다. 그때부터 나는 항상 그분을 믿고 싶었어요. 내가 이해하지 못하는 것이 너무 많습니다. 그러나 나를 가르쳐 줄 사람이 아 무도 없어요. 나와 함께 기도할 사람도 없고요. 찬송가도 전혀 못 불러요. 내가 여기에서 예수님께 관심을 가진 유일한 사람입니다."

"왜 나에게 왔지요?"

서(西)중국에서 동(東)일본으로

나는 어리둥절했다. 내가 기독교인이라는 것이 그렇게도 분명히 보였단 말인가?

"손님의 이름이 스테파노인 것을 숙박부에서 보았어요. 성경에서 스테파노의 이야기를 읽었지요. 당신은 선교사입니다. 나에게 진리를 가르쳐 줄 수 있습니다."

그는 옳았다. 내 이름은 그가 사도행전 6장과 7장에서 읽은 이야기에 나오는 스데반의 이름을 딴 것이었다. 나의 아버지는 내가 태어날 때 그 본문을 동리수어로 번역하고 계셨다. 나는 선교사였다. 그래서 나는 그에게 진리를 가르칠 수 있었다.

후에 그가 사는 이마베쓰를 떠날 때, 큰 마을들은 거의 없지만 해안선을 따라 오두막집들이 눈으로 볼 수 있는 저 멀리까지 줄줄이 서 있다는 사실이 문득 떠올랐다. 나는 이 사람들이 처한 곤경에 마음이 움직였다. 거기에 조상 대대로 믿어 온 이교와 관습에 붙잡혀서 그리스도에 대한 진리를 배울 기회를 가지지 못한 수천 명의 어부와 그 가족들이 있었다.

여행 중에 알게 되었는데, 일본인들은 전쟁에 대한 이야기를 삼갔다. 그 주제는 금기였다. 일본에서 어디를 가든지 그것은 마찬가지라고 들었는데, 내 일본어 실력이 아직 매우 기초적인 수준이기 때문만은 아니었다. 1950년대 중반기에 많은 일본인들은 아직도 자신의 삶을 재건하고 있었고, 외국 행정관들과 군대의 점령이 가까스로 끝난 상태였다. 그러나 내 일본어 실력이 대화를 이해할 수 있을 만큼 향상되었을 때에도 그 주제는 좀처럼 제기되지 않았다. 침묵은 일본 문화 속에 깊이 뿌리를 두고 있었고, 그 때문에 아마 예상보다 훨씬 더 오래 지속되었다. 히로히토 일왕이 세상을 떠난 후에야 비로소 사람들이 자기 의견을 표현할 자유를 느끼는 것을 나는 알게 되었다.

일본어 공부에 대해서 새로워진 동기와 열의를 가지고 나는 가루이자와로 돌아왔다. 처음으로 배치될 사역에 잘 준비할 필요가 있었다. 선교회는 이제 사역자가 홋카이도에 28명 있었고, 가루이자와에서 일본어 공부를 하고 있는 선교사가 또 15명(나를 포함하여)이 있었다. 우리는 이미 교회 개척을 시작했고 일본 교회들과 함께 사역하려고 노력하고 있었지만, 분명히 아직 일본어를 충분히 말하고 이해할 수 있는 사람이 없었다. 6월에 있었던 현지 수련회에서 나는 아오모리현을 여행한 것에 대해 보고했다. 새로운 사투리를 배우는 일은 너무 어렵기 때문에, 우리는 우선 먼저 일본어 교육 프로그램을 강화할 필요가 있다고 나의 의견을 말했다.

사정이 이러했지만, 이미 결정은 나 있었다. 나는 몇 달 동안 아오모리로 가게 되었다. 거기에 새로 오는 캐나다인 사역자 던 모리스가 나와 합류하여, 10월에 우리 둘은 가나기에서 새 사역을 시작할 것이었다.

역풍

일본에서의 OMF의 초기 정책들에 대한 아버지의 선견은 옳았다. 나는 그것을 아오모리에서 알게 되었다. 또 하나 배운 중요한 교훈은, 일본인 기독교인들의 견해에 민감해야 한다는 것이었다. 선교회의 정책과 실천 사항들은 중국에서 수십 년 동안 자주 있었던 고난과 침통한 상황을 뚫고 단호하게 이루어진 사역을 통해서 형성된 것이었다. 이것에 더하여, 1950년대에 서양이 두려워했던 것은 종교적인 근본주의가 아니고 무신론적 공산주의였다. 일본에서 우리는 토지나 건물을 살 수가 없었는데, 그 이유는 또 하나의 중국식 혁명이 일어날 경우에 그것을 잃지 않기 위해서였다. 만일 OMF가 떠나도록 강요를 받을 경우에 일본인 기독교인들을 보호해야 할 필요가 있기 때문에 기록한 것들을 제한해서 보관해야 했다. 같은 이유 때문에 일본인들을 고용해서도 안 되었다. 사역할 시간이 짧다는 생각이 있어서 선교회는 장기적인 비전을 가지고 있지 않았다. 한 일본인 목사는 OMF가 처음 몇 년 동안 일본에서 사역하면서 가졌던 전도의 열정을 칭찬했다. 그러나 그는 OMF가 일본 교회를 전혀 이해하지 못하고 있음을 기민하게 알아차렸다. 이러한 접근 방식이 잘못이었음을 뒤늦게야 알았다. 그러나 그 당시에는, 아시아에서 무신론이 공격적으로 득세하고 있었기 때문에 그 이후의 일을 꿰뚫어 볼 수 있는 사람이 거의 없었다.

중국에서 사용했던 정책을 다른 문화에서 그대로 사용한다는 것은 자주 순진한 발상이었고 가끔은 큰 해를 초래했다. 나는 내 일본어 실력이 부족한 것을 아주 예민하게 의식하고 있었지만, 선교회의 규정은 내가 통역에 의존하여 설교해서는 안 된다고 지시했다. 나는 한 대학생과 함께 설교 하나를 가지고 마지막 음절을 하나하나까지 점검하고 확인하며 여러 시간을 보냈는데, 결국은 그 학생이 나를 위해 통역해 줄 수 있다고 간신히 용기를 내어 말했다. 나는 거절하며 계속 애를 썼다. 그것은 의심할 여지 없이 불굴의 노력이었다. 그러나 내가 애정을 가지고 섬겼던 아오모리에 있는 작은 침례교회의 회중은 그들의 목사가 되기를 원하는 사람이 더듬거리는 것에 감동을 받지 않았다. 물론 그들은 아주 예의 바르기 때문에 그렇게 말하지는 않았지만 말이다.

회중이 흥미를 보이지 않은 것은 던과 내가 겨우 8주 머물고 가나기로 옮길 때 더 심해졌다. 우리를 대신한 사람들은 캐나다에서 온 부부로,

우리보다 일본어 실력이 훨씬 더 부족했다. 그들도 겨우 몇 달 동안 머물고는 다른 곳으로 옮겼다. 그런 다음에 한 성숙한 OMF 선교사의 안내로 몸이 불편한 젊은 일본인 목사와 그의 아내에게 지도자의 임무가 맡겨졌는데, 그들의 지도 아래에서 교회는 한동안 성장했다. 그러나 일본인 목사가 성경학교 교육을 받기 위해 떠나자 그 교회는 해산되었다. 불행하게도, 많은 교회 성도들과 탐구자들이 교회에 가는 것을 중단했던 것이다.

"선교사들은 언제나 변해요. 그리고 일본어를 할 줄 모르고요."

나는 자주 그런 불평을 들었다. 이 교회는 일본에서 나의 첫 교회였고, 머문 기간은 짧았지만 그들은 내가 매우 애착을 갖게 된 회중이었다. 나는 밤에 자주 깨어서 일본어 실력의 부족과 비효율적인 배치 정책, 그리고 통역을 허락하지 않는 전략이 어떻게 이런 슬픈 상황을 만들어 냈는지를 회상하곤 했다.

가나기에서 던과 나는 숙소를 찾지 못해서 어려움을 겪었다. 결국 우리는 바느질을 가르치는 학원 위층에 있는 방 세 개를 임대했다. 거기에는 수도가 없었고 화장실도 밖에 있었다. 우리는 공중목욕탕을 이용해야 했고 계단 밑에 있는 우물에서 물을 길어 와야 했다. 일본에서는 방 크기를 $2m \times 1m$ 다다미가 몇 장 놓여 있는가로 측정했다. 우리는 다다미가 열 장 깔린 방 두 개와 여섯 장 깔린 거실과 숯불 화로로 요리를 하는 부엌을 빌렸다. 각 공간은 네 개의 종이 미닫이문으로 구분되었는데, 한쪽에 벚꽃이 그려져 있고 다른 쪽에는 잉어가 그려져 있는 인상적인 문이었다. 필요할 때면 이 문들을 완전히 치우고 넓은 방으로 사용할 수 있었다.

우리가 도착한 날 다음 날은 주일이었다. 우리는 이웃에 사는 열아홉 살 청년 세탁부 가쿠타와 어느 농부를 그날 저녁 성경 공부에 초대했다. 그들이 도착하자 동시에 폭우가 쏟아졌다.

가쿠타가 말했다.

"태풍입니다. 강한 태풍 같아요."

우리는 최악의 비바람이 안으로 들어오지 못하도록 창문을 닫았다. 난타하는 태풍 때문에 건물이 삐걱거리고 떨며 앞뒤로 흔들리는 동안에, 우리는 그들에게 찬송가를 가르치고 성경을 읽으려고 했다. 정전이 되었다. 던이 몇 개의 초를 찾아냈고 우리는 개의치 않고 계속했다. 결국 두 청년은 우리에게 감사했고, 우리가 권한 신약 성경을 샀다. 그리고 폭풍을 뚫고 집으로 달려갔다. 태풍은 아주 큰 피해를 입혔다. 우리는 뒷문을 잃은 것 외에는 피해를 입지 않았지만, 쓰가루 해협에서 배 다섯 척이 가라앉아서 1,430명이 죽었다. 그들 중에는 다른 승객에게 자신의 구명조끼를 양보하고 익사한 미국 선교사 딘 리퍼가 있었다.(그 사건으로 인해 혼슈와 홋카이도를 잇는 해저 터널 공사를 하게 되었다.)

가쿠타는 복음에 진지한 관심을 보이며 3주 동안에 신약 전체를 5번이나 읽었다. 6개월 후에 가쿠타는 사진사인 다른 청년과 함께 세례를 받았다. 가쿠타는 그의 친구들에게 뛰어난 복음 증거자였다. 그 친구들

서(西)중국에서 동(東)일본으로

일본 체류 초기, 가나기에서 공부하는 스티브, 1955년.

중에 서점에서 일했던 가와무라 고야가 있었는데, 그는 후에 크게 존경을 받는 목사가 되었다. 슬프게도, 2년쯤 후에 가쿠타는 도박을 하다가 갑자기 막대한 빚을 지고 요코하마로 도망쳤다. 나는 그에 대한 추후 소식을 45년이 지나서야 들었다. 가쿠타가 암으로 죽어 가고 있다고 한 독일 선교사가 나에게 말해 주었다. 가쿠타는 자신이 얼마 살지 못할 것을 알고 어느 교회로 들어가서 기도하고 찬송가 부르기를 원한다고 말했다. 그는 신앙을 되찾았고 그의 아내와 자식들도 함께 교회에 나가기 시작했다고 한다.

참으로 믿기로 결단을 할 때까지 오랜 세월이 걸렸던 또 한 사람은 도보로 세 시간 정도 걸리는 마을에 살았던 학교의 후지타 교장이었다.

가나기강에서의 세례, 1956년.

후지타 교장과 그의 기독교인 친구는 가나기에 있는 선교사들에 관한 기사를 신문에서 읽었다. 그들은 우리를 만나기 위해 눈보라를 뚫고 걸어왔다. 후지타는 우리가 그의 학교로 와 주기를 간절히 원했다.

우리가 방문하는 날에 또 한 차례 눈보라가 있었다. 길 앞을 볼 수가 없어서 나는 고개를 숙이고 가다가 무언가에 부딪쳤는데, 그것은 농가에 있는 말의 꽁무니였다! 다행히도 그 말은 자기가 당한 습격에 반응하지 않고 큰 발굽들을 그대로 땅에 붙이고 서 있었다. 우리가 후지타의 거실에 앉자, 그는 왜 우리더러 오라고 부탁했는지를 설명했다.

"일본은 바뀌었습니다. 전쟁이 모든 것을 변화시켰어요. 나는 너무

늙어서 내가 믿던 신을 포기하지 못합니다. 그러나 우리의 자녀들은 기독교인이 되어야 합니다."

나는 방 한쪽에 있는 사당을 가리켰다.

"당신이 조상의 영들을 숭배하다가 세상을 떠나면, 당신 자녀들도 당신을 숭배하게 되어 있습니다. 그들은 당신의 영이 여기에 머문다고 믿을 것이고 참된 신이신 하나님께 돌아가지 않을 것입니다."

후지타는 내가 한 말을 듣고 깊이 생각하며 잠시 앉아 있었다. 마침내 그가 말했다.

"알겠습니다, 알겠어요. 내가 기독교의 길을 추구하는 자가 되겠습니다."

그가 그리스도께로 가는 길을 찾는 데 20년이 걸렸다. 한 기독교인 보험 외판원이 내가 아오모리에서 살고 있을 때 나에게 연락했다. 후지

가나기 교회 모임. 스티브와 던 모리스가 그 지역에서 일하기 시작했을 때는 신자가 한 명도 없었다.
스티브는 오른쪽 끝에 앉아 있다. 1955년.

타 교장이 자기 고객인데 나와 함께 다시 성경 공부하기를 원한다는 것
이었다. 우리의 친교가 다시 시작되었다. 나는 그와 계속 정기적으로 접
촉하고 있었는데, 어느 날 그가 계단에서 넘어졌다고 그의 딸이 전화했
다. 그는 하반신이 마비되어 입원해 있었다. 그는 척추 신경이 손상되어
복부에 격심한 통증을 느끼고 있었다.

"기독교인이 되기에는 너무 늦었나요?"

그가 물었다.

나는 성경을 읽었고 그는 신앙 고백을 했다. 몇 주 후에 그는 세상을

신문에서 선교사들에 대한 이야기를 읽고 눈보라 속을 걸어서 그들을 만나러 왔던 후지타 교장.

서(西)중국에서 동(東)일본으로

떠났다. 그의 가족은 불교식으로 장례식을 치렀고, 우리는 교회에서 특별 예배를 드렸다. 그의 아들은 공개적으로 우리에게 감사를 표했다. 그들은 돈이 많이 드는 불교 예식들이 혼돈스러운 영창들로 배열된, 뭔가 어두운 터널을 뚫고 지나가는 것 같은 것임을 알게 되었다. 교회에서 그들은 자신들이 어두움에서 나와 빛으로 들어갔다고 말했다. 그들은 아버지가 예수님과 함께 계신 것을 알았다. 후에 아들은 기독교인이 되었다.

만약 우리의 일본어 실력이 때때로 불충분한 것이었다고 한다면, 지역 방언에 대한 우리의 지식은 무지에 가까웠다. 한번은 은퇴한 일본인 손님이 우리를 만나러 왔다. 그의 짙은 감색 양복은 너무 꼭 끼었고 옷솔기가 많이 닳아 있었다. 그는 우리 거실 다다미에 편안하게 앉아 이야기를 시작했다. 나는 그가 무슨 이야기를 하는지를 도무지 몰랐다. 나는 던을 바라보았고, 던은 나를 바라보며 말했다.

"차를 끓일게요."

던은 부엌 쪽으로 사라지더니 작은 찻주전자와 손잡이가 없는 찻종 두 개와 각 접시에 비스킷을 담아 쟁반에 가지고 왔다. 그는 손님과 나 사이에 있는 낮은 탁자 위에 그것을 놓고 급히 다시 사라졌다. 나는 차를 찻종에 따르고 그것을 나무 받침 접시에 놓아 그 사람에게 건넸다. 그는 감사하는 표시로 정중하게 머리를 숙였다.

일본인 손님의 독백은 잠시 중단되었다가 곧 다시 술술 계속되었다. 나는 알아들을 수 있는 어떤 단어라도 가려 내려고, 그의 대화에서 어떤

감을 가질 수 있는 어떤 것이라도 찾아보려고 앞으로 몸을 굽혔다. 이해할 수 없는 말들이 쏟아져 나오는 것을 전혀 막지 못했다. 약 1시간 동안 나는 내 두 다리와 뇌가 더 이상 견딜 수 없을 때까지 그의 맞은편에서 무릎을 꿇고 있었다.

"선생님, 실례합니다."

그가 차를 한 모금 마시려고 잠깐 말을 멈추었을 때 내가 말했다.

그 사람은 고개를 약간 끄덕였다. 나는 절을 하고 종이로 된 미닫이문을 열고 도망쳤다.

나는 거실을 향해 고갯짓을 했다.

"던! 자네 차례일세. 나는 완전히 지쳤어."

던은 나를 대신하여 자리에 앉았고 일본인은 계속 말을 쏟아 냈다. 나는 방문을 통해서 던이 확신 있게 "그래요? 정말로요?"라고 끼어드는 것을 재미있게 들었다. 그가 가장하여 태연자약했던 것은 오래가지 못했다.

"자네가 다시 들어가게."

그가 말했다. 그의 얼굴이 아주 안 좋았다. 그는 20분 이상을 견디지 못했다.

"한 마디도 알아들을 수가 없었네. 단 한 마디도."

손님을 혼자 내버려 둘 수는 없었다. 마지못해서 나는 그의 맞은편에 다시 무릎을 꿇었고 홍수처럼 쏟아 내는 그의 말을 다시 한 번 감내했다.

45분이 지난 후에 그가 이야기를 마쳤다. 그는 조끼 호주머니에서 사슬에 달아 놓은 시계를 끄집어 내었다. 시계 침을 자세히 들여다보고는 제자리에 도로 넣었다. 그는 종이에 남은 비스킷을 싸더니 떠나야 한다고 말했다. 여러 차례 허리를 굽혀 인사를 한 후에, 우리는 감사를 표하며 그를 아래층에 있는 문까지 바래다주었다.

던과 나는 여러 그룹의 사람들을 집에 오게 하여 성경 공부를 했다. 그들 중에 아래층에 있는 바느질 학원에 다니는 소녀들이 있었다. 어느 월요일 아침에 소녀들은 학원에 도착하여 한 소녀가 벽장 안에 쓰러져 있는 것을 발견했다. 소녀는 죽어 있었다. 소녀는 수면제를 다섯 봉지나 먹었다. 소녀의 손에는 쪽지가 있었다.

"삶은 평온하다. 점점 졸음이 오는구나. 위층에서 그들은 아름다운 찬송가를 부르고 있다. 내가 삶에서 퇴장하기에 아주 멋진 분위기구나."

이 충격적인 사건 때문에 일본인의 자살 문제에 대해 깊이 생각하게 되었다. 일본에서 자살 행위는 문제나 개인적인 수치에서 벗어나는 명예로운 방법으로 보였다. 수천 명의 일본 군인들이 연합군에게 사로잡히기보다는 스스로 생명을 끊었다. 고등학교 학생들은 힘든 학교 공부가 가져오는 스트레스에 대한 해결책으로 스스로 생명을 끊었다. 망신을 당한 정치인들도 같은 방식으로 죽었다.

오늘날까지도 자살은 일본에서 심각한 문제가 되고 있다. 2007년에 일본 정부는 이 문제를 해결해 보고자 백서를 발표했다. 자살자는 해마다 30,000명이 넘었다. 하루에 90명 이상이었다. 내가 아는 일본인들은 모두가 아는 사람이나 가족이나 친구 중에 자살한 사람들이 있다는 사실을 나는 실감하기 시작했다.

얼마 후에 나는 우리의 생명이 하나님께 속해 있다는 사실에 대해 설교했다.

"자살은 하나님께 대한 반역과 같은 것입니다. 그것은 자기 살인입니다."

다음 주간에 교사 한 명이 우리 모임에 오던 사람 중에서 자살을 결심했던 친구 이야기를 해 주었다. 그 친구는 예배가 끝난 후에 나가서 눈 속에 누워 얼어 죽기를 기다리고 있었다. 그런데 나의 메시지가 생각나면서 그녀는 결정을 바꾸기로 했다. 그녀는 간신히 일어나서 집으로 돌아가서 살기로 결심을 했는데, 그 이유는 그녀의 삶이 언제 끝날 것인지를 결정해야 하는 존재는 오직 하나님이심을 배웠기 때문이었다.

1955년에 던은 결혼했고, 가나기에서 나 혼자 사역하도록 남겨 놓고 홋카이도로 이사했다. 나는 새 사역자가 와서 나와 함께 일하기를 원했다. 그러나 현지 지도부는 내가 다시 움직여야 한다고 결정했다. 이번에는 고쇼가와라로 가라는 것이었다.

"당신은 새 사역을 시작하는 일에 뛰어납니다."

가나기에서의 사역이 내가 시작했던 유일한 새 사역이었는데도 불구하고, 그들은 나에게 그렇게 말했다. 내 위의 책임자인 호주 사람 오스월드 샌더스가 나를 잘 지원해 주었다. 그는 내가 이렇게 이동하는 것은 던과 내가 이루어 놓은 사역을 흔들어 놓는 것이라고 말하면서 지도부에 이의를 제기했다. 그러나 지도부는 철석같았다. 그들은 기도했고 만장일치로 결정을 했다는 것이었다. 그 일은 그렇게 끝났다. 유감스럽게도, 샌더스가 옳았음이 판명되었다. 그 결과로 가나기 사역은 어려움을 겪었다.

그러나 가나기에서의 짧은 사역이 효과가 없었던 것은 아니었다. 1960년에 고쇼가와라 교회는 우리 사역을 통해서 나온 첫 번째 일본인 목사를 임명하는 영예를 누렸다. 이 사람은 다른 사람이 아닌 바로 가와무라 고야였다. 그는 우리 가나기 모임 출신으로, 세탁부인 가쿠타의 전도를 받고 기독교인이 된 사람이었다.

그런데 그 일이 있기 전에 나는 개인적으로 큰 슬픔을 겪어야 했다. 1956년 1월에 나의 아버지가 세상을 떠나셨던 것이다.

애가

나의 아버지는 1879년 3월 3일, 버밍엄의 보석 거리 인근 워스톤레인에서 태어났다. 새뮤얼과 에마 멧캐프의 네 아들 중 셋째 아들이었다. 조부모님은 보석상과 청과물상을 겸한 상점을 운영했다. 그들이 하인을 고용했던 것을 보면 어느 정도 부유했을 것이라고 생각된다. 장남인 조가 가업을 맡아서 버밍엄의 뉴스트리트 역에서 과일을 파는 매점을 열었다. 회계사가 된 존은 홍역을 앓은 후유증으로 열두 살 때 귀머거리가 되었다. 막내인 아널드는 아버지와 가장 가까웠으며 감리교파의 목사가 되었다. 세례명이 조지 에드거인 아버지는 에디라고 알려져 있었다. 그러나 유독 나의 어머니는 항상 아버지를 에드거라고 불렀다.

에디와 조와 아널드는 10대 후반에 개종하게 되었다. 어느 주일에 산책을 하고 있다가 프레더릭 루크 와이즈먼 목사의 설교를 듣고 있는 군

서(西)중국에서 동(東)일본으로

중 속으로 발걸음이 이끌렸다. 와이즈먼 목사는 찰스 웨슬리의 전기를 쓴 사람인데, 야외에서 설교를 하고 있었다. 그들의 가정은 명목상 침례교인들이었다. 그러나 와이즈먼의 영향으로 그 세 형제는 감리교단에 가입하게 되었고, 셋 다 그 지역의 설교자가 되었다.

에디는 양복 만드는 견습 기간을 가진 후 한동안은 옥스퍼드에서 자신의 가게를 운영했다. 그가 이런 기술을 배운 것은 중국에서 좋은 도움이 되었다. 필요할 때 양복을 잘 만들어 입을 수 있었던 것이다. 그러나 1911년에 혁명이 있기 전에는 그는 늘 중국식 옷을 입고 그 지역의 관습에 따라 땋아 내린 변발을 하고 있었다. 그는 짙은 갈색의 긴 변발을 결국 잘랐고, 코코아 깡통에 그것을 담아 두었다. 그것은 내가 어렸을 때 굉장히 흥미를 갖게 만드는 것이었다.

일본의 전쟁 포로 수용소에서 내가 경험한 것들이 내가 일본에 가서 섬기는 계기가 되었다면, 에디가 중국 선교사로 가게 된 계기는 45년 전에 있었다. 1900년에 의화단의 난이 일어나서 북부 중국의 선교 사역이 크게 파괴되었다. 시드니 브룩스 목사는 중국내지선교회(CIM)에 소속되어 사역하던 영국 선교사로, 산둥성에 있는 외국인 거주 지역에서 복음을 전하고 있었다. 어느 섣달 그믐날에 30명의 무장한 사람들이 갑자기 브룩스 목사를 공격해서 목을 베었다. 그는 의화단 운동으로 순교한 첫 번째 선교사였다. 이 참사는 의화단이 중국인이든 외국인이든 기독교인들을 무참하게 핍박하게 되는 시발점이었다. 외국의 군대들이 베이징을 포위 공격하여 그 사태를 끝내기까지, 50명이 넘는 어린아이들을 포함하여 180명이 넘는 개신교 선교사들이 살해되었고, 2,000명 가까이 되는 중국의 성도들도 살해되었다. 또한 30,000명 정도로 추산되는 중국인 천주교인과 40명 정도의 외국인 신부도 살해되었다.

에디가 CIM에 가입한 것은 이러한 참혹한 순교의 이야기들과 복음화되지 못한 중국의 확연한 어려움을 들었기 때문이었다. CIM은 순교한 선교사가 가장 많아서 아픔을 겪은 단체였다. 와이즈먼은 제임스 허드슨 테일러와 CIM을 존경하는 사람이었지만, 에디가 표준 중국어인 만다린어를 배울 수 있는 능력에 대해서는 의문을 품었다. 에디의 대답은 확고했다.

"만약 하나님께서 나를 부르셨다면, 하나님께서 나를 부르신 일을 할 수 있도록 나를 갖추어 주실 것입니다."

성령께서는 와이즈먼에게 하나님께서 모세에게 하신 말씀을 분명하게 상기시키셨다.

"누가 사람의 입을 지었느뇨? 누가 벙어리나 귀머거리나 눈 밝은 자나 소경이 되게 하였느뇨? 나 여호와가 아니뇨? 이제 가라, 내가 네 입과 함께 있어서 할 말을 가르치리라."(출애굽기 4:11~12)

와이즈먼은 현명하게 더 이상 반대하지 않았다. 에디는 런던의 뉴잉턴 그린에 있는 CIM 선교사 훈련소에 들어가는 허락을 받았고, 미드웨이 병원에서 기본적인 의학 교육을 받았다. 그는 1906년 9월 14일에 중국으로 떠나는 배에 올랐고, 5주가 넘게 걸려서 상하이에 도착했다. 거기에서 그는 '왕화이런(王怀仁, 자비를 소중히 여기다)'이라는 중국 이름을 갖게 되었고 필요한 것들을 공부하기 시작했다.

에디는 조용한 성격에 결단력이 강했고 세세한 일이라도 그냥 지나치지 않았다. 난징에서 만다린어를 공부할 때 그러한 성격이 잘 나타났다. 그래서 목사로서는 갖춰야 할 것이 더 있었지만 중국어 능력에서는 1, 2등을 다투었다. 선교회는 에디가 중국의 남서부 지역에서 사역을 하도록 임명했다. 2,000km를 여행하는 데 9개월이 걸렸다. 가능할 때는 말을 타거나 배를 이용했고, 그 나머지는 걸어야 했다.

에디는 세 소수 민족을 위하여 일하는 임무를 부여받았다. 동리수족과 라카족과 다이족이었다. 외진 곳에 사는 소수 민족 중에서 만다린어를 하는 사람이 거의 없었기 때문에, 그는 새로운 언어를 배우는 일에 착수했다. 결국에는 동리수족의 본래 거주지를 자신의 정착지로 삼았다. 그는 트럼펫을 불고 아코디언을 연주하는 재능이 있었다. 그 악기들로 그가 아는 찬송가와 직접 만든 찬송가를 반주하여 부르고 구원의 메시지를 선포하면서, 산 너머 새로운 마을로 복음을 듣지 못한 동리수인들을 찾아다녔다. 다쿠에서는 그 지역 출신의 목사와 전도자들을 가르치려고 성경 학교를 세웠다.

에디는 몇 년 동안 결혼을 하지 않기로 작정하고 있었다. 왜냐하면 외진 곳에서 가난하게 사는 그의 상황이 여성에게 적당하지 않다고 믿었기 때문이었다. 아마도 독신으로 사는 외로움이나 동료들이 결혼을 함으로써 생긴 압박감이 그의 마음을 바꾸었는지 모르겠다. 그러나 나는 이런 쪽으로 생각하고 싶다. 그가 가진 구식의 남성적인 강함을 내려놓도록 한 것은 원난성에 있던 선교사 중에서 베시, 곧 엘리자베스 메리 단넬리가 눈에 띄게 예뻤기 때문이었다고 말이다. 에디와 베시의 교제 기간이 짧았던 것은 에디가 베시에게 청혼하는 것을 오래 미루지 않았기 때문이었다. 두 사람은 베시가 30세 되던 생일날인 1921년 1월 19일에 쿤밍에 있는 영국 총영사관에서 결혼했다. 에디는 41세였다.

사람들은 우리 어머니를 항상 베시라고 불렀다. 어머니는 애들레이드에서 꽃집을 경영하는 사람의 딸이었고, 아일랜드와 스코틀랜드에서 온 이주민의 손녀였다. 어머니는 문학을 좋아했고 웅변 교육을 받았으며 아름다운 악센트를 습득했다. 어머니는 1917년 11월 28일에 중국에 도착했는데, 아버지가 도착한 지 11년 후였다. 그러나 아버지보다 동리수 말을 더 잘하게 되었다고 한다.

나는 어머니가 끊임없이 바쁘셨던 것을 생생하게 기억한다. 잡다하고 일상적인 가정의 일들은 하인들의 도움을 받으면서, 어머니는 원주민 여성들을 모아 성경을 가르쳤다. 어머니가 은퇴할 때는 강연을 잘하는 사람이라는 평판을 얻었고, 중국에서 경험한 것들을 모임에서 이야기해 달라는 초청을 자주 받곤 했다.

부모님은 다쿠에서 자리를 잡았는데, 산적들이 부모님의 얼마 되지 않는 소유물들을 노린다는 것을 금방 알게 되었다. 짧은 기간에 집을 세 번이나 약탈당한 후에, 부모님은 할 수 있는 대로 간단하게 살기로 결심 했다. 아버지는 여러 번 인질로 잡힌 적이 있었다. 전쟁이 끝난 후 잠시 휴식하는 기간에 우리는 멜버른에서 함께 살았다. 아버지와 내가 응접실 에서 앉아 있을 때면 아버지는 그 이야기들을 들려주곤 했다.

"칼 고먼(Carl G. Gowman)과 내가 전도자 마와 중국인 학교 교사 두 명과 함께 난폭하게 끌려간 적이 있었지. 네 어머니와 결혼하기 전이란 다. 40여 명의 산적들이 탁상시계, 손목시계, 칼, 포크, 숟가락 등, 집에 있는 것은 무엇이든지 전부 약탈했다. 고먼은 그날 저녁에 탈출했지. 교 사들은 풀려났고, 그런 다음에 마가 탈출을 했고. 네가 생각해도 그렇겠 지만 놀랄 일이었다. 동리수족 성도들이 기도하기 위해서 모일 때마다 우리 중 하나는 어디론가 없어졌지. 나는 닷새 동안 잡혀 있었어. 그러니 까 나를 지키는 사람이 게을러지더구나. 그가 내가 잠자던 다락으로 나 를 다시 데리고 갈 때였어. 집 모퉁이에서 그가 오른쪽으로 돌더군. 나는 왼쪽으로 갔지. 나는 밤의 어두움 속으로 그저 걸었다. 슬쩍 빠져나갈 수 있을 만큼 어두운 것은 좋았는데, 내가 어디로 가고 있는지를 알 수가 없 더구나. 나는 둑 아래로 떨어졌고, 작은 나무 세 그루 뒤에 갇혀 버렸단 다! 앞으로 갈 수가 없었지만 그렇다고 뒤로 돌아갈 생각은 추호도 없었 지. 그래서 악당들이 나를 찾는 것을 포기할 때까지 몇 시간 동안 그곳에 갇혀 있었다. 글쎄 그런데도, 영리한 악마 중 하나가 계속 가까이에서 가지 않더구나. 내가 옴짝달싹 못 하는 곳에서 얼마 멀지 않은 곳에 숨어서. 만약 내가 움직였더라면 나는 잡혔을 거야. 결국 그는 갔고 나는 안전한 장소를 찾아갈 수 있었다."

"그런데, 1927년 2월에 검정 터번을 두른 사람들이 습격했던 이야기를 해준 적이 있었나? 양 목수가 루스를 등에 업고 도망하다가 총에 맞았던 이야기……."

아버지는 원수든 친구든 정말로 똑같이 취급했다. 아버지가 그곳에 있었던 것은 그들을 섬기기 위해서였다. 그는 악한 자나 의로운 자를 구분하지 않았다. 약을 주고 치료해 주는 그의 의무실에 모두가 오도록 환영했다. 어느 날 밤에 의무실에 도둑이 들었던 일을 생생하게 기억한다. 그 도둑은 며칠 전에 경솔하게도 철사로 그물처럼 엮어서 창을 막아 놓은 것들이 얼마나 튼튼한가를 물어 본 적이 있었다! 말할 필요도 없이 그 사람은 곧 체포되었다. 그를 얼마나 단단하게 묶었는지 그 묶은 것이 살을 찢고 들어갔고, 그를 심판하라고 아버지 앞에 내동댕이쳤다. 아버지는 그 도둑을 고통에서 풀어 주기 위해 쭈그리고 앉아서 묶은 것들을 잘라 주었다.

"네가 할 수 있을 때 변상하면 된다. 그리스도께서 너를 용서하신 것처럼 나도 너를 용서했다."

아버지가 그에게 말했다.

그는 개종했고 세례를 받았다. 당시에 나는 여섯 살이었는데, 이와 같

서(西)중국에서 동(東)일본으로

은 용서에 대한 명백한 교훈들은 내가 화해의 능력을 이해하는 일에 깊은 영향을 주었다.

아버지는 가족을 만나러 영국으로 두 번밖에 돌아가지 않았다. 1917년에는 아버지가 탄 배가 독일의 잠수함들을 이리저리 힘들게 피하면서 목적지에 안전하게 당도할 수 있었다. 1934년에 아버지는 나와 루스를 치푸 학교에 남겨 놓고 어머니와 함께 다시 영국으로 돌아갔다. 어머니의 가족을 보기 위해서 호주를 방문하는 것도 마찬가지로 드문 일이었다. 1926년에 한 번 방문했고, 은퇴하기로 되어 있었던 제2차 세계 대전의 끝 무렵까지는 다시 가지 않았다.

나이가 많아지면서 아버지는 부득이 자신의 사역을 다시 검토해 보아야 했다. 1930년대 말이 되어서는 체력적으로 산을 다니며 순회 사역을 하기가 어려웠다. 말을 타다가 일어난 사고로 인해 다리가 부러진 것도 사역을 재평가할 이유가 되었다. 그는 동리수족 교회를 위하여 영속적인 도움이 될 수 있는 일을 함으로써 선교 사역을 잘 마무리하겠다고 결론을 내렸다. 그래서 성경 번역에 시간을 바쳤다. 단어와 그 의미에 대해서 성격대로 매우 신중하게 생각하면서 번역에 힘썼다. 지식의 결핍 때문에 진행이 늦어지면 영감을 달라고 끊임없이 기도했다. 그는 시편 19장 1절의 '영광'이라는 단어에 적당한 동리수 말을 '하늘의 황금'이라고 번역했는데, 이는 석양을 보고 찾아낸 단어였다. 또한 성령을 의미하는 '위로자'가 '모퉁이를 더 쉽게 돌게끔' 하신다고 표현했는데, 그것은 장례식에서 찾아냈다.

1947년에 이르러서는 중국의 공산당과 국민당 사이에 싸움이 계속되어 우려가 커지고 있었다. 윈난성은 정부의 통치 아래 머물러 있었지만, 일본의 점령 때문에 닥치는 시련과 인플레 경향의 경제는 그 군사력을 점점 약화시켰다. 그러나 아버지는 꼭 그 일을 끝내고 싶어서 호주에서 은퇴하는 것을 연기하고 다쿠로 돌아갔다.

4년 후, 아버지와 교회 지도자들은 신약 성경 번역을 완성했고, 손으로 쓴 두 번째 복사본이 만들어졌다. 윈난성은 공산당의 세력에 넘어갔고, 선교회는 어쩔 수 없이 선교사들에게 떠나라고 지시했다. 부모님은 마지막으로 홍콩으로 가는 길에 매우 괴로워했다. 관리들은 누구이 그 소중한 원본을 달라고 하여 검사를 했지만, 항상 돌려받을 수 있었다. 한 버스 정거장에서 어느 젊은 열성 혁명 분자가 아버지를 간첩으로 몰려고 그 원고를 가로채서 의기양양하게 높이 쳐들었다.

"이것 보시오! 보시오! 이 늙은이가 제국주의적 활동을 했다는 증거요."

그는 모여드는 군중을 향해서 소리를 질렀다. 그는 얼굴을 아버지에게 들이밀며 물었다.

"중국에 얼마나 오래 있었소?"

아버지는 그의 질문에 침착하게 대응했다.

"45년이요. 그런데 당신은 중국에 얼마나 있었소?"

서(西)중국에서 동(東)일본으로

그 농담을 군중이 놓치지 않고 듣고 웃는 바람에 그 젊은이는 체면을 잃게 되었다. 그는 화가 나서 그 원고를 진흙 속에 내던지고는 성큼성큼 가 버렸다. 아버지는 원고를 홍콩으로 가지고 갔고, 거기에서 출판했다. 수십 권을 중국으로 우송했으나 한 권도 목적지에 도착하지 않았다. 윈난성에 있던 손으로 쓴 복사본은 숨겨져 있다가 교회가 오랫동안 핍박을 받는 와중에 없어졌다. 1999년에 루스가 아버지의 원본을 아버지가 정정한 것들과 손으로 써서 주를 단 것들과 함께 중국으로 보냈다.

부모님이 애들레이드에 도착했을 때, 아버지는 1955년 3월에 은퇴할 때까지(얼마 후면 사역한 지 50년이 되는 때였다.) 호주 남부에서 대표로 일해 달라는 요청을 받았다. 그들은 동부 멜버른의 서레이힐스 지역에 있는 체리스라고 하는 선교회 방갈로에서 은퇴 생활을 했는데, 그 기간은 오래가지 못했다. 나는 11월 30일자 아버지의 편지를 받았다. 근황을 전해 주는 편지의 분위기는 밝았다. 아버지와 어머니는 며칠 동안 휴일을 즐겁게 보내고 있었다.

1월 8일자 아버지의 마지막 편지가, 아버지가 세상을 떠난 다음 날 일본에 도착했다. 왕립 멜버른 병원에서 쓴 두 장의 편지였다. 아버지가 전에 쓴 편지들보다 손힘이 약했지만 그래도 알아볼 수 있었다. 아버지는 요로가 막힌 병 때문에 12월 말 이후로 입원한 상태였다. 그 병은 불과 석 달 전에 아버지의 동생 아널드의 생명도 빼앗아 갔다. 아버지는 다음 날 아침에 수술을 받기로 되어 있었고, 그 최악의 상황이 곧 지나가기를 소망하고 있었다.

아버지는 수술에서 다시 회복되지 못했다. 며칠 동안 아버지는 약해지고 자주 아프면서 영원으로 넘어가는 문턱에 서 있었다.

"네 아버지는 빠른 속도로 매우 약해지고 계셨다. 나는 아버지의 입술을 축여 드렸다. 그러자 눈을 뜨셨고 나를 아시는 것 같았다. 그러고는 다시 눈을 감으셨다. 아무도 가까이 오지 않았고, 한 시간 후에는 이 땅에서의 마지막 숨을 쉬셨다. 그리고 아름다우신 왕을 뵙고 그분의 형상으로 변화되기 위해서 그분께로 가셨다."

어머니의 편지에는 이렇게 써 있었다.

1956년 1월 15일 주일에 전화벨이 울렸을 때, 나는 가나기의 집에 혼자 있었다. 일본인 전신 기사가 어머니에게서 온 소식을 공손하게 읽어 주었다. 아버지는 그날 오후에 세상을 떠나셨다. 전신 기사는 말을 마치면서 눈물을 터뜨렸다. 나는 수화기를 내려놓았고, 내 감정은 소용돌이쳤다. 나는 극심한 외로움을 느꼈다.

체리스에서 장례식이 있었다. 그보다 연소한 동료들 중 한 사람이 아버지를 가장 잘 묘사하는 디모데후서의 한 말씀을 인용하면서 아버지가 남긴 본보기에 대해 말했다. "네가 그리스도 예수의 좋은 군사로 나와 함께 고난을 받을지니." 그는 아버지가 결코 불평하지 않았던 여러 가지 어려움들에 대해 이야기했다. 질병과 산적과 외로움과 고된 여행과 형편없는 음식 등. 그는 예수 그리스도의 좋은 군사로서 영혼들을 얻기 위하여 그 모든 것을 받아들였다고 말했다.

아버지가 남기고 간 세상 재물은 아무것도 없었다. 어머니는 편지로 그렇게 알려 주셨다. 그는 은행 통장도, 재산도, 그 어떤 소유물도 없었다. 그저 간소한 옷가지와 책 몇 권뿐. 그는 그의 모든 보화를 하늘에 쌓으셨다.

루스도 나도 아버지에게 작별 인사를 할 기회가 없었다. 내가 아버지를 마지막으로 만났던 것은 1952년에 일본으로 떠날 때 멜버른 기차역에서였다. 기차가 서서히 떠나기 시작할 때, 나는 환송객들 중에서 아버지를 찾을 수 없어서 아버지를 놓쳤다고 생각했다. 아버지는 나를 기다리면서 혼자서 승강장 맨 끝에 서 계셨다. 손을 흔들어 작별하기를 기다리면서. 잠깐 스쳐 가던 그 마지막 순간을 함께하는 일이 중요하게 생각되셨나 보다.

체리스에서 간호사로 일했던 루스는 1966년 8월에 어머니가 세상을 떠나시기까지 어머니를 보살폈다. 아버지 때도 그랬는데, 어머니의 마지막 편지도 어머니가 심장마비로 세상을 떠나셨다는 소식을 들은 후에야 도착했다. 어머니는 32년 동안 신실하게 나에게 편지를 쓰셨다. 전쟁 때문에 몇 년이 넘도록 오래 떨어져 있을 때조차도 계속 그렇게 하셨는데, 단 한 통도 받아 보지는 못했다.

어머니는 베리의 한 여성 모임에서 이런 말을 하셨다.

"내 자녀들에게 작별 인사를 할 때마다 내 마음은 실로 매우 아픕니다. 하지만 어떤 사람들에게는 이 세상에서만 그들의 자녀가 있지만, 우리에게는 영원한 자녀들이 있습니다."

부모님에게는 선교를 위해서 치러야 했던 대가가 있었고, 그 속에서의 모든 어려움을 이기게 해 주었던 흔들리지 않는 소망이 있었다.

서(西)중국에서 동(東)일본으로

사랑

"스티브, 한마디해 보게."

가루이자와에서 일본어 교육을 받을 때, 결혼한 선교사 한 사람이 나를 불렀다. 그는 선배 동료였는데, 무엇 때문인지 명백하게 심기가 불편해 보였다.

"자네는 왜……, 왜 우리 젊은 여성을 따라다니지?"

나는 당황하여 그를 처다보았다.

"그녀의 품위를 그렇게까지 손상시켜서는 안 된다고 생각하네."

"무슨 말씀이신지……?"

"자네가 왜 그랬는지 공개해야겠네."

그는 내 대답을 기다리면서 잠시 말을 중단했다. 내가 어리둥절한 것을 그가 알아차릴 만큼 내 표정에 혼란스러움이 나타나지 않았다고밖에는 생각할 수가 없었다.

"그것은 옳지 않네, 스티브. 내가 자네에게서 기대하는 행동에 어긋나네."

"에에……?"

"무슨 일이 일어나고 있는지 모두가 볼 수 있네. 사실상 이 일이 험담의 수준으로 떨어지고 있어. 결코 좋은 일이 아니지."

나는 모든 사람들이 그 일에 대해 알고 있다는 것이 기뻤다. 왜냐하면 내가 비난받고 있는 일이 무엇이든지 간에 그것은 분명 내가 알지 못하던 일이기 때문이었다.

"누구……, 그게 누구지요?"

내 질문은 정직한 질문이었지만 뻔뻔스럽게 들렸다.

"스티브, 나하고 장난 좀 치지 말게."

"아닌데요, 정말인데요. 무슨 이야기인지 생각나는 것이 없어요. 도대체 누구에 대해서 이야기하는 거지요?"

그는 분명히 당황한 듯했으나 나는 그가 하려고 하는 일을 조금도 더 쉽게 해 주지 않았다.

"앨리스."

"앨리스라니요!"

"그래, 앨리스가 제시에게 말했네. 제시가 내 아내에게 말했고, 내 아내가 나에게 말했지. 이제 내가 자네에게 말하고 있네."

서 (西)중국에서 동 (東)일본으로

세상에 어떻게 앨리스가 내가 그녀에 대해 어떤 의도라도 가지고 있다고 생각을 했는지 헤아릴 수가 없었다. 그러나 틀림없이 무언가가 정말로 잘못되어 있었다.

"앨리스는 나보다 열두 살이나 위인데요. 있을 법한 일이 아니잖습니까?"

내가 반론했다. 내가 말을 잘못 선택했다!

"그것이 불가능한 것인가?"

"글쎄…… 글쎄……."

나는 침이 튀어나올 지경이었다. 내 동료를 보니 내가 이런저런 말을 해도 내 평판이 회복되리라고 생각하지 않는 것 같았다.

"가서 제시를 만나야겠습니다."

내가 말했다. 제시는 덜 난처해했지만, 앨리스 때문에 실망했다.

"나는 아내는 고사하고 여자 친구조차도 찾고 있지 않습니다."

내가 제시에게 말했다.

"앨리스는 당신이 그런 의도를 보이는 말을 했다고 믿고 있어요."

"앨리스가 잘못 생각했습니다. 아주 미안하지만 나는 전혀 그런 생각이 없었는데요."

"앨리스는 잠을 잘 못 자요."

"얼마나 되었나요?"

"여러 달요."

"여러 달!"

나는 공포에 질렸다. 나의 결백한 대화들과 행동들이 앨리스가 잠을 방해했다니. 우리는 같은 일본어 학급에 있었고 그런 대로 잘 지냈다. 나는 한 번 시내에 갔고, 접으면 의자도 되는 작은 간이침대를 앨리스를 위해 샀다. 나는 다른 해야 할 일이 있으니, 고등학교에서 영어 가르치던 반을 맡아 달라고 앨리스에게 부탁했다. 주일 학교에 와서 좀 도와 달라고 청했다. 나에 관한 한, 다 중요하지 않은 일들이었다. 그러나 앨리스에게는 그렇지 않았나 보다. 우리는 그 해에 첫 번째 선교지로 임명받기를 기다리고 있던 마지막 두 학생이었다. 자연스럽게 우리는 그것에 대해 이야기했다. 어쩌면 너무 길게 이야기했는지도 모른다. 어쩌면, 어쩌면…….

앨리스의 판단이 틀렸다고 해도, 선교사들의 예의범절 습관에 따르면 나는 마땅히 비난을 받아야 했다. 내가 편지로 실제 상황이 어떠한지를 할 수 있는 대로 잘 설명하겠다고 제안하기까지 나는 상당히 화가 나 있었다. 내가 앨리스의 답장을 받기까지 4년이나 걸렸다. 내 생각에 이것은 앨리스가 경험했던 상처의 깊이를 보여 주는 것이었다. 나는 앨리스의 감정을 너무 잘 이해할 수 있었다. 나도 그런 어려움을 경험했던 것이다. 그러나 조이와의 관계가 상실감을 남겼다면, 이 일은 나를 당황하게 했다. 나는 조이를 사랑했지만 내가 선교사로 부르심을 받았기 때문에 우리는 헤어졌다. 이번에는 나도 모르는 중에 내게 열중하도록 한 선

서(西)중국에서 동(東)일본으로

교사를 격려한 격이 되어 버렸다. 내가 결혼에 대해 관심이 거의 없었던 것은 사실이었다. 그러나 확실히 내 남성 두뇌를 다른 방식으로 작동하게 해서 내 주위에 있는 여성들에게 민감해야 함을 배울 필요가 있었다.

1956년 여름이 되어서는 나는 고쇼가와라에 정착했다. 내 사역의 목회적인 부분을 혼자서 꾸려 갈 수 없다는 것을 점점 인식했다. 나는 스물여덟 살이었고 결혼 상대를 위해서 두루 생각하고 기도하는 나 자신을 발견했다. 선배 선교사들은 이런저런 여자 동료에 대하여 그리 불투명하지 않은 암시들을 주었지만, 관심이 가는 사람을 아무도 만나지 못했다. 정기적으로 만나게 되는 젊은 일본 여성들이 있었고, 부유한 일본 여성들과의 결혼을 주선해 보려는 일본인들도 있었다! 그러나 선교회의 지침에 따르면, 일본인이 선교사의 아내가 되기 위해서는 성경 학교에서 교육을 받아야 했고, 그렇지 않으면 내가 선교회를 떠나야 했다. 사정이 그러했거니와, 나 나름의 생각도 있었다. 포로 수용소에는 많은 유라시아의 가정들이 있었다. 그런데 그들이 사는 것을 보면서 나는 다른 인종 간에 결혼한 가정은 자녀들의 삶이 그렇게 바람직하지 않다는 인상을 받았다.

그 해 여름에 히로사키에서 있었던 전도 대회 때 아일랜드에서 온 어느 열성적인 선교사가 내 관심을 끌며 기쁨을 주었고 내 마음을 흔들었다. 빛나는 적갈색의 곱슬머리를 한 에벌린 로빈슨은 어디에서나 눈에 띄었다. 에벌린의 미소는 강하게 내 마음을 끌었다. 에벌린의 크고 짙은 눈에는 나로 하여금 떠나지 못하고 좀 더 오래 서성거리게 하는 그 무엇이 있었다. 에벌린은 아오모리에서 1년 반 동안 일본어를 공부하고 있었고, 우리는 전에 몇 번 잠깐씩 만난 적이 있었다. 나는 우리 사역에서 쓰는 프로젝터와 이런저런 소품들을 다시 가져오는 임무를 맡았는데, 그 물건들은 왕복 여섯 시간이 걸리는 곳에 있었다. 그때 에벌린은 원하지 않았지만 나를 돕는 임무를 맡게 되었다. 뙤약볕 아래 우리가 탄 버스가 굴러가는 동안, 에벌린은 자신에 대해 말하는 것을 삼갔고, 나에 관해서도 아무것도 알고 싶어 하지 않았다. 나는 거북하게 느껴져서 새로운 시도를 해 보았다.

"일본에 오기 전에 무슨 다른 선교 사역을 하셨나요?"

그것은 좋은 질문이었다. 에벌린은 스코틀랜드에서 복음을 전하고 믿음 선교회(The Faith Mission)에서 사역했던 것에 대해 열성적으로 말했다. 감동적인 이야기였다. 사실 에벌린은 여러 면에서 나의 기도에 대한 확실한 응답인 것 같은 인상을 나에게 주고 있었다.

이성으로서의 감정이 상호 간의 일이었다는 징후는 거의 없었다. 그러나 이런 것들이 자주 그렇듯이 에벌린을 내 생각에서 없애기가 극히 힘들었다. 나는 편지를 쓰기로 했다. 내가 무엇을 기대했는지는 모르겠지만 에벌린의 대답은 아주 명백히 "아니요."였다.

나는 진퇴양난 속에서 버둥거렸다. 에벌린의 대답은 명료했고, 나는 더 이상의 굴욕을 감내하고 싶지 않았다. 그러나 에벌린은 내 인생의 남

서(西)중국에서 동(東)일본으로

은 시간을 함께 나누고 싶은 사람이었다. 내 마음의 깊은 곳에 있는 그 소원을 없앨 수 없었다. 석 달 후에 나는 더 거절당할 위험을 무릅쓰고 두 번째 편지를 썼다. 에벌린의 답장은 첫 번째 답장만큼 어조가 강하고 간명했다. 내가 더 이상은 이 문제로 편지를 하지 않으면 고맙겠다는 것이었다. 에벌린의 마음은 결정되어 있었는데도, 나는 계속 힘들었다. 물론 그것에 대해 기도하고 있었다. 히로사키를 방문한 이후로 기도하는 것을 멈추지 않았다. 나는 포위당한 느낌이었다. 에벌린은 내 애정의 유일한 대상이었다. 심지어 다른 사람을 고려하는 것은 배신인 것처럼 느껴졌다. 그러나 현실은 에벌린의 태도가 명백하다는 것이었다. 그녀는 나에게 관심이 없었다. 마침표.

나는 일에 몰두했다. 주님을 찾는 새로운 사람들이 있고, 나는 그들을 보살펴야 했다. 내가 성경 공부를 인도하는 젊은 일본 사람들의 모임이 있었다. 모두 흥미를 보이며 많은 질문들을 했다. 내가 일본어를 더 잘할 수 있게 되면서, 나는 설교에 더 능숙해졌고 여기저기에서 초청을 많이 받았다. 나는 현을 두루 여행하며 여러 모임에서 설교했다. 한번은 1,000명이 넘는 사람들에게 설교했다. 하루가 끝날 때면 나는 그날의 분주한 일과로 너무 지쳐서 고꾸라져 잠이 드는 때가 많았다. 지역에 결핵이 만연하고 있었고, 나는 일상적으로 병원을 방문하고 있었기 때문에 감염될 위험이 있었다. 내가 자꾸 기침을 하자, 데이비드 헤이먼은 이틀을 쉬라고 나에게 제안했다. 우리는 함께 혼슈 북동부에 있는 오소레잔에 갈 수가 있었다. 그곳에는 나에게 좋은 유황천이 있었다. 좋은 생각 같았다.

그런데 그곳에 도착하자 머물 수 있는 곳이 절밖에 없었다. 내가 전에 묵었던 어떤 곳보다도 값이 쌌지만 전혀 편하지 않았다. 우리는 맛없는 음식, 낮은 베개, 얇은 이불과 아무런 가구가 없는 곳에서 어려운 생활을 했다. 의심할 여지 없이 스님들은 우리가 공덕을 쌓고 있다고 생각했을 것이다! 잎이 없는 나무 아래 회색 바위의 우묵한 곳에 웅덩이가 있었다. 웅덩이에는 썩은 달걀 냄새가 나는 칙칙한 노란색의 물이 차 있었고 김이 모락모락 났다. 내가 웅덩이를 들락거리는 동안에 데이비드는 스님들과 이야기했다. 숨 쉬기가 어렵게 심히 막혔던 것이 걷히기 시작했고, 우리는 감사한 마음으로 버스 정거장을 향해 돌아갔다. 불행하게도 비가 많이 와서 사태가 일어났다. 그래서 우리는 버스 운전사가 우리를 구출해 줄 때까지 사흘 동안 더 어려운 생활을 해야 했다.

그 해 겨울에 나는 두 명의 여성 동료와 함께 고쇼가와라에서 아오모리까지 여행을 했다. 우리가 탄 기차는 폭설을 뚫고 힘들게 출발했고, 점점 더 힘들어지는 상황인데도 불구하고 계속 느리게 밀고 나갔다. 가는 동안 내내 우리가 탄 기차가 앞으로 갈 수 있도록 눈을 치우는 사람들이 있었다. 결국 기차는 가와베라고 하는 역에서 정지했다. 일반 선로가 아닌 조차용 선로에 섰는데, 철도 종업원의 오두막이 20여 채 있어서 그곳의 농부들이 수확한 쌀과 사과를 시장에 보내기 위해 사용하고 있었다. 쏟아지는 눈이 누그러지지 않았기 때문에, 아오모리를 향해서 운행하려

서(西)중국에서 동(東)일본으로

던 계획은 중지되었고, 고쇼가와라로 위험을 무릅쓰고 돌아가려는 기차도 없었다. 우리는 두 가지 중 하나를 선택해야 했다. 눈이 많이 쌓인 승강장에 서 있든지, 아니면 히로사키로 향하는 기차에 머물러 있든지 하는 것이었다.

우리에게 한 가지 선택의 여지가 있었다. 히로사키에 있는 OMF의 선교사들을 방문하는 것이었다. 나는 그 선택이 마음 내키지 않았다. 에벌린이 그곳에서 일하고 있었기 때문이었다. 에벌린이 두 번째 거절을 한 지 녁 달이 되었고, 그 후로 나는 에벌린을 본 적이 없었다. 기차가 세찬 눈보라를 뚫고 힘들게 가고 있는 동안, 나는 에벌린을 만나서 거북하게 되는 것을 피할 이유들을 2, 30가지 생각하기 시작했다.

몇 시간 후에 나는 선교사들이 기거하는 집의 현관에 앉아서 목이 긴 구두를 벗었다. 갑자기 문 하나가 열렸고, 그 문으로 에벌린이 나왔다. 내가 거기에 있는 것이 아주 거북했던 만큼이나 에벌린은 나를 보고 깜짝 놀랐다.

에벌린이 말했다.

"할 말이 있어요. 조금 전에 기도를 하고 있었어요. 당신의 얼굴이 보였는데, 어떻게 해도 당신 생각을 떨쳐 버릴 수가 없었어요. 마침내 하나님께서 내가 당신과 결혼하기를 원하신다면 사인이 필요하다고 말씀드렸지요. 하나님께서 당신을 여기로 데려오셔야 한다고요, 오늘 아침에요."

나는 놀라서 말이 나오지 않았다. 하나님께서는 아주 신비로운 방법으로 일하실 수가 있지만, 나에게 신부를 확보해 주시기 위해서 일본의 기차 운행을 중지시키실 필요가 있었는지는 모르겠다. 그날 저녁에 나와 동료들은 고쇼가와라로 돌아갔는데, 그들은 그날 하루를 낭비한 것에 대해 불평을 했다. 그러나 나를 위해서 전개된 그 드라마는 우리가 지체한 매 순간을 분명히 가치 있게 했다.

에벌린과 나는 다음 월요일에 히로사키에서 만나기로 했다. 만약 눈이 오지 않았다면! 쉽게 상상할 수 있듯이 에벌린은 많은 질문들을 가지고 있었다. 하나님께서 데려오셔서 에벌린을 매복 습격하신 이 호주 사람은 누구인가? 어느 여성이라도 거의 모르는 사람과 결혼을 하는 것에서 가질 수 있는 감정들은 차치하고라도, 나는 에벌린이 배우자로 선택할 만한 사람이 분명 아니었다. 나는 언제나 앞뒤 가리지 않고 일하는 사람이었다. 휴일이라도 좀처럼 쉬지 않았다. 에벌린은 겨우 일본어의 장벽을 넘어섰고 아직도 문화적인 충격 속에 있었다. 나는 아시아에서 성장했고 에벌린보다 2년 먼저 일본에서 활동하기 시작했다. 에벌린은 나보다 세 살 반이나 나이가 많았다.

일본의 문화는 구혼 기간을 허락하지 않았다. 우리가 결혼을 하려면 우리의 의도를 밝혀야 했다. 우리는 그렇게 했다. 우리는 4개월 후인 7월에 결혼을 할 것이었다. 그렇게 날짜를 잡은 것은 어떤 열정 때문도 아니었고 의미가 있어서도 아니었다. 그때가 단순히 우리가 수당을 받는 때였기 때문이었다.(당시 OMF는 3개월에 한 번씩 송금을 받았다.) 우리는 손에 있는 약간의 돈만 가지고 결혼 생활을 시작할 것이었다. 내 은행 계좌에 35파운드가 있었다. 그저 반지와 양복 한 벌을 살 수 있는 돈이었다. 에벌린은 미국 친구에게서 웨딩 드레스를 빌릴 수 있었다.

우리는 결혼식을 두 번 했다. 먼저 1957년 6월 25일에 요코하마에 있는 영국 대사관에서 법적인 의식을 치렀다. 기차로 16시간 동안 아주 지치는 여행을 해야 했다. 급행 열차는 요금이 너무 비싸서 이용할 수 없었다. 몇 명의 친구들 앞에서 의식적인 절차를 마쳤고, 같이 식사를 했고, 그러고는 돌아오는 기차를 탔다. 내려갈 때는 그저 피곤한 정도였다면, 집으로 돌아올 때는 간신히 눈을 뜰 정도였다. 그 후에 교회에서 있을 결혼식을 기다리면서 우리는 기쁜 날들이 아니라 견디는 날들을 보냈다. 이때는 우리가 서로 큰 애정을 가지게 되어 한 주를 더 떨어져 있는 것이 견딜 수 없을 정도였다.

싱가포르 본부에서 온 편지는 우리의 고통을 더욱 심하게 했다. 기금이 모자라서 송금을 하지 않기로 결정했다는 소식이었다. 우리가 의지했던 돈은 오지 않을 것이었다. 기도 외에는 아무것도 의지할 수 없었는데, 하나님은 우리를 실망시키지 않으셨다. 친구들이 후하게 결혼 선물들을 했기 때문에 OMF가 우리에게 보냈을 돈보다 더 많은 돈을 받는 축복을 누렸다. 그것은 하나님의 공급하심에 대한 유익한 교훈이었고, 에벌린도 나도 그것을 잊지 않았다.

결혼식은 히로사키에 있는 도기주쿠 교회 대학의 새로 지은 예배당에서 이루어졌다. 맛있는 딸기와 크림을 마음껏 먹고 또 축하의 말들을 아낌없이 듣기 전에, 우리는 컬러 사진을 한두 장 찍기 위해서 자세를 취했다. 컬러 사진은 그 당시에는 아주 새롭고 신기한 것이었다. 불행하게도 손님 중 한 사람이 우리가 이용할 택시를 타고 기차역으로 급히 떠났다. 우리가 급히 승강장에 가기 직전에 우리가 타려던 기차가 떠나 버렸다. 영국에서 보내온 여행용 옷을 입은 나의 아름다운 신부와 신부에게 어울리는 말쑥한 신랑은 결국 기차역 대기실에 있는 전혀 로맨틱하지 못한 딱딱한 의자에 앉아 있게 되었다. 그날 밤에 다른 기차는 없었다. 계획은 엉망이 되어서, 우리는 불유쾌한 여관에서 묵어야 했다. 내가 말할 수 있는 것은 그저 이것밖에 없다. 우리의 신혼여행, 칼데라 호수, 온천 지대, 고원 지대, 그리고 마지막으로 아름다운 어촌 여행은 처음 어긋났던 계획을 만회해 주고도 남는 것이었다.

5일 후에 우리는 고쇼가와라로 돌아갔다. 저녁때였기 때문에 우리는 조용히 살짝 계단을 올라가 우리의 집으로 들어갔다. 에벌린의 짐이 도착했다. 작고 네모난 자물통이 달린 통 하나와 여행 가방 한 개가 전부였다. 일본에서는 신부가 항상 가구들과 상당한 혼인 지참금을 가지고 왔다. 집주인은 분명히 머리를 흔들며 도대체 내가 누구와 결혼했나 의아하게 여겼을 것이다. 그러나 그것으로 충분했다. 에벌린과 내가 결혼했을 때, 성경 구절 하나가 우리가 받은 카드들에 여러 번 인용되어 있었다.

"여호와 하나님은 해요 방패시라. 여호와께서 은혜와 영화를 주시며

정직히 행하는 자에게 좋은 것을 아끼지 아니하실 것임이니이다."(시편 84:11)

스티브와 에벌린의 결혼식. 일본, 1957년 7월 3일.

우리는 하나님께서 우리의 모든 필요를 채워 주시기에 능하시고도 남는다는 것을 반복해서 배울 것이었다.

우리의 첫 번째 아이 대니가 1958년 2월에 태어났다. 그 다음에 필립이, 또 그다음에는 존이 태어났다. 우리 딸이 1963년에 태어났을 때, 우리는 이름을 엘리자베스 마거릿이라고 지었다. 그런데 그 이름 때문에 일본인 친구들이 심기가 불편한 언급을 했다. 그들은 자녀들에게 결코 왕가의 이름을 붙이지 않았던 것이다. 나의 어머니 이름이 엘리자베스이고 에벌린의 어머니 이름이 마거릿이라는 것을 그들에게 납득시키는 것이 쉽지 않았다. 3년 후에 우리 막내 제임스가 태어났다. 지난 50년에 걸쳐서 우리 가족은 불어났다. 다섯 가정과 손자 손녀 10명으로.

그러나 그 모든 것 이전에 선교의 새로운 단계가 시작되었다. 에벌린과 내가 아오모리현에서 함께 일하게 된 것이었다.

개화

아오모리 서쪽에 위치한 마쓰오카 호유엔 나병원에는 약 700명의 나병 환자들이 살고 있었다. 그곳은 정연하게 서 있는 목조 건물들 사이로 좁은 길들이 나 있는 쾌적한 곳으로서, 호수와 북부 하코다산의 너른 삼림 지대가 있었다. 해마다 봄이면 연분홍색 꽃들이 나무들을 덮어 버릴 정도로 많이 피는 아주 아름다운 곳이었다. 그러나 이러한 아름다운 환경도 그다지 대수롭지 않게 생각되었다. 일본인들은 나병원을 두려워했다. 병 자체는 약으로 억제할 수 있다고 해도, 그 병이 몸을 파괴하고 있다는 사실은 용기를 내어 그 문 안으로 들어가는 어느 누구라도 분명히 알 수 있었다. 얼굴에 깊이 새겨진 흉터들이나 짧아지고 몽땅해진 팔다리에 관심을 가질 사람은 아무도 없었다. 그러나 이 사람들은 하나님의 사랑을 받았다. 그들은 병원 안에 고립된 채 갇혀 있었지만, 하나님은 그들을 잊

서(西)중국에서 동(東)일본으로

지 않으셨다.

일본이 전쟁 중이라서 약을 구할 수가 없는 동안에 매달 사망자 수가 늘어났다. 환자들 중에 기치라고 하는 키 큰 일본인이 있었다. 사망자 수가 점점 늘어가자, 기치는 그리스도를 믿지 않는 주위 환자들을 위해 더 간절하게 기도하게 되었다. 그는 나병원 바로 옆에 있는 옥수수밭에서 금식하며 기도하기 시작했다. 그는 함께 금식하며 기도하도록 두 여성을 동원했다. 하나님께서 기적을 행하셨고, 2년 만에 교회는 100명이 넘는 신자가 있을 정도로 성장했다.

에벌린과 나는 고쇼가와라에서 할 수 있는 대로 자주 나병원을 방문했다. 오르간을 칠 수 있는 에벌린의 재능은 언제나 환영을 받았다. 정식 오르간 연주자는 그 지역에 사는 부유한 가정의 딸이었는데, 그들은 딸이 나병에 걸린 것을 알고는 나병원으로 들어가는 문에 딸을 버려 두었다. 손가락 세 개와 엄지 하나만을 가지고, 그녀는 아직도 예배드릴 때 오르간을 치려고 시도하고 있었다. 성도들은 아주 즐겁게 찬송을 불렀다. 나는 기치가 두 팔을 위로 올리고, 손가락이 하나도 없는 손과 머리털이 하나도 없는 머리와 토막만 남은 발을 가지고 하나님을 찬양하던 것을 생생하게 기억한다. 그런 다음에 그는 무릎을 꿇고 크게 소리를 치곤 했다.

"할렐루야! 할렐루야! 감사합니다, 아버지. 제가 나병에 걸린 것을 감사합니다. 제가 나병에 걸리지 않았다면, 결코 구원을 받지 못했을 것입니다. 할렐루야!"

나는 또한 한 소녀가 나와서 간증을 했던 날을 기억한다. 소녀는 교장의 딸이었고, 그 도시의 가장 아름다운 여왕으로 뽑힌 적도 있었다. 새 관을 쓰고서 그 대관식을 떠나려고 하는데, 질투가 난 소녀의 경쟁자가 황산이 든 대접을 소녀의 얼굴에 던졌다. 여러 달 동안 소녀는 도쿄에 있는 어느 병원에서 자신의 흉해진 얼굴을 세상이 보지 못하도록 담요 밑으로 감추며 누워 있었다. 소녀는 죽기를 원했다. 그러던 중 삶을 되찾게 해 준 것은 라디오에서 들은 성경 메시지였다.

"심령이 가난한 자는 복이 있나니 천국이 저희 것임이요."(마태복음 5:8)

목사는 "신체적인 아름다움은 그저 피상적인 것입니다. 참된 아름다움은 마음에서 찾아집니다."라고 설교했다.

소녀는 신약 성경을 요청했고, 그 후에 곧 기독교인이 되었다. 소녀는 나병 환자들과 함께 서서 소망의 참된 메시지를 전했다. 소녀의 얼굴 한쪽은 아름다웠지만, 다른 한쪽은 보기 흉한 흉터들로 뒤범벅이 되어 있었다.

소녀는 아오모리로 돌아왔을 때 자신을 그렇게 만든 경쟁자를 방문했다. 그리고 이렇게 설명했다.

"당신은 나를 해하려고 그렇게 했지만, 하나님은 그것을 선으로 바꾸셨어요."

대니가 태어난 후에 우리는 그를 나병원으로 데리고 갔다. 많은 여성들이 에벌린 주위에 모여들었다. 그들은 아기를 볼 기회가 드물었다. 병원 내에서 태어난 아기들은 다른 곳으로 보내졌고, 어떤 일본인도 방문할 때 감히 갓난아기를 데려오려고 하지 않았기 때문이었다. 에벌린은 한 여성에게 대니를 내밀었다. 그녀는 물러섰다. 에벌린은 그녀가 기형이 된 두 손을 내밀어 대니를 받을 때까지 계속 내밀고 있었다. 그녀의 눈에서 눈물이 줄줄 흘러내렸다. 에벌린의 단순한 행동은 수천 마디의 말이 안 들리고 지나갔을 그런 곳에서 우리가 가진 신앙을 충분히 표현했다. 그러나 나병원에 있는 우리 기독교인 친구들은 그저 우리의 도움만을 받지는 않았다. 해마다 새해가 되면 그들은 우리 사역에 헌금을 보냈다. 어느 해 성탄절에, 우리는 여러 모임 때문에 집을 떠나 있다가 단 한푼도 없이 돌아왔다. 은행 문도 닫혀 있었는데, 편지 하나가 우리를 기다리고 있었다. 그것은 나병원에서 보낸 우편환으로, 우리는 그것을 우체국에서 현금으로 바꿀 수 있었다. 그것은 내가 그때까지 받았던 선물 중에 나를 가장 겸허하게 해 준 선물이었다.

여름에 우리가 복음을 전하던 주요 방식은 아오모리현 주위에 있는 여러 읍에서 일련의 천막 전도 집회들을 갖는 것이었다. 작은 모임에는 그저 10~12명이 모였다. 4월의 벚꽃 축제와 같은 여러 행사들은 그야말로 수천 명의 사람들을 만날 수 있는 결실이 풍부한 기회들이었다. 다른 때는 그저 칠판과 칠판 걸이와 단순한 복음의 메시지를 일본어로 쓴 것을 가지고 거리에 나가서 호기심 있는 구경꾼들을 끌었다.

1956년에 있었던 히로사키 축제 때는 한 주간에 전도지 45만 장을 우리 팀이 나눠 주었다. 히로사키 성 주위에 있는 마당은 사당들의 원형 광장으로 변형되었고 가게에서는 금붕어부터 거북이까지 모든 것을 팔았다. 찻집에서는 막대기에 꿴 구운 생선과 잘 씹어야 하는 마른 오징어 같은 것들을 팔았다. 길에는 다채로운 종이 제등을 장식했다. 수많은 사람들이 공원으로 속속 들어갔다. 어린아이들은 여러 가지 색조의 심홍색과 주홍색 옷을 입었고 학생들은 짙은 감색 교복을 입었다. 여자들은 기모노를 입고 나막신을 신고 아기를 등에 업었다. 농부들과 어부들은 거

고쇼가와라 거리에서 소책자를 나누어 주는 스티브, 1950년.

서(西)중국에서 동(東)일본으로

친 작업복을 입었다. 음악을 연주하는 무리들이 성의 해자 주위에 자리를 잡고 크고 작은 북을 치기도 하고, 고토(13현의 현악기)와 샤미센(3현의 현악기)을 뜯거나 샤쿠하치(대나무 피리)를 불었다. 우아하게 춤추는 사람들은 옛 이야기들을 율동으로 엮어 냈다. 슬프게도, 축제는 벚나무들 밑에서 술잔치를 벌이게 하는 구실이 되었다. 그들은 흠뻑 취할 때까지 술을 마셨다.

일본인 기독교인들과 선교사들로 구성된 우리 팀은 강가에 천막을 세웠다. 건전지로 작용하는 확성기를 통해 하모니카를 연주하여 사람들을 모으는 것이 내가 맡은 역할이었다. 사람들이 나무 의자에 앉으면 우리는 찬송가를 불렀고, 그 후에 한 사람이 메시지를 전했다. 천막 밑에 모여든 아이들을 위해서는 특별 모임들이 준비되었다. 때때로 우리는 밖에 서 있거나 앉아 있는 사람들이 메시지를 들을 수 있도록 천막 양쪽을 걷어 올렸다. 아래쪽 문들에서는 6~8명의 선교사들이 할 수 있는 대로 빨리 전도지들을 나눠 주었다.

천막 전도는 항상 힘들었지만 고무할 만한 반응들이 있었다. 히사스에 할머니는 딸과 손녀와 함께 고쇼가와라에서 있었던 천막 집회에 참석했던 사람들 중 하나였다. 할머니는 그녀의 기도를 들어주시는 신이 계시다는 것을 확신하게 되었다. 전쟁 내내 할머니는 장남의 안전을 위해 기도했는데, 아들은 분명히 죽을 것 같았던 상황에서 세 번이나 기적적으로 구출되어 집에 돌아왔다. 가라앉는 배에서 구출된 것이 두 번이다. 세 번째 경우에 그는 재떨이를 가지러 식당에서 몰래 나왔는데, 바로 직후에 그가 앉아 있었던 곳에 폭탄이 떨어졌다. 그의 동료들은 죽었고 그만 살아남았다. 히사스에 할머니는 저녁 메시지들을 들으면서 기독교인들이 믿는 하나님이 자신이 마주쳤던 모든 신들 중에서 유일한 참된 신이라는 것을 확신하게 되었다. 할머니는 성경을 읽으면서 설명했다.

"첫날 밤에 선교사님이 성경을 펴고 읽었습니다. '태초에 하나님이 천지를 창조하시니라.'(창세기 1:1) 무언가가 나에게 말했어요. '이분이다. 이분이 모든 것 배후에 계시는 하나님이시다.' 해나 달을 볼 때마다 나는 기도했습니다. 우상이나 사당을 볼 때마다 나는 기도했지요. 그러나 그 모든 것 배후에, 살아 계신 하나님이 계셨습니다."

마지막 날 밤에 히사스에 할머니의 아들이 모임에 왔다. 나는 그가 뒤쪽에서 줄담배를 피우며 앞에 있는 의자에 발을 올려놓고 있었던 것을 기억한다. 교회에 올 수 없었던 히사스에 할머니는 자신이 새로 가지게 된 신앙에 대해 더 배우도록 아들을 교회에 보냈다. 아들은 아내와 딸을 데려오기 시작했다. 히사스에 할머니의 간증을 통해서 그의 가족은 한 사람 한 사람 기독교인이 되었다. 차례차례 세례를 받았고 열세 명이 정식 회중이 되었다.

다른 마을에서는 일곱 명의 젊은 사과밭 농부들이 모임의 마지막 때에 앞으로 나왔다. 그들은 세례를 받아야 한다고 결정할 때까지는 새로 가진 신앙에 대해 거의 반대를 받지 않았다. 그러나 그들이 세례를 받기로 결정하자 즉시로 아버지들이 반대했다.

"만일 우리 아들들이 '진짜' 기독교인이 된다면, 우리가 죽을 때 누가 우리를 돌보겠는가? 그들은 조상 숭배를 버릴 것이다."

결국 그중에서 고아 한 명만 세례를 받았다. 몇 년 후에 내가 그 지역을 방문했을 때 그 아버지 한 분이 나에게 사과를 했다.

"올해는 아오모리에서 사과를 재배하기 시작한 지 100년이 되는 해입니다. 정부는 펜실베이니아주에서 처음으로 사과 묘목들을 가지고 여기에 왔던 선교사들의 자손들을 초대했습니다. 부유한 지주들이 쌀농사를 통해 우리 조상들이 얻은 이윤들을 착복하고 있었지요. 농부들의 곤경을 보았던 사람들이 선교사들이었습니다. 사과나무는 농부들에게 다른 수입원을 제공해 주었습니다. 나는 기독교가 좋은 종교라는 것을 알게 되었어요."

기독교에 대한 그의 칭송은 유감스럽게도 그 이상 나가지 못했다.

어떤 때의 천막 전도는 시작부터 실패인 것처럼 보였다. 천막을 칠 수 있을 정도의 큰 부지를 확보하는 데 엄청난 문제들이 있었다. 날씨는 흉악했다. 그리고 기묘하게도 우리 일본인 복음 전도자는 매일 밤 죽음이라는 주제에 대해 설교하기로 결정했다. 모임에 참석한 다섯 명의 고등학생들이 있었다. 그들은 계속 질문을 하며 우리가 전부 대답해 줄 때까지 그 자리를 뜨지 않았다. 두 번째 모임 때 그들이 없는 것을 알고 우리는 실망했다. 우리가 짐을 싸고 있을 때 다섯 학생 중 하나가 비극적인 소식을 가지고 천막으로 달려왔다. 다섯 학생 중 하나가 스모 선수인데, 그가 그날 저녁에 강에서 익사했다는 것이었다.

"그는 기독교인이 되었어요. 그는 스모 선수로서 사용하는 이름으로 '예수 그리스도'를 선택했어요. 그는 자기가 예수님을 믿는 것을 모든 사람이 알기를 원했습니다."

예수님을 영접한 직후에 예기치 않은 죽음을 당하는 사람을 본 것이 처음은 아니었다. 고쇼가와라에 있는 어느 상점에서 일하던 사람이 천막 집회 후에 남아 있었다. 그는 믿기를 원했고, 우리는 밤이 될 때까지 대화한 후에 결국 그와 함께 예수님을 영접하는 기도를 했다. 그다음 날 오후에 그는 길에 세워진 광고 탑 밑을 걷고 있었는데, 광고판이 그의 머리 위로 떨어졌다. 여러 해 전에는 베리에서 우리와 함께 하숙했던 두 사람이 교회에 왔다. 나는 그리스도 안에서 구원을 얻는 것에 관해 그들과 함께 대화했다. 그 주말에 그들의 방이 비어 있는 것을 발견하고 나는 어리둥절했다. 하숙집 주인이 그들이 오토바이 사고로 죽었다고 내게 말해 주었다. 이러한 경험으로, 나는 다른 사람들에게 복음을 전하는 기회가 주어지면 그것을 놓치지 말아야 한다는 좋은 교훈을 얻었다.

1950년대 후반에 텔레비전이 널리 보급되어 우리가 여는 집회에 대한 열성이 많이 사그라들었다. 전쟁으로 자원이 고갈되고 많은 사람들이 죽음을 당한 땅에서 부가 증가하는 것이 결코 나쁜 일은 아니었다. 그러나 이전에 야구 경기나 요리 시범을 보기 위해 상점가에 모였던 사람들이 사라졌다. 그들은 새로 얻은 즉석 여흥을 보기 위해 집 안으로 고립되어 갔다. 소비자 중심주의도 서서히 우리의 군중을 흡수했다. 남자들은 일터의 강요 때문에 가까이 다가가기가 힘들었다. 아침과 낮과 밤까지 힘써 하는 일로 지쳐 버리는 것이었다. 전쟁에 대해 아무것도 모르고 아무것도 들은 바 없는 새로운 세대가 성인들이 되었다. 종교 중에서 신도와 불교의 위치가 다시 상승했다. 우리 주일학교는 50~100명에서 그저 아주 소수로 줄었다. 우리 저녁 모임들은 소수의 신실한 신자들만 참석하는 것으로 줄어들었다.

전쟁 후 몇 년은 아주 전망이 좋아 보였다. 기독교가 영적인 공백을 메울 것이라고들 했다. 그러나 실제로 일본인들은 이 외국 종교에 예의 바르게 흥미를 가지긴 했지만 그들 전통의 한계 안에 머물렀다. 19세기 후반에 선교사들은 토착 교회의 빠른 성장과 연합하여 일본이 복음화될 것이라고 기대했다. 그들은 일본이 19세기가 끝나기 전에 기독교 국가가 되리라고 예측했다. 그러나 일본은 민족적인 결속을 강조했고, 부흥은 점차로 소멸했다. 여러 가지 이유들로 인해서 1950년대의 엄청난 열망도 마찬가지로 위축되었다. 교회를 개척했어도 회중은 여전히 소수였다. 개종자들이 신앙을 가지게 되었으나 몇 년 후에는 일상생활의 이례적인 압박 때문에, 부채 때문에, 음주 때문에 신앙에서 멀어지게 되었다. 오늘날에도 일본의 종교 구성은 대부분 일정하다. 인구의 84%가 신도나 불교 신자이다. 반면에 기독교인은 0.7%에 불과하다.

개개인을 끈기 있게 전도하고 양육했을 때 지속적인 열매를 맺었다. 이들 중 한 사람이 고쇼가와라에 살았던 미장이 이토였다. 이토는 기드온 이야기에 영감을 받고 집에 있는 모든 우상을 없애 버렸다. 어머니가 그의 분별없는 행동을 호되게 꾸짖었다. 그는 아버지가 무슨 말을 할지 겁에 질렸다. 그럼에도 불구하고, 그는 그 일을 끝마쳤고 집에 있는 사당에 예수님께서 제자들의 발을 씻기시는 그림을 붙였다. 그는 어머니에게 일본에 있는 수백만 신들 중에 발을 씻겨 줄 신은 없다고 말했다.

그의 아버지는 아들의 행동에 충격을 받았고 또한 부끄러워하기도 했다. 아버지는 번민했다.

"얘야, 네가 기독교인이 된다면, 나는 반은 기독교인, 반은 불교도가 되어야 한다!"

고용주의 요구 때문에 주일에 교회에 갈 수 없자, 이토는 자기 사업을 시작했다. 그는 그 사업을 그 도시에서 가장 큰 건축 회사로 키웠다. 주일에는 노동자들이 예배에 참석할 수 있도록 일을 쉬었다. 그는 십일조를 하나님께 바쳤다. 그의 밑에서 일하는 사람들을 위한 충분한 일을 찾을 수 없을 때면, 그는 자주 일찍 일어나서 새로운 공사 계약들이 이루어지도록 기도했다. 그는 어떻게 하나님께서 몇 번이고 그 필요를 채워 주셨는지를 증언했다.

이토는 일단 목표를 세우면 쉽게 단념하지 않았다. 초봄에 그는 예수님처럼 강에서 세례를 받고 싶어 했다. 우리는 떠다니는 얼음 덩어리 속에 섰다. 내가 그를 얼어붙을 듯 차가운 물 밑으로 밀어 넣었을 때 바람은 살을 에는 듯했다. 나는 그가 그의 세례를 결코 잊지 못할 것이라고 확신한다. 나도 결코 그것을 잊지 못할 것이다!

2년 후에 그의 어머니가 기독교인이 되었다. 사람들은 미친 아들 때문에 조상들이 응징을 할 것이라고 그의 아버지에게 경고했다. 그러나 얼마 안 되어 그의 아버지도 역시 기독교인이 되었다.

우리가 결혼한 이래 18년이 되도록 에벌린과 나는 한 장소에서 오래 머물지 않았다. 1959년에 우리는 고쇼가와라를 떠나 호주와 영국을 방문했다. 그런 다음에 우리는 아지가사와 마을에서 재미있게 2년 동안 살았다. 그곳은 아오모리 해안의 낙후된 어촌이었고 미신에 빠져 있었다. 5km 되는 해안가에는 사람들이 네 집 이상 모여 살지 않아서, 헌신된 회중을 유지한다는 것이 지리적으로 어려운 곳이었다. 교회는 또 선교사들이 끊임없이 이동하는 것 때문에도 어려움을 겪었다. 아지가사와에서 4년 동안 여섯 명의 사역자들이 오갔다.

"선교사님들의 이름을 알고 기억해야 소용없네요. 너무 빨리 장소를 바꾸십니다."

한 교회 성도가 최근에 도착한 사역자에게 말했다.

우리는 아지가사와에서 히로사키로 옮겨서 또 2년을 사역했다. 그 후에 영국에서 1년 동안 안식년을 가졌다. 그런 다음에는 홋카이도의 북쪽 섬에 있는 오타루에서 사역하도록 임명을 받았다. 우리는 오타루에서

5년 있었다. 다시 한 번 영국에 다녀온 후에, 우리는 혼슈 동해안에 있는 하치노헤에서 사역했다. 우리 집은 아직 도로가 만들어지지 않은 진흙 길에 있었다. 바람이 문틈으로 새어 들어오는 황폐하고 초라한 집이었다. 열린 하수도로 더러운 물이 우리 집 앞문을 지나 흐르고 있었다. 결국 1973년에는, 내가 19년 전에 열심을 품고 선교사로서 사역을 시작했던 아오모리에 도착했다.

한 바퀴를 빙 돌아서 첫 사역지로 돌아온 이 멋진 순환은 OMF로부터 받은 소식에 의해서 산산이 부서졌다. 1975년에 영국을 다시 한 번 다녀온 후 아오모리에서 다시 정착한 지 겨우 몇 달 후에 우리는 영국으로 돌아가야 한다는 통지를 받았던 것이다.

내 사역의 많은 부분은 마을에서 읍으로 또 도시로 여행하며 선교단을 지도하고 설교하며 가르치는 것이었다. 그래서 나는 자주 집을 떠나 있었다. 에벌린이 집에 머물며 우리 아들과 딸을 돌보았다. 학교 공부를 시작해야 하는 나이가 되자, 아이들은 나의 누나와 내가 그랬던 것처럼, 일본에 있는 OMF의 치푸 학교라고 할 수 있는 기숙사 학교로 떠났다. 아이들은 중등학교에 가는 나이가 되면 영국으로 학교를 옮겼고, 우리는 아이들을 여름 방학 동안에만 볼 수 있었다. 나는 나의 부모님이 내가 하고 있는 가슴이 터질 듯했던 결정들을 똑같이 하셨다는 것을 정말로 실감했다. 그것이 아이로서 나에게 어떤 희생을 치르게 했는지도 알았다.

이렇게 떨어져 살아야 하는 상황으로 인하여 우리 삶에서 가장 도전이 되는 시기를 보내야 했다. 왜냐하면 우리가 영국 동료들과 갈등을 겪는 상황에 놓였기 때문이었다. 우리는 영국으로 돌아가서 우리 아이들을 책임져야 한다는 지시를 받았다. 선교지로 다시 돌아가기 전에 영국에서 우리 아이들이 잘 정착하는 것을 보아야 했다. 우리는 하나님 안에서만 완전할 수 있다는 교훈을 다시 배워야 했다. 그것은 쉽지 않은 과정일 것이었다.

낮은 음성

인터넷과 이메일, 그리고 저렴한 비용의 국제 전화가 등장하기 이전에는 세계의 통신 상황이 지금과 얼마나 달랐는지 생각해 내기가 힘들 정도이다. 1970년대에 우리 생활양식은 엄청나게 변화되었다. 그러나 편지들은 여전히 세계의 이편에서 저편으로 배달되는 데 1주일이 걸렸다. 그때는 전화기를 들고 다른 나라에 전화번호를 누를 생각은 좀처럼 하지 못했다. 기독교인이나 기독교 기관들도 자유로이 통신을 하지 못했다.

1975년에 영국을 방문했을 때 우리는 진퇴양난에 부딪혔다. 네 아이를 기숙사 학교에 남겨 둘 것인가, 아니면 일본으로의 부르심을 포기할 것인가? 이제 17세인 대니는 바스에 있는 몽크턴 콤베 학교에, 필립과 존과 엘리자베스는 길퍼드 근처에 있는 킹 에드워드 학교에 다니고 있었다. 친구들과 가족은 아이들을 남겨 두고 우리가 일본으로 돌아가

서(西)중국에서 동(東)일본으로

는 것을 반대했다. 예기치 않게, 영국에 있는 우리 동료들마저도 우리 계획의 타당성에 의혹을 품었다. 반면에 일본에 있는 OMF 선교사들과 일본인 기독교인들은 선교지로 돌아오도록 우리를 독려하고 있었다. 선교회의 기숙사제 학교 정책(그 후로 오래전에 바뀜)에는 내가 아주 좋아하는 것도 있고 아주 싫어하는 것도 있었다. 문제는 더욱 복잡했다. 결국 우리는 영국에 남아 있어야 한다고 결정했다.

길퍼드에 있는 밀미드 교회에서 데이비드 포슨 목사가 한 설교가 우리가 의도했던 것을 천둥 번개처럼 깨뜨려 버린 것은 이러한 상황에서였다. 그는 앞에 있는 수많은 청중 중에서 우리를 지목하여 설교를 하는 것 같았다.

"예레미야는 40년 동안 반응이 없는 사역을 하고 있었습니다. 여러분이 하나님의 사역에로 부르심을 받았는데 그만둘 생각을 하고 있다면 그렇게 하지 마십시오! 하나님이 여러분 편이십니다."

그는 로마서 11장 말씀을 인용했다.

"'하나님의 은사와 부르심에는 후회하심이 없느니라.' 그분은 일단 한번 주신 은사와 부르심을 결코 취소하지 않으십니다. 그분은 은혜로 그가 부르신 사람들에 대해 마음을 바꾸지 않으십니다."

에벌린과 나는 이것에 관하여 하나님과 씨름했다. 바울은 우리의 부르심에 대해서 말하지 않았다. 우리를 부르신 분은 우리가 아니라 하나님이셨다.

우리는 갑자기 결정을 번복했고, 수정된 계획에 따라 어색하게 또 뒤늦게 도움을 구하면서 이리저리 움직였다. 그것은 의심할 여지 없이 OMF 지도부에 곱게 보이지 않았다. 솔직히 말하면, 아오모리로 돌아가서 교회의 환영을 받고 나서야 안도할 수 있었다. 우리 일본인 친구들은 우리에게 알리지 않고 우리를 위해 집을 계약하여 계약금을 지불해 놓았다. 어느 부유한 택지 조성업자가 그의 회사 주차장에 교회 예배를 드리고 영어를 가르칠 훌륭한 집을 짓겠다고 제안했던 것이다. 사역이 잘 자라기 시작했다. 순종의 열매가 거두어지고 있는 것 같았다.

　　그러나 우리가 새 성경 센터에 도착한 지 채 두 달이 안 되어 영국에서 편지들이 도착하기 시작했다. 당황스러운 편지들이었다. 대니가 그의 A 학점 수준의 공부를 끝마치기 전에 학교를 그만두었다는 소식이었다. 대니는 공부를 아주 잘하고 있었다. 대니는 건강이 좋지 않았다가 완쾌되었다. 대니는 일본에 오고 싶어 하지 않았다. 게다가 필립과 존의 학교 성적이 떨어지고 있었다. 네 아이를 돌보기 위해서 우리는 집으로 돌아와야만 했다. 우리 아이들이 우리에게서 멀어지고 있었다.

　　1976년 초 OMF로부터 영국으로 돌아오라는 편지를 받았을 때, 나는 23년 동안 선교 사역을 하고 있었다. 어느 날 저녁에 에벌린과 나는 히스기야가 나쁜 소식을 들었을 때 하나님께 나아갔던 방식대로 우리가 받은 그 편지를 하나님 앞에 펼쳐 놓고 기도했다. 나는 새벽이 되기 바로 전에 잠에서 깨어났다. 침대 옆에 누군가가 있었는데, 어두워서 어떻게 생겼는지 볼 수는 없었지만 분명히 있었다.

"대니는 괜찮다."

안심시키는 강력한 말이었다.

나는 거룩한 땅에 있는 것 같았다. 내가 상상을 하고 있는 것이 아니라는 것을 알았다. 나는 에벌린을 깨웠고 우리가 함께 성찬식을 해야 한다고 말했다. 기도를 끝낸 후에 우리는 둘 다 하나님께서 우리와 함께하고 계시다는 확신을 가지고 깊이 잘 잤다. 그것은 독특한 경험이었다.

이 모든 애매모호함 가운데서 확실해진 것은 우리가 모든 이야기를 다 들은 것은 아니라는 것이었다. 아이가 술을 마셨다는 것이었다. 그러나 OMF가 민감했기 때문에 치른 대가와 아오모리에 있는 교회가 치른 대가는 상당히 큰 것이었다. 에벌린과 제임스와 나는 1976년 2월에 영국행 비행기를 탔다. 대니가 공항에서 우리를 맞았다. 대니와 필립, 존, 엘리자베스의 열성적인 환영은 우리가 가족 간의 사랑을 결코 잃어버리지 않았다는 것을 확신시켜 주기에 충분했다.

일본에 있는 우리 친구들은 우리가 갑자기 떠나는 것에 어리둥절했다. 우리는 하나님께 순종하여 그들에게 돌아왔다. 그런데 이제 다시 영국으로 불려 가고 있었던 것이다. 하나님께서 역사하고 계셨다. 왜 우리가 그들을 떠나려고 하는가? 우리는 영적 전투의 중심부에 있는 것 같았다. 문제의 요점은, 대니가 신앙의 길에서 멀어져 옛날 친구들과 어울려 술집에 가서 맥주를 마셨다는 것이었다. 그가 머물고 있었던 기숙사의 책임자는 달가워하지 않았다. 의사소통의 통로가 막혔고 문제가 무엇인지 명확하지 않아서 해결로 가는 길이 차단되었다. 마치 동굴에 갇힌 메아리 같았다. 다른 일들로 인한 잡음이 부정적인 영향을 주었기 때문에 사람들의 반응이 소란스러웠다. 그래서 문제가 실제보다 훨씬 더 심각한 것으로 확대되었다.

무엇이 옳았든지 아니면 틀렸든지 간에 연관된 사람들에게는 고통스러운 시간이었다. 금방 일본으로 돌아갈 가망이 없었기 때문에 우리는 OMF의 선교사직을 사임해야 했다. OMF에 가입하여 평생을 함께한 후에 사임한다는 것은 깊이 상처가 되는 일이었다. 그 결과로 우리는 갑자기 목회적이고 재정적인 지원을 받지 못하게 되었다. 재정의 그다음 4분기가 시작될 때 OMF는 친절하게 우리에게 송금을 해 주었다. 그들은 다섯 자녀가 있는 가정을 아무 자금이 없는 채로 놓아두는 것이 편안하지 않았던 것이다. 나는 조심스럽게 쓴 편지와 함께 그 수표를 돌려보냈다. 우리는 선교회의 친절을 고맙게 여겼지만 그들은 더 이상 우리를 돌볼 책임이 없었다. 우리는 공급해 주시도록 하나님을 의존해야 했다.

나의 모든 필요한 것들을 공급해 주시는 하나님의 능력을 처음 진심으로 감사했던 때가 있었다. 필요한 버스 요금을 공급해 주시지 않은 것에 실망을 한 상태에서 쏟아지는 비를 맞으며 장거리를 걸어갔던 그 저녁때였다. 나는 멜버른 바이블 칼리지의 학생이었고 나에게 맡겨진 교회에서 주중 저녁 모임을 인도하고 있었다. 나는 교회로 가는 버스 정거장이 있는 근처까지 갈 기차 요금밖에 없었다. 나는 버스 요금을 공급해 달라고 하나님께 기도했다. 그러나 기차 요금 외의 돈은 나타나지 않았다. 돈이 조금 모자라서 버스를 타지 못하고 버스가 떠나는 것을 보면서 나는 그렇게 행복하지 못했다. 내 기분은 구름이 늘어 가면서 더 어두워졌다. 비가 몇 방울 떨어지자, 비에 흠뻑 젖게 될 것이라고 하나님께 길게 불평하고 있었다. 비는 계속 떨어졌고, 나는 점점 더 화가 났다. 내가 예배 시간에 겨우 맞춰 비에 흠뻑 젖은 모습으로 들어가자 젊은이들이 웃음을 터뜨렸다. 나는 금욕주의 철학을 생각하면서 그 모임을 이끌었다. 기차역까지 다시 그 먼 길을 걸어서 돌아갈 것을 생각하고 있을 때도 여전히 비가 내리고 있었다.

"차에 태워 드릴까요?"

교회 성도들 중 한 사람인 로이가 물었다. 그는 계란을 배달하는 영업을 하고 있었고 그의 트럭을 타고 왔다.

"그거 좋지요."

내가 대답했다.

"스티브 선교사님!"

내가 고마워하며 트럭으로 갈 때 내 뒤를 쫓아오는 누군가가 있었다. 그는 나에게 봉투 하나를 주었다.

"스티브 선교사님, 아버지가 이것을 드리라고 했어요."

그의 아버지는 계선장에서 짐꾼으로 일하고 있었다.

"아, 고마워요."

돈인 것이 분명했다. 나는 얼마 전에 하나님께 불평을 늘어놓았던 것을 후회하기 시작했다. 그러나 하나님은 아직 나에게서 손을 떼신 것이 아니었다. 기차역에 도착했을 때 로이가 그의 재킷 호주머니에 손을 넣었다.

"여기, 내가 기차 요금을 낼게요."

나는 받지 않겠다고 거절했다.

"오늘 밤에 여분의 돈이 좀 있어요. 내가 지불하고 싶어요."

"아니요, 나는 루스 누나를 만나러 공항으로 가야 해요."

나는 고집했다.

"그러면 누나의 요금도 내가 지불할게요."

그는 웃으면서 내 손에 돈을 쥐여 주었다.

나중에 나는 받은 봉투를 열었다. 그 속에는 40호주파운드가 들어 있었다. 나에게는 상당한 금액이었다.

놀랍게도, 이 돈을 주었던 그 짐꾼은 약 7년 후에 나의 필요를 다시 충족시켜 주었다. 이때에 나는 에벌린과 대니와 함께 호주에 있었다. 우리는 유럽으로 가는 배를 타기 위해서 계선장으로 택시를 타고 갔다. 택시가 멈추었을 때 어떤 사람이 문을 열었다.

"당신을 기다리고 있었어요. 짐을 가지고 가겠습니다."

나는 당황했다. "그에게 줄 팁이 없는데."라고 나는 에벌린에게 작은 소리로 말했다.

"돈이 없어요. 괜찮아요."

그러나 이의를 제기해도 소용이 없었다. 그는 벌써 앞장서서 가고 있었다. 우리는 우리가 요청하지도 않은 그의 서비스에 대해 지불해야 할 돈을 예상하고 한탄하며 그저 뒤떨어져 걸어가야 했다.

"저기에 있습니다."

그가 우리 선실로 안내했다. 나는 할 수 있는 대로 여유 있는 모습으로 내 호주머니에 손을 넣었다.

그는 손을 내밀어 내 팔을 붙잡았다.

"오, 아닙니다. 선교사님이 섬겼던 딘글리에 있는 교회에 내 아들이 다닙니다."

그는 자신의 호주머니에서 꼬깃꼬깃한 지폐를 꺼냈다.

"오늘 받은 팁을 전부 선교사님에게 드리겠다고 하나님께 약속했어요."

그의 후한 선물은 44호주파운드나 되었다. 우리의 여행 경비를 충당하고도 남는 액수였다.

같은 여행에서 아일랜드에 있는 동안에, 나는 다시 한 번 가장 평범한 사람이 하나님의 명령에 기꺼이 순종하는 것을 보고 겸허해졌다. 어떤 모임에서 한 농부가 나에게 다가왔다. 그는 꽤 큰 꾸러미를 나에게 건네주었다.

"멧캐프 씨, 당신을 위한 선물입니다. OMF에서 누군가가 들르기를 3년 동안 기다려 왔습니다. 내가 얻는 10실링 지폐는 전부 OMF에 드리겠다고 하나님께 말씀드렸거든요."

그 꾸러미에는 700장이 넘는 10실링짜리 지폐가 들어 있었다. 전부 합해서 368파운드였다.

그의 신실함은 내가 베리에서 만났던 교회 재정 담당자(그도 농부였다.)의 태도와 현저히 달랐다. 그는 의심할 여지 없이 화가 나서 나를 비난했는데, 왜냐하면 겨우 10대를 넘어선 신출내기 일꾼이 대담하게 교회 운영 위원회에서 십일조에 대해 설교를 했기 때문이었다.

"스티브가 그의 봉급에 관하여 십일조를 운운하는 것은 괜찮아요."

이 말에서 그가 의미한 것은 그런 적은 금액의 십일조는 매주 해도 그 액수가 얼마 안 된다는 것이었다.

"그러나 이것은 우스꽝스러워요. 만일 내가 십일조를 한다면, 나 혼자서 교회의 전체 경비를 다 지불하게 될 거예요."

교회가 당면한 재정적 어려움에 대해 의논하고 있었던 것을 생각하면, 그가 십일조를 반대한 것은 우습게 불합리한 것이었다.

몇 년 후에 에벌린과 나는 또 다른 재정적 위기를 겪고 있었다. 파운드의 가치가 1,000엔에서 400엔으로 떨어졌다. 영국에서 오는 헌금이 이전의 반도 되지 않았다. 우리는 아이들의 학비를 해결해야 했다. 선교회에서 70%를 지불해 주지만, 나머지 30%는 우리가 충당해야 했다. 위기는 그 70%의 기금마저 오지 않았을 때 가중되었다. 5개월 뒤에 그 돈이 왔는데, 그 동안에 엔화 가치가 하락하여 선교회가 보낸 70%는 이제 학비 전부를 지불할 수 있는 금액이 되었다.

우리는 1976년에 영국에 도착했고, 또 더 이상 OMF 소속이 아니었다. 다른 사람들이 관대히 베푸는 것에 많이 의존하게 되었다. 킹 에드워드 학교 근처에 있는 포마르크스(Four Marks)에서 우리가 임시로 살 집을 구했다. 한 친구가 우리에게 차를 제공해 주었다. 어떤 사람은 우리 집 현관의 계단에 커다란 음식 바구니를 놓고 갔다. 우리에게는 아무런 대책이 없었다. 다섯 명의 활동적인 아이들과 함께 다른 사람의 집을 사용하는 것은 스트레스가 심했다. 현금이 필요한 것이 문제였다. 나는 일자리를 구해야 했다. 물가 상승률이 23%를 육박하고 있었고 실업률이 6%였다. 나는 구직 센터에도 가 보았으나 너무 자격이 넘친다는 말을 들었다. 그러나 우리는 가장 그럴 것 같지 않은 곳들을 통해 하나님께서 계속 우리에게 공급해 주시는 것에 그저 놀랄 뿐이었다. 예기치 않게 우리는 캐나다와 캄보디아에서 재정적인 선물들을 받았다. 또 하나의 수표가 일본에서 왔다. 우리는 선교지에서 있었던 그 오랜 동안에도 이렇게 큰 금액의 돈을 받아 본 적이 한 번도 없었다.

엑스터에 있는 어떤 사람이 〈타임스〉지에 난 구인 광고를 오려서 우리에게 보낸 것을 보고서야 우리는 장기적으로 괜찮겠다고 느낄 수가 있었다. 런던에 있는 세인트 헬렌 비숍스게이트에서 그 도시에 있는 일본인 사업가들을 위해 사역할, 일본어가 유창한 기독교인을 구하고 있었던 것이다. 바로 그 해에 이런 자리에 적임인 사람이 많지 않을 것이었다. 나는 빨리 인터뷰할 기회를 확보했다. 나는 이것이 하나님의 공급하심이라는 것을 전혀 의심하지 않았다. 딕 루카스 목사는 나를 그의 사무실로 초대했다. 기도를 한 후에 그는 나에게 여러 질문들을 하기 시작했다. 마침내 그는 기도로 인터뷰를 마쳤다.

그는 조심스럽게 말했다.

"멧캐프 씨, 당신은 우리가 찾고 있는 사람이 아닙니다. 하나님은 다른 사람을 염두에 두고 계신 것이 틀림없습니다. 당신이 있어야 할 곳은 여기가 아니고 일본이에요."

잠깐 실례한다고 말하고 루카스 목사는 나가서 그의 비서에게 무슨 말을 했다. 나는 또 하나의 천둥 번개가 우리가 계획했던 것을 깨뜨려 버리는 것을 느꼈다. 분명히 이것이 내가 나아가야 할 길이어야 했는데, 내가 있을 곳이 일본이라니, 그는 무슨 의미로 그런 말을 했는가? 문은 닫혔다. 닫혔다. 그리고 우리의 손가락은 문설주 사이에 끼였다. 내가 떠날 때 루카스 목사는 300파운드의 수표를 나에게 건네주었다. 세인트 헬렌에서 받은 후한 선물이었다. 기차를 타고 포마르크스로 돌아가는 내내, 나는 내가 처한 상황에 대해 하나님을 탓했다. 내가 절름발이인 것처럼 느껴졌다. 나는 내 자신의 발로 걸어가고 싶은 깊은 소원이 있었다. 그러나 주위의 사건들과 다른 사람들의 친절에 의해서 우리는 이끌려 가고 있었다. "기다려라! 무슨 일이 일어나는지 알게 될 때까지." 하나님께서 그렇게 말씀하시는 것 같았다.

화해

아무리 애를 써도 나는 일자리를 찾을 수가 없었다.

에벌린도 나와 마찬가지로 그 상황에 대해 혼란스러워했다. 왜냐하면 꼭 세인트 헬렌에 자리가 있을 것으로 생각했기 때문이었다. 아이들은 여름까지 학교에 다닐 수 있었다. 그러나 그 이후 어떻게 될지에 대해서는 아무것도 생각할 수 없었다. 우리는 에벌린의 집에 더 가까운 북아일랜드로 이사하면 어떨까 하고 생각했다.

우리가 거절당한 것이 하나님께서 우리를 위해서 예비하신 자리로 나아가는 계기가 되었다. 상황이 해결되기를 기다리기로 마음먹으니 내적 갈등이 없어졌다. 사렙다 과부의 집에 밀가루와 기름이 떨어진 적이 없었던 것처럼, 하나님께서는 언제나 우리에게 필요한 것을 공급해 주셨다. 포마르크스에서 살던 집의 주인이 미국 여행에서 돌아왔을 때, 우리는 그리 멀지 않은 곳에 있는 시골집을 써도 된다는 제안을 받아 잘 사용할 수 있었다. 그 해 여름은 매우 덥고 길었으며, 기록적인 가뭄이 지속되었다. 그런데 마침내 비가 왔을 때 보니, 커다란 식용 버섯이 온 들판에 뒤덮여 있었다. 초가을에는 검은 딸기가 많아서 양동이에 가득 따 오면 에벌린은 그것으로 잼을 만들기도 하고 파이를 구울 때 속에 넣기도 했다.

나는 '게으름'에 익숙하지 않아서 낙담했다. OMF도 나를 잊은 것 같았고, 하나님의 경기에 선수로 출전하지 못하고 있다는 느낌이 들었다. 아오모리에서 신나게 사역하여 발전시켰던 경험을 이야기해 달라고 초대하는 곳도 없었다. 보통 선교사들이 본국에 돌아와서 하는 선교 보고를 할 기회가 주어지지 않았다. 선교회나 목사님들이나 우리가 일본에서 사역했던 이야기에 관심을 보이지 않았다. 그런데 어느 날 우리 교회 목사님이 대신 설교를 해 달라고 내게 요청했다. 막상 기회가 왔는데, 나는 "네 속에 있는 하나님의 은사를 다시 불일 듯하게 하라."(디모데후서 1:6)라는 바울의 권면으로 설교를 했다. 설교를 하면서 내 마음은 매우 자유로웠다. 청중은 주의 깊게 들었고 반응이 좋은 것 같았는데, 끝나서 나가면서 아무도 내 설교에 대해서 말하지 않았다. 한 여신도가 나가면서 "감사합니다. 마지막 찬양이 제가 제일 좋아하던 곡이었어요."라고 말했다.

얼마나 낙심이 되었는지…….

몇 주 후, 교회 목사님이 우리 집에 들렀다.

"지난번 선교사님께서는 교회가 당면한 문제에 대해서 꼭 필요한 말씀을 전해 주셨습니다. 여러 분이 선교사님의 설교에 대해서 말을 했어요. 어떤 사람은 심지어 내가 지금 상황에 대해서 선교사님께 미리 말씀드렸다고 생각하기도 합니다."

그것은 사소한 일이었는데도 나는 몇 달을 그 문제에 매달려야 했다. 비록 나머지 세상이 전부 나를 버리는 것 같을 때에라도, 하나님께서는 아직 나를 사용하실 수 있었다.

OMF의 마이클 그리피스 총재가 개입해 주어 우리는 다시 일본에 돌아오게 되었다. 총재 부부는 싱가포르에 돌아와 총재 역할을 맡기 전에 일본에서 사역했다. 그의 자녀들이 필립과 존, 엘리자베스와 같은 학교에 다녔다. 공개 수업 날에 함께 이야기도 했다. 내가 상황 판단을 잘 못하고 있었다. 왜 아무도 우리가 영국으로 돌아오기 전에 우리에게 말해 주지 않았을까?

서서히 의사소통의 실타래가 풀리기 시작했다. 편견의 문제도 해결되었다. 사람들은 베테랑 선교사를 열매 맺고 있는 선교지에서 나가게 만드는 규정 같은 것에 의문을 제기하며 고치기 시작했다. 국제 이사회는 우리가 우리 미래를 결정하도록 해 주었다.

아이들이 본국에서 머물 장소 등의 문제를 마이클 그리피스 총재가 해결해 주어, 1976년 11월 우리는 일본을 떠난 지 8개월 만에 다시 OMF 선교사로 아오모리의 성경 학교로 돌아왔다. 대니는 런던의 미술 대학에 들어갔고, 필립과 존은 진학 시험이 가까워서 킹 에드워드 학교에 남았다. 이제 열세 살인 엘리자베스는 다시 일본으로 와서 학교를 마치기로 했다.

왜 그러한 사건들 때문에 우리 사역이 중단되었는지 가끔 의아스럽다. 일본에 있는 동안 우리가 깨달은 것이 있다. 하나님 나라의 진전은 언제나 영적 어두움과 싸워 이겨야 이루어졌다. 푸른 초원에 둘러싸인 영국에서도 그것은 마찬가지였다. 기도로 하는 영적 전투에서 승리해야 선교의 문이 지속적으로 열린다는 것이었다.

아오모리에서 우리가 하던 사역은 뉴질랜드에서 와서 일본어 어학 연수를 하던 부부가 차출되어 대신 감당하고 있었다. 주일 참석 인원이 적기도 하고 전도도 한두 명 했지만, 우리는 결국 18개월 후에 혼슈의 북동쪽 해안에 있는 센다이로 이사했다. 센다이는 인구가 100만 명 가까이 되는 번화한 도시라서 아오모리의 시골 분위기와 매우 달랐다. '푸른 숲'이라는 의미인 아오모리 중심에는 히로세강이 흐르고, 주요 간선 도로 옆으로 가느다란 화병 모양의 느티나무가 줄지어 서 있었다. 과거에는 나라에서 나무를 심도록 권장하여 집집마다 나무로 울창하게 둘러싸여 있었다. 유감스럽게도 생태학적으로 그렇게 풍요롭던 환경은 제2차 세계 대전 당시의 폭격으로 파괴되어 버렸고, 아오모리는 이전에 가졌던 푸른 숲이라는 명성을 다시는 되찾지 못하게 되었다.

센다이 교회는 도시 중심을 흐르는 강에서 가까웠다. 세례 교인이 남자 일곱 명, 여자 여덟 명이었다. 처음에는 OMF라는 명성으로 사람들을 끌었지만, 실제로 기독교에 관심 있는 주민은 거의 없었다. 도시 내에 있는 교회들도 교인이 40명을 넘지 않았다. 큰 성경 대학이 세 군데나 있다고 자랑하는 지역이었는데도 불구하고 학생이나 직원들은 대다수가 불교도였다. 우리에게 어려웠던 점은 '내 편' '네 편'을 가르는 일본인의 사고 구조였다. 같은 회사나 같은 학교에 속해 있어야 정보를 주고받을 수 있었다. 바깥쪽에 있으면 그들끼리 공유하는 지식을 알 권리가 없었다. 상황을 더 악화시키는 개념이 '조화(和)'였는데, 조화를 유지하기 위해서 갈등을 야기할 수 있는 요소를 예절이라는 정중함으로 덮어 버리는 것이었다. 일본인에게는 타 문화 사이의 민감한 부분 때문에 거짓말이라도 하는 것이 조화를 깨지 않는 지혜였다. 우리 외국인은 확실한 '바깥 사람들'이었기 때문에 노골적인 거부 대상이 아니고 낙관적인 태도로 흥미를 보이는 정도로 위안을 받는 대상들이었다.

일반적인 모호함 속에서도 우리 교회는 성장했다. 1년 뒤, 20명이 넘는 교인들이 정기적으로 도시 각처에서 불편한 지역에 있는 교회까지 찾아와 예배를 드렸다. 회중은 다양했다. 한 고등학생이 고이즈미를 우리에게 데리고 왔다. 고이즈미는 대학 원서를 기차에 두고 내렸다. 역장에게 찾을 수 있도록 도와 달라고 부탁했지만, 그것은 불가능한 일이라는 대답이 돌아왔다. 고이즈미는 필사적으로 기도했다.

"하나님, 저는 당신이 정말로 존재하는지 모릅니다. 그래도 만일 제

스티브와 성경 공부반 학생들, 고쇼가와라, 1956년.

가 원서를 찾게 도와주신다면 당신을 믿을게요."

놀랍게도 누군가가 역장실 문을 열고 들어오더니 입학 원서를 내밀었다. 자신의 기도를 하나님이 들어주신 것에 놀란 고이즈미는 이웃에 사는 기독교인에게 그 이야기를 했다. 그러자 그는 "그럼 교회에 가야겠네요." 라고 말했다. 고이즈미는 그렇게 해서 우리 교회에 오게 되었다.

어른이 혼자 우리를 찾아오는 일도 드물게 있었고, 가족 중 더 어린 사람의 전도로 오게 되는 경우도 있었다. 하루는 78세 되신 어느 할아버지가 교회로 들어오셨다. 할머니가 돌아가시자 고독하기도 하고 노년의 삶에 적응하기 위하여 할아버지는 다시 무언가를 배워야겠다고 결심했

서(西)중국에서 동(東)일본으로

다. 그는 이전에 기자였던 터라 해외를 다니면서 기독교 국가의 거대한 성당에 들어간 적이 있었는데, 그곳에서 하나님의 임재에 경외감을 느꼈고, 복음에 대해서는 잘 몰랐지만 기독교인이라면 그리스도에게 헌신해야 한다는 사실에 감명을 받았다.

무카데는 자물쇠를 만드는 사람이었는데, 등과 어깨에 커다란 문신이 있었다. 그는 스테인드글라스 사업을 잘해 보려고 밤낮을 가리지 않고 애를 쓰는 중이었다. 그는 잘 믿는 사람이었는데 사업 때문에 교회를 나오지 않게 되었다. 그의 아내는 계속해서 나오다가 아이 둘을 돌봐야 해서 결국 함께 교회를 쉬었고 연락도 끊겼다. 어느 주일 아침, 무카데 부인이 아이들을 데리고 다시 나타났다. 둘째 딸아이의 발이 오그라들어, 평생 그렇게 장애를 지닌 채 살아야 한다고 의사가 말했다는 것이었다. 무카데 부인은 치료해 달라고 밤낮으로 기도하기 시작했다. 그러나 자기가 하나님 앞에 너무 큰 죄인이어서 하나님께서 자기 기도를 들어주실 리가 없다고 생각했다. 그런데 어느 날 아침 일어나 보니 딸아이의 발이 정상으로 돌아와 있었다. 그래서 우리에게 그 기적을 이야기하고 싶어서 돌아온 것이었다.

다카하시는 자기가 번역하고 있는 내용을 좀 봐 달라고 나에게 왔다. 그는 기독교인 사업가인 허버트 테일러의 전기를 번역하는 중이었다. 그는 마르크스주의가 옳다고 확신하고 있었고, 기독교에 대해서는 아무것도 모르는 사람이었다. 그는 거듭난다는 것이 무슨 의미인지 몰라서 일본어로 번역을 할 수가 없었다. 처음에는 완전히 말도 안 되는 종교적 허튼 소리를 자기가 번역하는 내용에 포함시키기를 꺼렸지만, 테일러의 간증이 너무도 강력해서 다카하시는 성경을 공부하기 시작했다.

패스트푸드 가게를 하는 엔도는 처제가 기독교인이었다. 우리가 그의 집에서 성경 공부를 인도하고 있었는데도 엔도는 별로 관심을 보이지 않았다. 어느 날 나는 복도에서 그를 만났는데 그는 매우 지쳐 보였다.

"어디 편찮으세요?"

내가 정중하게 인사를 했다.

"아니, 며칠 동안 잠을 못 자서 그렇습니다."

"왜요?"

"우리 가게에 도둑이 들어서 열쇠도 부수고 물건을 훔쳐 갑니다. 도둑을 잡으려고 며칠 밤을 지켰지만 소용이 없네요."

나는 함께 기도하자고 제안했다. 그는 회의적인 시선으로 나를 바라보았다.

"우리 하나님은 기도를 들어주십니다. 와서 여기 앉으세요. 엔도 상과 그 도둑을 위해서 우리 모두 기도합시다."

다음 날 그의 아내가 전화를 걸어왔다.

"도둑을 잡았어요. 우리 남편이 도둑을 잡았답니다! 그를 가게에 가두고 사진을 찍어 놓고서 경찰을 불렀어요."

엔도는 기도를 들어주시는 하나님께 감동해서 기독교인이 되고 싶다

서(西)중국에서 동(東)일본으로

고 공표했다. 결과적으로 우리는 도시의 다른 편에 성장하는 교회를 또 하나 개척할 수 있었다.

　새로 와서 믿게 되는 이러한 사람들 덕분에 격려를 받기는 했지만, 기독교가 미지의 종교로 남아 있는 인구에 비하면 터무니없이 적은 수였다. 1982년 내가 본국에 보낸 편지에는 일본의 기독교인은 전체 인구의 0.2%라고 써 있었다. 성탄절에는 유행을 따라서 기독교인이 되지만, 새해에는 다시 신도나 불교도로 되돌아오는 것이 일본인이라는 사람도 있었다. 1978년 오히라 마사요시가 총리가 되었는데, 그는 역사상 두 번째로 뽑힌 기독교인 총리였다. 우리는 무언가 달라지겠거니 하고 희망을 가졌지만, 그가 대중의 인기를 얻기 위하여 정치적으로 야스쿠니 신사 참배를 결정하는 것을 보고 실망했다. 1950년대 전후(戰後) 세대는 전국적으로 기독교에 대해서 깊은 관심을 보여 주었다. 그러나 이제 그러한 모습은 다시 볼 수 없었다.

　1981년에 상영된 〈불의 전차(Chriots of Fire)〉라는 영화를 보고 사람들은 에릭 리들과 기독교 하나님에 대한 그의 믿음에 다시 관심을 가졌다. 일본 비평가들은 처음에는 그 영화가 유대교와 기독교 사이의 갈등이라고, 또는 일본 정서와는 맞지 않는 것이라고 좀 건방지게 폄하했다. 아마도 그것은 리들이 일본이 강제로 운영했던 전쟁 포로 수용소에서 죽었기 때문일 수도 있었다. 사실 그 정보는 영화의 마지막에 한 줄로 써 있을 뿐이었다. 처음에는 그리 유명하지 않은 극장에서 상영되었지만,

그 영화는 인기를 모았고, 아직도 사람들은 그 영화를 보고 싶어 한다. 우리가 사는 지방의 방송국에서도 우리 집에까지 와서 인터뷰를 요청했고, 그러한 일은 28년이 지난 지금까지 일어나고 있다. 내가 리들의 운동화를 받은 사람임을 알고 TV 프로듀서, 신문기자, 전기 작가들까지 와서 나를 만나 이야기를 듣고 싶어 했던 것이다!

1985년에 우리는 마지막으로 영국에서 일곱 번째 안식년을 가졌다. 그 후, 이제 은퇴가 가까웠기 때문에 우리는 다시 센다이로 가지 않고 도쿄로 갔다. 30년 전에는 국내적으로 여러 교회가 도쿄에 관심을 두고 섬겼기 때문에, 미전도 지역에 집중하는 OMF는 교회가 적고 멀리 떨어져 있는 혼슈 북부와 홋카이도로 갔다. 1960년대 산업화의 바람을 타고 농촌 인력이 도시로 몰려들어, 도시는 커지고 시골은 거의 비게 되었다. 도쿄는 거대하게 성장하여 고층 건물들이 즐비하게 늘어섰고, 주변에는 위성 도시들이 형성되었다. 이러한 곳에 교회를 세워야 할 필요성이 크게 대두되었지만, 현지 신자들에게는 건물을 확보할 재정이 부족했다.

나는 아내와 렌터카, 기차, 버스 등을 타고 다니면서 앞으로 발전할 가능성이 있는 지역을 조사했다. 1954년에 아오모리의 어촌에 와서 꼬부랑길을 다니며 찾던 때와는 매우 대조적이었다. 금방 집이 완성되고 새 소유자가 들어왔다. 구획마다 14, 15층 되는 건물들이 들어서면 150여 가구가 각 집을 채우는 데 일주일밖에 걸리지 않았다. 대출금도 비싸고 이자율도 만만치 않았지만 구매자가 부족한 적은 없었다. 우리는 결

서(西)중국에서 동(東)일본으로

국 우라야스에 집을 구했는데, 그곳은 이전에 도쿄 중심가에서 동쪽으로 에도 강변 끝에 있던 어촌이었다. 도쿄만을 수천 톤의 흙으로 매립하여 땅을 넓히고는 그곳을 콘크리트로 덮고 미국식 격자 구조로 길을 닦았다. 1981년 4월에 조성되고 몇 년 후에 디즈니랜드가 들어서자 인구가 한없이 늘어났다. 우리가 그중 한 곳에 정착할 당시 우라야스 인구는 10만 명에 이르렀다.

우리가 처음 교회를 시작할 때는 우리 부부와 기도, 그리고 하나님밖에 없었다. 하나님이 함께 해 주셔서 좋았다! 사람들이 서서히 반응을 보이기 시작했다. 2년 뒤에 우리는 다카다 할머니네 정원에 함께 앉아 있었다. 우라야스에서는 매년 7월 불꽃 축제를 했는데, 그 정원 바로 위로 불꽃이 터지는 장관이 보였기 때문이었다. 다카다 할머니는 기독교인이 된 지 오래되었는데 우리 집 근처로 이사를 오게 되었다. 그때 수도국 공무원인 우스이도 함께 있었는데, 우스이는 동료가 마작을 하고 밤늦게까지 술을 마시고 있으면서 퇴근하지 못하게 하는 일이 있어서 갈등하는 중이었다. 그의 아내가 기독교인이어서 하나님의 법을 따라 살도록 격려를 하고 있었고, 마침내 그는 확실한 믿음의 길을 가게 되었다.

도다 역시 우라야스 교회에 나왔다. 그는 1980년대 초 레바논의 불안정한 사태 때문에 망해 버린 항공 회사에 다녔다. 그를 내게 소개해 준 사람은 피트라는 미국인이었다. 조현병을 앓아 불안과 거친 성격을 보이던 피트는 미국에서 치료를 받다가 견디다 못해 도망 나와 세계 여행을 하고 있었다. 도다는 45세가량 된 총각이었는데, 어찌된 일인지는 모르겠지만 피트를 돌봐 주고 있었다.

"뭘 하는 분이세요? 여기에 왜 오셨어요?"

도다가 내게 물었다.

"저는 기독교 선교사입니다."

"영어 글들을 보면 성경에서 인용한 내용들이 많더군요. 당신 종교에 관심이 있지만 그것을 공부할 시간이 없었어요. 선교사님은 선생님이세요?"

"네."

"그러면 저 좀 가르쳐 주세요."

도다는 성경 공부를 대단히 좋아했다. 내가 공부를 끝내려고 하면 언제나 더 해 달라고 부탁했다. 하루는 설날 아침 그를 방문했는데, 그는 붓글씨를 연습하고 있었다. 붓으로 "하나님이 가라사대 '빛이 있으라!' 하시매 빛이 있었다."라고 쓰고 있었다. 그것은 그에게 중대한 순간이었다. 붓글씨 연습을 하는 동안 하나님의 말씀이 그의 삶에 신령하게 조명되어 임한 것이었다.

그는 자기 집 현관에 나무로 만든 십자가를 걸었다. 그리스도를 믿는다는 표시였다. 1988년 부활절에 우리 교회에서 처음으로 세례식이 있었는데, 처음부터 우리와 함께했던 도다도 이때 다른 사람과 함께 세례를 받았다. 도다는 나중에 교회 내에서 목사가 되었고 우리가 문 닫으려는 커피숍을 인수할 때 계약서 쓰는 것을 도와주었다. 커피숍은 새로운 사람들이 교회로 들어오기에 이상적인 환경을 제공하는 장소였다. 도다와 나는 근처 목재 작업장에서 적당한 나무를 구해서 십자가를 세 개 만들 수 있었다.

"예수님의 십자가를 시몬이 지고 가지 않았어요?"

도다가 물었다.

"그랬지요."

"저 그걸 해 보고 싶었어요······."

도다는 피트가 죽을 때까지 그를 돌봤다. 피트는 언제나 도다의 집이 늘 악령에 쫓기는 자신에게 피난처가 되어 준다고 말했다.

우리는 1990년 8월 우라야스를 떠났다. 마지막 주일에 12명에게 세례를 줄 수 있었다. 세례 교인이 18명 있었고, 정기적으로 예배에 오는 사람들은 30명가량 되었다. 이 숫자는 그렇게 성공적이라고 할 수 없을지 모른다. 그런데 일본에서 선교를 하려면, 대부분이 이교도인 환경에서 관심을 보이는 몇 사람에게, 지칠 줄 모르는 인내심을 가지고 집중하여 헌신하는 것이 필요하다. 한 사람이 그리스도께 돌아오면 하늘에서는 커다란 기쁨이 있다. 일본에서도 그러하다.

에벌린은 66세였고 나는 63세였다. 우리 일본 친구들은 우리가 떠나는 것을 싫어하면서도 "지금 떠나시는 것이 좋을 거예요. 그래야 이 모든 경험을 가지고 또 다른 일을 시작하실 수 있을 테니까요."라고 말해

오타루에서 영어를 가르치고 있는 에벌린, 1969년.

주었다.

　나이가 든다는 것은 혜택이라고 한다. 옳은 말 같다. 왜냐하면 그다음 해에 은퇴하면서 나는 런던에 있는 일본 기독교 선교회에서 일해 달라고 초대를 받았기 때문이다. 우리는 거기서 15년을 더 일했다.

평화를 이루다

1989년 1월 7일, 미치노미야 히로히토 일왕이 3개월 넘게 십이지장암으로 고통을 겪다가 87세로 죽고, 그 아들 아키히토가 뒤를 이었다. 기원전 660년으로 거슬러 올라가는 계보에서 히로히토는 국화로 상징되는 124번째 일본의 왕(어떤 왕은 명목상 통치자였고, 어떤 왕은 신과 같은 권위를 행사했다.)이었다. 그는 처음으로 전 일왕의 정식 아내의 아들로서 왕위에 올랐다. 1921년에 그는 태자로서 처음으로 유럽을 방문하여 6개국을 여행했다. 그는 자신의 조상들 중 어느 누구보다 더 길게 62년 동안을 통치했다. 몹시도 소란스러웠던 그 시기를 사람들은 쇼와(昭和, 계몽된 평화의 시기)라는 잘못된 이름을 붙였는데, 그동안 그는 일본이 발전하여 동아시아를 통치하는 것을 보았고 또한 끝내 황폐하게 파괴되는 것도 보았다. 또한 일본을 정복했던 나라들이 산업적으로나 경제적으로 세계를 지배하고 있던 그 수준까지 용맹을 떨치면서 다시 올라가는 것을 지켜보았다.

히로히토 일왕[일본의 왕을 일본에서는 '덴노(天皇)'라고 부르는데, 이는 '하늘의 황제'라는 의미를 가지고 있어서 일본의 기독교인들은 이 용어를 불편해한다.]은 신하들에게 수수께끼적인 인물이었다. 1930년대와 1940년대에 일본이 아시아를 공격하기 전과 또 공격하는 동안에, 그는 신의 가면을 쓰고 미묘하고 불분명하고 눈에 띄지 않은 상태로 있었다. 그 상태는 신성과 인성 사이의 구분이 모호하고 또 서양인의 사고에서처럼 신은 전능하고 전지하고 무소부재하므로 인간과 다르다는 개념이 없는 땅에서, 태양의 여신인 아마테라스에서 가계가 시작되었다는 미묘하고 막연한 것이었다. 1928년 11월에 있었던 히로히토의 대관식에는 신도의 화려한 행렬이 있었다. 도쿄에서 교토까지 약 640km의 길을 수천 명의 신도 숭배자들이 모래로 덮고 고르게 하며 기원을 했다. 히로히토는 대관식에서 조상들이 그랬던 것처럼 조상들의 왕좌를 떠맡는다고 아마테라스에게 고하며 그 백성이 이제 그의 자식들이라고 선언했다. 그때 북쪽 하늘에서 언덕 위로 무지개가 나타났고, 그 행운의 징조로 사람들은 그의 대관식을 신성하게 여겼다. 일본이 건국된 지 2,600년이 되는 1940년의 기념일에 신도와 국가 간의 유대가 더욱 강화되었다. 매일 아침 6시에 도시에 사는 주민들은 방송을 통해 울려 퍼지는 나팔 소리에 잠이 깨었는데, 그것은 일왕의 궁전을 향해 머리를 조아리며 절을 하라는 신호였다.

그러고 나면 정부 요인이 와서 그들이 어떻게 처신해야 하는지에 대해 길게 훈시했다. 일본은 궁극적으로 승리할 것이고, 일본은 태생적으로 우월하며, 일본이 식민주의자들의 압제로부터 아시아를 해방하려는 노력은 정당한 것이라고 가르쳤다. 군복을 입은 히로히토의 초상을 가끔 공개적으로 과시하여 그러한 견해를 더 확고하게 만들었다.

1945년 8월 15일에 히로히토는 황궁에서 라디오를 통해 '학의 목소리'(학의 울음소리는 다른 소리보다 잘 들려서 '권위'와 관련지을 때 쓰는 말이다.)로 일본이 연합국의 조약 조건을 수락하겠다고 선언했다. 그때 일본 국민은 처음으로 일왕이 공적으로 말하는 것을 들었다. 어두운 그림자에 싸인 그 메시지는 전쟁이 끝났다는 공식적인 해명이 발표되기까지 혼돈을 일으켰다. 전쟁에 패한 후에 히로히토는 자신의 신성을 부인하는 선언을 했다.* 그것은 일본이 그때까지 교육받았던 원칙들을 더욱 혼란스럽게 하는 것이었다. 그 이후부터 히로히토는 국민이 좋게 여기는 이미지로 나타나 조용히 평화를 이야기하는 사람이 되었다. 그는 일본의 전통적인 단시인 하이쿠를 사랑했고 해양 생물학 분야에서 인정받는 전문가였으며, 미국 방문 때 얻은 미키마우스 시계를 차는 의외의 모습도 보였다. 그가 죽은 지 20년이 되었지만, 그가 전범인지 아닌지는 아직도 해

---

* "황가(皇家)와 우리 국민 사이는 상호 신뢰와 애정으로 묶여 있습니다. 전설이나 신화에 근거한 것이 아닙니다. 황제는 신의 현현이라고 이해하는 것이나, 일본 국민이 다른 인종에 비해서 우월하기 때문에 세계를 다스려야 하는 운명이라는 생각은 잘못된 것입니다."

결되지 않은 문제로 남아 있다. 한편에서는 그가 극단적인 자민족 우월주의자라고 하고, 다른 한편에서는 자신의 계획이 좌절된 비둘기라고 하는 주장이 서로 팽팽히 맞서고 있기 때문이다.

아키히토가 등극하자 연호가 히로히토의 쇼와(昭和)에서 헤이세이 (平成, 평화를 이룸)로 바뀌었다. 히로히토가 암과 싸우는 동안에 축제와 잔치들을 취소하고 조용히 자제하는 분위기가 일본에 정착되었고, 그로 인해 많은 사람들이 전쟁에 관해서 자유롭게 이야기하게 되었다. 작고한 히로히토에게 경의를 표하는 임무에서 벗어나자 사람들은 전쟁에서 일본의 역할이 무엇이었는지에 대해 질문하기 시작했다. 다큐멘터리가 텔레비전에 방영되었다. 군인들은 회고록을 출판했다. 일왕의 지시에 순종하는 것은 "죽음은 깃털보다 더 가볍게 여기고, 임무는 산보다 더 무겁게 받아들이는 것"(Imperial Rescript to Soldiers and Sailors, Japan, 1882년 1월 4일)을 의미했다. 연합군에 사로잡혀서 말할 수 없는 치욕을 견뎠던 전쟁 포로들은 이것이 자신과 가족에게 불명예가 되었다는 깊은 수치감을 가지고 살았다. 많은 사람들이 수용소에서 가명을 썼고, 풀려났을 때 집으로 돌아오지 않은 사람도 있었다. 한 선원은 인도네시아 해안에서 좀 떨어진 바다에서 구조된 것에 대해서 이렇게 썼다.

"나의 인생은 미국인들이 물에서 나를 건져 냈을 때 끝난 것이나 다름없었다. 나는 더 이상 일본 사회에서 살 수가 없었다."(*Beyond Death and Dishonour*, Michiharu Shinya, translated by Eric H. Thompson, Castle

서(西)중국에서 동(東)일본으로

Publishing, New Zealand, 2001, p. 21)

40년 동안 일본은 전쟁에서 패배한 수치를 다루고 싶지 않거나 다룰 수가 없었기 때문에 알려고 하지 않은 채 은밀히 숨을 죽이고 있었다. 히로히토가 죽은 후에 분명히 그들의 태도가 변했다. 갑자기 일본인 기독교인들은 나의 개인적인 상황을 알고서 전쟁에 대한 나의 의견을 몹시 듣고 싶어 했다. 신분을 막론하고 모든 사람이 관심을 가지는 것 같았다. 그 주제에 대한 어떤 대화라도 하게 되면 구경꾼들이 모여들었다. 그들은 말하기를 그 전쟁은 일왕을 위해 싸운 것이라고 했다. 항복은 일왕과 일본의 체면에 상상할 수조차 없는 손상을 입혔다.

일본에서는 죽은 자들이 항상 함께 있다. 세상을 떠난 사람들을 존중하는 것은 살아 있는 사람들을 존중하는 것과 똑같이 중요하다. 도쿄 중심부에 있는 왕궁 부근에 야스쿠니 신사가 있는데, 그것은 1869년에 히로히토의 할아버지가 세웠다. 메이지 일왕*은 "나라를 위해 싸우고 죽은 그대들의 이름은 이 신사에서 영원히 살아 있을 것이다."라고 군인들을 안심시켰다. 그곳은 그저 기념하는 장소만이 아니고 죽은 자들의 영을 신들로 격상시켜 모시고 있는 예배 장소이다. 타고난 영적 정서의

---

* 1867년 메이지 일왕(1852~1912)의 등극에 힘이 되었던 세력들은 그때까지 250년 이상 쇄국 정책으로 일관하던 도쿠가와 쇼군을 물리쳤다. 새로운 메이지 시대에 일본은 동아시아에서 공업국으로 부상했고 군사적으로 강하게 무장하게 되었다. 이때 왕이 신이라고 선포한 기록은 구체적으로 없었지만 왕의 신적인 역할이 재정립되었고, 이때부터 시작되어 1930년 히로히토도 일본 국민들에게 신의 위치에 서게 되었다.

깊이가 이러했기 때문에, 유죄 선고를 받았던 열네 명의 일본 전쟁 범죄자들이 1978년에 그곳에 비밀스럽게 안장된 일은 논쟁의 여지가 있는 행동으로서 히로히토가 반대했고 또 다른 아시아 나라들도 심하게 정죄했다.

새로운 세대의 일본 아이들이 태어나면서 무지에 무관심까지 더해졌다. 일본이 인류에게 범죄를 저질렀던 역사적 사실에 대해서 학교 교과서에 아무런 언급이 없다. 그런 학교에서 전쟁에 관한 지식을 얻지 못한 일본의 청소년들은 그 일이 너무 오래전에 있었던 일이기 때문에 더 이상 중요하지 않다고 믿는다. 내가 전쟁의 결과들에 대해 말을 했을 때, 나는 완전한 시간 낭비, 시대에 뒤떨어진 이야기, 너무나 먼 과거에 일어났던 일이라고 논평하는 것을 들었다.

나는 런던에 있는 일본 대사관에서 한 교사를 만났다. 그는 일본 고등학교 졸업생들을 데리고 중국의 고등학교 학생들과 교류하기 위해서 베이징을 다녀간 적이 있는 사람이었다. 중국에서 있었던 공개 포럼에서 전쟁에 관한 질문들이 있었는데, 그 질문들은 일본인의 무지를 보여 주었다. 사실 어떤 학생은 일본이 중국과 싸웠다는 사실조차 모른다고 말했다. 그 교사 자신도 전쟁에 대해 무지했기 때문에 그 전쟁은 불행한 일이었고, 또 그들의 교과 과정에 그것이 포함되어 있지 않다고 말하면서 간신히 그 궁지에서 빠져나왔다. 일본 학생들은 한국이 베트남에서 싸웠던 일에 대해서 질문을 받았을 때는 분개하며 울화통을 터뜨렸다. 그들은 어떻게 베트남 전쟁에 대해서는 그렇게도 많이 알면서 자기 자신의 역사에 대해서는 그렇게도 모르고 있는가?

유럽 국가들에게 태평양 전쟁은 먼 것이다. 일본은 런던이나 파리의 거리들을 위협하지 않았다. 처음에는 동아시아의 비인간적인 감옥에 대한 분노와 증오가 있었다. 전쟁 직후 몇 년 동안 일본인을 좋게 말하는 사람은 거의 없었다. 그러나 1970년대와 1980년대에도 여전히 살아 있었던 그 혐오는 기가 꺾이게 되었다. 아시아에서는 상황이 다르다. 일본이 자기의 역사에 대해 명백하게 무관심한 것은 과거가 잊히지 않는 다른 나라들에게 계속적인 모욕이다. 중국은 1842년과 1860년에 있었던 아편 전쟁의 불의를 아직 잊지 않았고, 그보다 100년이 지난 후에 일본으로부터 받은 끔찍한 상처들도 분명히 잊지 않았다. 난징 학살은 중국의 이웃인 일본과의 관계에 아직도 피가 흐르는 상처처럼 남아 있다. 2004년에 베이징에서 있었던 아시아 컵 대회에서 중국 축구 팀이 일본 팀에게 논쟁할 여지가 있는 패배를 당했다. 그 일은 하찮은 일이었는데도 폭동으로까지 번졌다. 일본 언론은 철없게도 중국인들이 왜 그렇게 강하게 반응하는지를 물었다.

한국에서는 일본 군인들을 위안하기 위해서 매춘 행위를 강요받은 여성들의 시위운동이 일어나고 있다. 그런데 일본 정치인들은 여전히 그 일을 진지하게 다루려고 하지 않는다. 일본 문부과학성은 최근에 사망자 수를 왜곡하고 한국인과 중국인이 고통받은 것을 과소평가하며 성 노예로 한국과 중국 여성들을 능욕한 것을 부인하는 교과서를 승인했다. 이것에 대해서 한국도 중국도 실망했다. 그들은 가끔씩 사과를 하면서도 죽은 자들에게 경의를 표하기 위해 야스쿠니 신사를 공식적으로 방문한다. 그 일로 사과의 진정성이 훼손되고 있다. 또한 이웃 나라들이 깊이 느끼고 있는 감정의 문제보다 자국의 정치적 유익을 챙기는 발언들을 하고 있다. 나는 거듭해서 일본인 친구들에게 설명해 왔다. 가족이 강간당하고 고문당하고 끔찍한 죽음을 경험하고 사랑하는 사람들을 잃은 사람들의 비탄을 이해해야 비로소 화해가 이루어진다고 말이다. 무지와 무관심으로는 결코 필요한 용서를 받을 수 없다.

그러나 어떤 일본인들은 과거에 있었던 사실을 기꺼이 받아들이고는 참된 평화를 위해서 다른 사람들에게도 알리고 있다. 우리는 1991년 영국으로 돌아와서 그런 사람을 만났는데, 그것은 특권과도 같았다.

서(西)중국에서 동(東)일본으로

짜맞추기

기이(紀伊) 반도는 혼슈의 가장 남쪽에 있는 넓은 지역으로, 도쿄에서 남서쪽으로 400km 정도 떨어진 곳에 있다. 마치 큰 엄지손가락이 태평양으로 불쑥 밀고 나간 모양이다. 비교적 외딴 지역이며, 풍광이 굉장히 아름답다. 우뚝 솟은 삼목과 노송나무와 소나무가 어우러져 울창한 숲을 이루고 있고 산이 많아서 험한 지역이기 때문에 인구가 적다. 이러한 상록수를 지붕 삼아서 그 아래에는 흰 꽃이 핀 동백나무와 섬세한 야생 난초들이 숨어 있다. 계곡이 서로 연결되어 미로를 이루는 강이 길게 흐르고 있는데, 가장 좁은 골짜기를 지나는 수로는 폭포가 되어 시원하게 떨어진다. 매우 인상적인 풍광이다.

기이 반도의 먼 남쪽 끝 산속에 이루카 마을이 자리 잡고 있다. 서쪽으로는 가파른 절벽과 구불구불한 협곡으로 유명한 기타야마강이 흐르

고 있고, 이루카의 동쪽에는 센마이다라는 계단식 논이 장관을 연출한
다. 1944년 6월 18일에 300명의 영국 전쟁 포로들이 그 마을로 터벅터
벅 걸어 들어갔고 오사카 전쟁 포로 16번 수용소에 억류되었다.* 정부는
그 지역의 노동력을 보강하기 위해서 그들을 그곳으로 보냈다.** 이시하
라 산업 회사에서 그 포로들을 '고용'했고, 그들은 일본인 광부와 학생들
과 함께 그 지방의 구리 광산에서 일했다. 그들은 몸이 매우 망가져서 뼈
와 가죽밖에 남지 않았다. 체중이 34kg밖에 안 되는 사람도 있었다. 그
러나 그들은 여러 면에서 다른 포로들보다 나았다. 그들은 태국과 버마
를 연결하는 철도를 건설하며 악몽과 같이 지내다가 일본으로 옮겨진 것
이었다. 지옥 같은 감옥에서 나온 것 같았다. 그들은 열대의 더위와 습기
와 몬순 계절풍을 견뎌야 했고 병과 궁핍으로 고난을 당했다. 그들을 사
로잡은 자들이 매우 잔인했기 때문에 그들은 공포에 떨어야 했다. 그들은
전우들이 죽는 것을 지켜보았다. 그러나 그들은 살아남았다. 일본 소유의
악명 높은 죽음의 배에서 위험들을 견디고 살아남은 것이었다. 그 배들은
사람들을 화물처럼 운반했고, 연합군의 공격에 심한 어려움을 겪었으며,
일본으로 가는 도중에 약 11,000명의 전쟁 포로들이 생명을 잃었다.

* 이루카 마을은 1944/45년까지 있다가, 1955년에 다른 두 마을과 합쳐 기와초 마을이 되었다.
여기에서는 혼돈을 피하기 위해서 지금 존재하지 않는 이루카라는 마을 이름을 그대로 쓴다.
** 일본은 1942년 포로들을 일본에 데리고 오면서 이 정책을 썼다. 약 36,000명의 포로가 130군
데에 나뉘어 수용되었다. 일본에서 죽은 포로가 약 3,500명이었는데, 전쟁 끝에 남은 포로는 91군
데 수용소의 32,418명이었다.

서(西)중국에서 동(東)일본으로

그들은 매일 수용소에서 나와서 소나무가 있는 곳을 통과하여 길이 갈라지는 곳으로 행진했다. 왼쪽으로 가는 길은 계곡 아래 강을 지나 집으로, 즉 자유로 가는 길이었다. 그러나 그들은 항상 탄광으로 향하는 오른쪽 길로 갔다. 그들 중 절반 이상은 탄갱에서 고생했고, 나머지는 광석을 처리하는 곳에서 노동했다. 그들에게는 건조한 거처와 조잡한 옷이 주어졌다. 처음 몇 달 동안 그들은 이전보다 더 많고 다양한 음식을 먹을 수 있었다. 그러나 가을에서 겨울로 넘어가면서 식량이 부족하여 상태가 악화되었다. 그들 중 2명은 각기병으로 인한 심장병으로, 또 1명은 말라리아로 일찍 죽었다. 그 후 4개월 동안에 다른 6명이 각기병으로 죽었고, 2명은 폐렴으로, 다른 1명은 농독증으로 죽었다. 3명은 머리에 치명적인 부상을 입었고, 이루카에서 죽은 16명 중 마지막 사람은 심장 마비였다.

전쟁 포로들은 전쟁이 끝난 지 3주 후에 해방이 되었다. 살아남은 군인들은 간소한 무덤을 만들고, 나무 십자가와 죽은 사람들의 이름을 기록한 기념판을 만들어서 죽은 전우를 기념했다. 드디어 그들은 지붕 없는 화물차를 타고 왼쪽 길을 따라 내려가서 자유를 얻었다. 영국으로 돌아갈 수 있었던 284명 중 어느 누구도 다시 돌아오겠다고 생각하지 않았을 것이다.

니시 게이코는 전쟁 포로들이 떠난 지 4년 후에 이루카에서 16km 떨어진 니시야마에서 태어났다. 어렸을 때 게이코는 그 지역의 묘지에서 검소한 십자가 무덤이 불교식 무덤들에 둘러싸여 있는 것을 보았다. 당시는 그것이 자신에게 뜻깊은 의미가 될 것임을 결코 알지 못했다. 게이코는 도쿄에서 공부하는 동안에 대학교의 기독교인 교사였던 폴 홈스와 사랑에 빠지게 되었고, 기독교인이 되었다. 그들은 결혼해서 10년 후에는 런던에 와서 살았다. 1984년에 폴이 사업차 방글라데시에 있을 때 비행기 사고로 비참하게 죽었다. 그래서 게이코의 세계는 어두워지게 되었다.

게이코는 4년 후에 고향으로 돌아와서 묘지를 방문했다. 영국 전쟁 포로들을 매장한 곳이 좋게 바뀌어 있었다. 그곳은 그 지역 노인들이 잘 유지하고 있었다. 그들은 본래 전통적으로 죽은 자를 예의바르게 대하기 때문에, 친척들이 묘지를 방문할 수 없는 사람들의 영까지도 돌보았다. 1987년에 더 큰 기념비가 만들어졌다. 대리석 주초와 동으로 만든 십자가들이 있었고, 측면에는 돌로 된 기념 명판이 있었다. 군인의 이름과 간략한 내력이 기록되어 있었다. 게이코는 이루카에 있었던 이전의 전쟁 포로들에게 이 새 기념비에 대해서 말해야겠다고 결심하고 영국으로 돌아갔다. 그렇게 하면서 게이코는 인생의 새로운 목적을 발견하게 되었다.

하나님께서 게이코에게 주신 임무는 쉬운 것이 아니었다. 1991년에 런던에서 극동 전쟁 포로 연맹의 연례 컨퍼런스가 있었다. 그곳에서 게이코는 자신의 임무가 얼마나 크고 힘든 것인지를 실감했다. 게이코는 참석하지 말라는 경고를 받았다. 일본 여성이 혼자 1,000명이 넘는 퇴역 군인과 그 가족의 사적인 슬픔에 끼어드는 것이었다. 게이코가 이루카의 사진들을 쳐들자 그들은 등을 돌렸다. 게이코를 향해서 모욕적인 말들이

서(西)중국에서 동(東)일본으로

수류탄처럼 날아갔다. 그러나 이러한 불확실한 출발을 기점으로 해서 연결들이 생기게 되었다. 1992년 10월에는 이루카의 기념비 앞에서 그 지역 성도들이 기독교 기념 예배를 드릴 때, 19명의 이루카 젊은이(게이코는 그곳에 수용되었던 군인들을 그렇게 불렀다.)들이 함께 참석했다. 그렇게 함께 예배를 드리면서 47년 동안 깊이 뿌리박혀 있던 증오가 뽑히는 치유가 있었다.

에벌린과 나는 런던에서 일본 기독교인 단체(Japanese Christian Fellowship)와 함께 일을 하면서 게이코를 알게 되었다. 게이코는 자기 집에서 하는 일본 여성들을 위한 성경 공부 모임을 인도해 달라고 부탁했다. 게이코가 전쟁 포로와 일본인을 화해시키는 일은 성장해서, 현재는 아가페*라는 단체도 만들었다. 여러 해 동안 게이코는 내게 자기가 일본으로 갈 때 언제 한 번 함께 가자고 권했다. 2003년이 되어서야 22명이 함께 일본으로 갈 수 있었다. 그것으로 예상하지 않았던 사역의 문들이 열렸다. 이 책도 그중 하나였다.

우리 여행의 출발점인 교토로 가는 도중에, 나는 동행한 사람들의 이야기를 들었다. 새뮤얼 팔레(Samuel Falle) 경은 그가 타고 있던 구축함 HMS 엔카운터호가 침몰한 후에, 일본 해군에게 구출되기까지 약 24시간 동안을 바다에서 떠돌았다.

"우리는 1942년 2월에 인도네시아의 영해 밖에 있었습니다. 27일에

* www.agape-reconciliation.org 참고.

우리는 자바해에서 일본의 호위대와 교전을 했습니다. 사태는 우리에게 좋지 않았어요. 우리는 군인 수와 화력이 딸렸습니다. 대체로 일본 구축함 중에는 한 척만 심각한 파손이 있었던 반면, 우리는 순양함 3대와 구축함 5대를 잃었습니다.

우리는 처음의 맹공격을 견뎌 냈습니다. 그러나 이틀 후에는 사면이 바다인 곳에서 4대의 구축함과 6대의 순양함에 잡혔습니다. 우리와 미국 구축함 1대는 엑서터(Exeter)호를 호위하여 전투 지역 밖으로 나가고 있었어요. 엑서터호는 침몰했고 미국인들은 우리 시야에서 사라졌습니다.

그다음에는 우리가 맞았지요. 46개의 총들이 우리를 조준하고 있었고 우리는 움직이지 않고 그저 앉아 있었어요. 함장은 배를 포기하라고 명령했습니다. 나는 자바해로 뛰어들었고 구명대를 붙잡았어요. 구축함 중 한 대가 가까이 왔습니다. 나는 그것으로 마지막이라고 생각했지만, 그것은 우리를 운명에 맡기고 가 버렸습니다. 나는 밤새 물 위에 떠 있었습니다.

그 후에 다른 일본 구축함 이카즈치(いかずち)호가 나타났어요. 그들은 우리를 바다에서 끌어올렸습니다. 우리에게 깨끗한 옷과 먹을 것을 주었지요. 구조가 끝났을 때 보니 모두 300명이나 되었습니다. 함장이 우리에게 말했습니다. '당신들은 용감하게 싸웠습니다. 이제 당신들은 일본 제국 해군의 명예로운 손님들입니다. 당신네 정부가 일본과 전쟁을 하는 것은 매우 어리석은 것입니다.' 그 후에 나는 전쟁 포로 수용소에

서(西)중국에서 동(東)일본으로

있었어요.

나를 안전한 곳으로 끌어올린 사람들 중 하나가 나에게 연락해 왔습니다. 그는 내 경험을 쓴 글을 읽었대요. 그는 나를 방문했고, 이제 내가 그 사람을 일본에서 만납니다."

우리는 팔레 경을 구출한 사람을 도쿄 공항에서 만났다. 함포 사격 장교였던 다가미 슌조는 백발이 성성하고 키는 작았지만 더없이 좋은 미소를 띤 단정한 사람이었다. 그는 자신이 기독교인이라고 나에게 말했다. 전쟁이 일어나기 전에 선교사들과 함께 영어를 공부했던 해군 장교를 통해서 개종했다고 했다.

네덜란드 사람인 얀 뤼프 오헤르너는 전쟁이 최악의 상태였던 2년 동안, 어머니와 언니와 여동생과 함께 인도네시아에 있는 암바라와 여자 포로 수용소에 있었다. 수용소는 더럽고 해충이 들끓었다. 1944년 2월 말, 어느 덥고 습한 금요일에 일본 장교들이 17세를 넘은 미혼 여자들을 세워 놓고 검사를 했다. 그들은 얀과 또 다른 네덜란드 출신 어린 소녀 15명을 지붕 없는 트럭에 태웠다. 그들은 그중 7명을 서양식으로 지은 큰 집에 보냈는데, 일본인들은 그 집을 일곱 바다의 집이라고 불렀다. 얀에게 큰 침대 등이 갖추어져 있는 방이 주어졌다. 일본인들은 소녀들의 사진을 일본 군인들이 보고 선택할 수 있게 게시판에 붙였다.

"그 집은 매춘굴이었어요. 우리는 일본 군인들의 성적인 노리개가 되었습니다. 그때 내 나이가 21세였어요."

그렇게 시작된 날에 얀은 뚱뚱한 대머리 일본인에게 성폭행을 당했다. 그 후로 석 달 동안 얀과 소녀들은 강제로 하루에 적어도 10명의 일본인들에게 성폭행을 당했다. 그들이 숨으려고 하면 두들겨 맞았다. 이 더러운 악몽에서 얀이 유일하게 구조를 받았던 때는 얀의 언니를 아는 인정 많은 일본 사람이 2주 동안 학대받지 않아도 되도록 돈을 지불했을 때였다.

"그들은 나의 젊음과 인간으로서의 존엄성을 빼앗았습니다. 전쟁 후에 나는 영국 육군 경찰에 이것을 고발했지만 아무 조처가 없었습니다. 어머니에게 한 번 이야기했지만 그 후로 다시는 이야기하지 않았어요. 확실히 발언을 할 수 있는 용기를 갖기까지 많은 해가 걸렸습니다. 나는 끔찍한 수치와 불결함 속에서 침묵하며 살았어요.

1992년에 한국 여인 몇 명이 소리 내어 말했습니다. 나는 그들을 텔레비전에서 보았지요. 그들은 마땅한 처벌을 주장하며 흐느껴 울었습니다. 그들은 나에게 용기를 주었습니다. 나는 그들을 안아 주고 싶었어요. 이제는 내가 말할 때라고 생각했습니다."

얀은 그녀가 경험한 것에 대한 책을 썼다(Jan Ruff-O'Herne, *50 Years of Silence*, Sydney/Amsterdam/New York: Tom Thomson, 1994). 그녀는 1992년 12월에 도쿄에서 일본 군인들의 만행과 학대에 대한 국제 공청회가 있었을 때 목소리를 높인 여성 대변인이었다.

"남자들은 가슴에 훈장을 달고 전쟁에서 돌아왔습니다. 이 모든 여자

서(西)중국에서 동(東)일본으로

들이 가지고 돌아온 것은 상처밖에 없었어요."

얀이 내게 말했다.

후에 얀은 한 일본 교회의 주일 예배에서 이렇게 말했다.

"나는 결코 내 믿음을 잃어버리지 않았습니다. 나는 밤낮으로 기도하
곤 했어요. '아버지, 저들을 용서해 주옵소서. 그들이 무엇을 하는지 알지
못함이니이다.'"

어느 일본 여성이 그 자리에서 일어났다.

"나의 아버지는 전쟁 범죄로 재판을 받았습니다. 아버지는 교수형에
처해졌어요. 아버지가 무슨 범죄를 저질렀는지 아무도 나에게 말해 주지
않았습니다. 일본에서는 침묵하고 있었습니다."

예배가 끝난 후에 나는 얀과 그 여성이 서로 안는 것을 보았다. 매우
감동적인 순간이었다.

우리의 순회 일정 중에 초등학교 방문이 있었다. 우리는 모두 무리
지어 앉았고, 전쟁 포로의 실상에 대한 질문들에 대답하는 시간을 가졌
다. 방문이 끝났을 때 어느 중년 교사와 기자가 다가왔다.

"우리는 오늘 새로운 것들을 많이 배웠습니다. 우리는 도무지 용
기가 없어서 여러분에게 할 수 없던 질문들을 아이들은 많이 할 수가
있었군요."

우리는 또 히로시마를 방문했고 평화 기념 공원에 있는 아치형의 기
념비 앞에 섰다. 우리는 이 주제를 중심으로 대화했다. 만약 일본이 항복

하지 않는다면 어떤 일이 일어날 것인지에 대한 경고로서 미국은 도쿄에서 가까운 곳(민간인들이 사는 곳에서 떨어진 곳)에 원자 폭탄을 떨어뜨렸는데, 과연 그래야만 했는가? 우리는 우리가 자유를 얻기 위해 죽어야 했던 사람들에게 경의를 표하기 위해서 모였다. 그 사람들 중에 일본어를 하는, 전쟁 포로였던 내가 있었던 것은 진기한 일이었다. 그리고 이것은 내가 화해에 대하여 말할 수 있었던 매우 좋은 기회였다.

내가 일본에서 돌아온 후, 도쿄에 있는 생명의 말씀 출판사에서 이메일을 받았다. 그 직원들이 아가페가 주최했던 우리 모임에 참석했다가 내 간증에 충격을 받았다. 그들은 내 간증을 책으로 출판하기를 원했다. 나에게 인터뷰를 하러 3주 동안 일본으로 올 수 있는지 물었다. 그다음 해에 유키 에미코 부인과 나는 원고 작업을 했다. 내가 이야기하면 유키 부인이 일본어로 작문을 했다. 그렇게 해서《어두움 속에서 빛나는 횃불을 들다》가 2005년 2월에 출판되었다. 많은 일본인들이 그것을 읽고 매우 격려가 되었다고 나에게 편지를 썼다.

2006년 4월에 집 전화벨이 울렸다. 나는 아오모리의 TV 방송국과 이야기하게 되었다. 그들은《어두움 속에서 빛나는 횃불을 들다》를 한 권 가지고 있었고, 내가 그들의 프로그램에 출연하기를 원했다. 후에 알게 된 것인데, 그 방송국의 대표가 에릭 리들에 대해서 이야기하려고 그 지역의 대학 교수를 방문했다. 그 대학 교수는 1958년에 에벌린이 인도하는 주일 학교에 참석했다. 그는 이 책에 대한 광고지를 막 받아 휴지통에 넣었는데, 얼른 다시 꺼냈다!

"벚꽃이 피는 시기에 일본으로 오시겠습니까?"

"아마 가을이 낫지 않을까요?"

내가 말했다. 벚꽃이 피는 시기는 2주밖에 남지 않았다.

그 부인은 끈질기게 자신이 계획하는 일이 가치 있는 일이며 벚꽃은 훨씬 좋은 배경일 것이라고 나를 설득하기 위해서 세 번이나 전화를 걸었다. 그래서 나는 다시 한 번 일본으로 돌아갔다. 놀랍게도, 아오모리에서 도쿄로 가는 비행기 안에서 알고 보니, 그 대학 교수가 그곳에 앉아 있었다. 그 교수와 에벌린의 주일 학교에 참석했던 또 다른 한 사람은 《어두움 속에서 빛나는 횃불을 들다》를 읽었고, 내가 가서 이야기했던 한 모임에 참석했다. 그 결과로 그들은 둘 다 자신의 삶을 하나님께 다시 헌신했다. 그는 또한 그 대학 교수가 1960년대 초에 내가 인도하는 성경 공부에 참석했던 사람이고, 중학교 시절에 아오모리 연안에 있는 한 어촌에서 기독교인이 되었다고 내게 말해 주었다. 그도 내 책을 읽었는데, 내가 그에게 에릭 리들의 용서의 바통을 넘겨주었던 것처럼, 그도 자기 학생들에게 그 바통을 넘겨준다고 그들에게 말하고 있었다.

이런 식으로 이야기는 계속된다. 에릭 리들과의 우정과 책, TV, 라디오 프로그램들을 통해서 하나님의 은혜를 증거할 수 있는 귀한 기회들이 아직도 때때로 주어진다. 이 이야기는 여기가 끝이 아니다.

웨이시엔 수용소의 23동. 데이비드 미첼과 더 어린 아이들이 건물의 오른쪽 끝에 있는 방에서 함께 살았고, 에릭 리들은 그 바로 윗방에서 살았다.

담장 밖에서 본 웨이시엔 감시탑

서(西)중국에서 동(東)일본으로

이어받기

2005년 8월 14일 주일에 나는 깊은 잠에서 깨어났다. 그리고 직감적으로 호텔 창문으로 다가갔다. 나는 커튼을 열고 내가 63년 동안 보지 못했던 광경을 내다보았다. 거기에는 익숙한 해안선과 절벽과 치푸의 섬들이 있었다. 저 멀리 오른쪽에는 배후지가 있었고 본래 그대로인 지평선이 있었다. 모든 만곡부와 울퉁불퉁한 바위며 산마루와 협곡이 내가 기억했던 것과 다르지 않았다. 여기에 내가 결코 잊어버리지 않았던, 동면하고 있었던 추억이 있었는데, 이제 그것이 일깨워졌다. 그러나 내 밑에서는 인구가 20만 명 이하였던 내 옛 세계의 읍이 150만 명이 살고 있는, 큰 도로와 고층 건물의 도시(지금의 옌타이)로 대체되어 있었다. 나는 갑자기 일본의 립 밴 윙클인 우라시마 다로 같은 감정을 느꼈다.

나는 베이징의 여름 무더위와 도시 스모그를 떠나서 한밤중에 닐 요 크스턴과 그의 두 딸 캐서린과 루스와 함께 치푸에 도착했다. 이 여행을 할 때 에벌린은 집에 있었다. 나에게 중국으로 오자고 한 사람은 치푸 학교의 옛 친구인 닐이었다.

닐이 전화로 나에게 말했다.

"이전의 치푸 사람들이 집단으로 가네. 산둥성 당국에서 사흘 동안 축제를 하려고 준비하고 있어. 우리가 해방된 지 60년이야. 자네도 오지 않겠나? 나는 남쪽으로 내려가서 구이저우성을 다시 보고 싶네. 자네는 윈난성으로 갈 수 있지."

중국을 다시 방문한 것은 묘한 경험이었다. 성조가 있는 중국어의 특성은 모든 도로 표지와 광고판과 상점 앞과 지폐에서 보는 글자들처럼 익숙한 것 같았다. 그러나 나는 모든 대화에서 약 15초 뒤처졌다. 반쯤 기억하는 단어들을 조금 아는 척하면서 또 그것들을 해석하면서는 모든 것을 잃어버리면서. 글자를 읽는 것은 명암의 배합을 보는 것에 가까웠다. 중국어와 일본어에서 같은 것을 의미하는 단어들이 나에게 도움이 되었지만, 그렇지 않은 것들은 나를 무지 속에 남겨 놓았다.

아침 식사 후에 우리는 버스를 타고 교회로 갔다. 1942년에 우리가 치푸를 떠날 때, 네 명의 현지 목사들이 히로히토 일왕의 사진을 예배당에 걸어 놓고 절하는 것을 거부한 죄목으로 감옥에 갇혔다. 이제는 그 네 명 중 한 사람의 손자가 그 교회의 목사였다. 그 회중은 마오쩌둥의 통치

아래 오랫동안 핍박을 당했다. 그러나 교회는 중국 어디에서나 그렇듯이 이제 번성하고 있었다. 우리가 들어갔을 때 그 건물은 금방이라도 터질 것 같았다. 오직 형식에 얽매인 관료 정치만이 현존하는 건물을 부수고 더 큰 새 건물을 짓고자 하는 회중의 소원을 가로막고 있었다. 이 예배는 그날 세 번 드리는 예배 중 하나였다.

"아멘의 의미를 아시나요?"

내가 기독교인이 아닌 중국인 안내자에게 물었다. 그것은 영어 단어와 같은 중국어였다.

"그것은 종교적인 단어인데요. 나는 그 의미를 잘 모릅니다. 당신을 위해서 그 의미를 찾아볼게요."

그녀가 심각하게 말했다.

기쁘게도, 내가 아닌 그 목사가 그녀에게 그 의미를 길게 설명을 해 주었다.

도시가 현대화되면서 우리의 과거는 그대로 남아 있는 것이 거의 없었다. 우리는 울퉁불퉁한 길들, 꼬부라진 골목길들, 가로수가 있는 보행자 길들, 상가를 따라 늘어서 있었던 딱딱한 건물들과 위압적인 벽으로 지켜지고 있던 웅장한 집들의 영상들을 공동으로 생각해 내고 기억하며 여기저기를 관광했다. 치푸 학교는 아직도 거기에 있었는데, 이제는 해군 아카데미가 되었다. 우리의 삶을 풍부하게도 했고 손상시키기도 했던 사람들을 회상하며 학교 건물의 안팎을 돌아다녔다. 슬프게도, 주춧돌은 열성적인 공산주의자들에 의해 훼손되어 '하나님의 신실하심'과 같은 구절들이 지워져 있었다. 지역 관리들이 베푸는 푸짐한 연회에 참석한 후에, 우리는 추억에 잠겨 들면서 유쾌한 저녁을 맞이했다.

웨이시엔 포로 수용소를 방문한 것은 탁월한 선택이었다. 우리를 초대한 사람들은 착오 없이 능숙하게 우리를 안내했다. 모든 것이 우리가 과거에 경험했던 고난과는 현저히 다른 것이었다. 우리는 평범한 작은 배나 기차가 아닌 호화로운 대형 버스로 고속도로를 달렸다. 그 여행은 치푸에서 48시간이 아니라 3시간 걸렸다. 빈객들로서 우리는 최고급 호텔보다 한 단계 낮은 호텔에 투숙했다. 호텔에서는 활동적인 여러 직원들이 우리의 모든 요구를 충족시켜 주기 위해서 계속 대기하고 있었다. 사흘 동안 우리는 그곳에서 일하는 사람들에게 불편한 대상이 아닌 관심의 중심이었다. 우리는 정부 관리들의 환대를 받았고 호기심 많은 구경꾼들로 둘러싸였으며 중국과 국제 매스컴에 에워싸였다.

벽으로 둘러싸였던 작은 웨이시엔은 사라졌고, 이제 그곳에서는 해마다 국제 연날리기 축제가 열린다. 유명하고 혼잡한 주요 도시가 되었다. 도시 풍경은 주변 지역들에 있는 야영 지대를 흡수하면서 원래의 벽들 훨씬 너머로 확장되었다. 그 원래 부지는 부분적으로 그 도시의 제2중등학교로 변형되었다. 원래 건물들 중 오직 9개만 남아 있는 것 같았다. 여자 숙소, 남자 숙소, 셰이디사이드 병원과 그 앞에 있는 세 개의 월스트리트 테라스, 그리고 다른 세 개의 건물은 일본인 구역에 있었다. 이것들 중 하나인 일본 종합 상점은 웨이시엔 포로 수용소 기념 박물관이 될 것이었다. 나는《어두움 속에서 빛나는 횃불을 들다》책 한 권을 그들의 전시물에 추가하도록 남겨 놓았다.

정문이었던 곳에 작은 묘지가 조성되어 있었고, 수로를 변경하고 깊게 파서 작은 배들이 정박할 수 있도록 해 놓았다. 묘지 중앙에는 인상적인 기념물이 있다. 사면으로 된 오벨리스크인데, 거기에는 실물 크기의 미군과 중국 군인이 한 명씩 풀려난 포로들과 해방된 중국인들 사이에 섞여 있고, 그 위로 자유롭게 날고 있는 새들이 조각되어 있다. 억류자들이 일하는 것을 묘사하는 청동 세공이 그 기념물을 향해 있는데, 그 형상 중 하나는 에릭 리들과 같은 모습을 하고 있다. 그리 멀지 않은 곳에는 스코틀랜드에 있는 작은 섬에서 가져온 2m 높이의 붉은 화강암 평판이 서 있고, 거기에는 1991년에 에릭에게 바쳐진 찬사가 새겨 있다. 그 뒤에는 중국어와 영어로 쓴 간략한 사망 기록이 금으로 새겨져 있다. 앞에는 어울리는 성경 구절이 있다. "그들은 독수리의 날개 치며 올라감 같을 것이요 달음박질하여도 곤비치 아니하겠고."

2005년 8월 17일 수요일에 우리의 해방을 공적으로 축하하는 의식이 있었는데, 나는 뒤늦게 에릭 리들을 기념하는 말을 해 달라는 요청을 받았다. 그 연설은 엄격히 3분보다 더 길면 안 되었고 어떤 상황에서도 정치적이거나 종교적인 언급을 하면 안 되었다. 치푸에 있는 호텔에서 나는 급히 사무실로 내려가 컴퓨터 하나를 빌려 달라고 요청했다. 180초

연설문을 작성하는 데 90분이 걸렸다! 우리가 웨이시엔에 머문 지 이틀째 되는 날에 정식 절차들이 있었다. 억류자들을 상징하는 1,500마리의 비둘기들이 풀려났고, 그다음에는 불꽃놀이의 불꽃들이 폭발하면서 우리 미국 해방자들을 상징하는 낙하산의 모형들을 만들어 냈다.

에릭 기념비 주위에 군중이 모여들자 한 관료가 몹시도 자신의 영향력을 행사하고 싶어서 나의 연설에 갑자기 참견했다.

"그 연설은 3분이 더 되기 때문에 취소해야 합니다."

행사를 조직하고 진행하는 사무관이 와서 내가 쓴 것을 보았다.

"오, 아닙니다. 괜찮습니다. 그리 길지 않을 거예요. 아마 몇 가지 수정하면 될 거예요."

그는 동료의 체면을 세워 주기 위해서 재빨리 서두의 한두 단어를 바꾸더니 뒤로 물러났다.

통역자와 내가 연설을 시작했을 때 비가 부슬부슬 내리고 있었다. 중국인 청중이 계속 머물러서 내 연설을 듣는 것이 기뻤다.

나는 그들에게 말했다.

"에릭은 나에게 두 가지를 주었습니다. 자기가 신던 낡은 운동화를 주었지요. 저의 운동화도 낡았고 그때는 한겨울이었습니다. 그가 나에게 준 가장 좋은 것은 그의 '용서의 바통'이었습니다. 그는 나의 원수인 일본인들을 사랑하고 그들을 위해 기도하도록 나를 가르쳤습니다. 1952년에 나는 배를 타고 일본으로 갔습니다. 그 배에는 300명의 젊은 영국 군인들이 타고 있었어요. 그들의 장교가 나에게 군인들에게 주일 설교를 해 달라고 요청했습니다. 나는 그들에게 에릭 리들의 이야기를 했고 그가 어떻게 나의 원수를 사랑하는 것을 가르쳐 주었는지에 대해서 말했습니다. '여러분은 총을 가지고 한국으로 가고 있는데, 거기에서 UN과 함께 평화를 위해서 싸우다가 아마 죽을지도 모릅니다. 나는 에릭의 참된 평화의 메시지를 가지고 일본으로 가고 있습니다.'"

내가 말을 할 때, 나는 또한 학교 친구인 브라이언 톰슨에 대해서도 생각하고 있었다. 그 구내의 맨 구석에 있던, 아무도 돌보지 않는 그 흙무덤들은 오래전에 새 건물 부지 밑으로 사라져 버렸다. 나는 그에게 말없이 경의를 표했다. 하나님은 그와 에릭이 어디에 묻혀 있는지를 아시며, 예수님께서 다시 오실 때 그들을 다시 살리실 것이라는 생각을 하면서 나 자신을 위로했다.

그 후에 산둥 텔레비전 방송국과 40분간 인터뷰를 했다. 나는 첫 연설에서 피했던 모든 종교적이고 정치적인 주제들을 포함시켰다. 그 인터뷰가 어떻게 사용될 것인지 내가 물었을 때, 나를 인터뷰한 그 사람은 그저 그들이 필요할 때 그것을 방영할 것이라고만 말했다.

연설이 끝난 후에 닐과 나는 셰이디사이드 병원으로 슬슬 걸어갔다. 닐이 그곳 관련자를 설득하여 3층에 있는 고미다락을 열어 주도록 했다. 회색빛 벽돌 입구로 돌계단을 올라가고 내 옛 침실로 가는 계단을 올라가면서 묘한 느낌이 들었다. 직감적으로 나는 복도를 따라 오른편으로 돌았고 거기에서 자던 사람들의 이름들을 생각해 내기 시작했다. 방은 완전히 비어 있었다. 우리는 진홍색 틀로 된 지붕창들 중 하나를 열고서 밑에 있는 친구들에게 손을 흔들었다. 이 창문들은 허멜과 팁턴이 1944년에 탈출하려고 계획을 세우면서 내다보았던 바로 그 창문들이었다. 경계 벽 가시 철조망과 전기 장치를 한 울타리와 감시탑과 참호 너머로 전망이 좋은 광경이 있었다. 건너편에 넓은 벌판이 있었다. 우리는 그것을 바라보면서 탈출하여 그 비어 있는 공간의 새 거주자들이 되는 공상을 하곤 했다. 그러나 그것은 헛된 말들이었다. 그때 우리는 젊었다. 우리 대형 버스가 우리를 다시 호화로운 우리 호텔과 또 하나의 유쾌한 연회장으로 데려가려고 강의 다리에서 기다리고 있었다. 그것을 내려다보니 그 고통스러웠던 날들이 모두 까마득한 옛날 일로 생각되었다.

중국으로

이틀 후에 내가 탄 비행기는 산둥성에서 세 시간을 비행하여 우자바오 공항에 다가갔다. 나는 1945년 이래 처음으로 쿤밍을 보았다. 치푸와 웨이시엔처럼 쿤밍도 사방으로 굉장히 커졌다. 나의 눈길은 다음 날 아침에 내가 갈 북쪽 언덕에 끌렸다. 여기에서는 보이지 않지만 부족 마을이 있는 다쿠를 다시 찾아갈 예정이었다. 거기에서 마지막 성탄절 휴가를 보낸 것이 67년 전, 그때 내 나이 열한 살이었다.

　중국은 어디를 가든지, 광고판과 건물 부지와 고층 건물들이 넘쳐났다. 쿤밍도 다르지 않았다. 쿤밍 공항은 중국에서도 오래된 공항인데, 이전에 외곽이었던 위치가 도시가 커지면서 이제는 도시 안이 되었다. 나는 붉은 형광색 삼륜 택시를 타고 호텔로 갔다. 거리를 지나는데 나의 기억은 현대 중국과 거의 관련이 없었다. 지금은 중국의 세기가 될 것이라고 선전하는데, 중국인은 자기들의 주장대로 도시 번영을 이루기 위해서 거의 시간을 낭비하지 않는 것이 분명했다. 한때는 쿤밍 도로에 차가 수십 대 있었다. 그러나 이제 나의 작은 택시는 수천 대의 자가용, 공공 버스, 트럭, 자전거, 손수레 그리고 보행자들 사이를 위험스럽게 스쳐 지나 갔다. 21세기 도로에서 서로 먼저 그것이 자기 길이라고 열심히 주장하는 것 같았다. 호텔에서는 또 다른 위험에 대해서 경고를 받았다. 내 방에 있는 전화선을 뽑아 놓는 것이 상책이라고 했다. 그렇지 않으면 매춘부들이 성가시게 할지 모른다는 것이었다.

다음 날 나는 통역자와 기독교인인 중국인 안내자를 동반하고 북서쪽으로 약 60km 떨어진 우딩으로 갔다. 우딩은 문화 혁명 때 순교한 왕지밍의 고향이었다. 그는 먀오 교회의 지도자였는데, 나는 어릴 때 그를 만난 적이 있었다. 먀오 사역의 중심지인 사푸샨에서 중국인 목사들과 선교사들의 모임이 있었는데, 부모님을 따라갔다가 그를 만났다. 사푸샨은 우딩에서 북쪽으로 걸어서 반나절 걸리는 산꼭대기에 있다. 지금 왕지밍 동상은 웨스트민스터 사원의 서쪽 벽 위의 한 귀퉁이를 장식하면서 억압과 폭력과 전쟁의 무죄한 희생자들을 기념하고 있다.

쿤밍을 벗어날 때까지 모든 교차로는 정체되어 있어서 우리 버스의 운전사는 끊임없이 경적을 울려 댔다. 도시에서 나와서 가파르게 올라가자 긴 터널이 나타났다. 그곳은 어둡고 숨 막히게 오염된 곳이었다. 마침내 산의 어둡고 깊은 곳에서 빠져나오자 낯익은 시골이 나타났다. 내가 알아볼 수 있는 풍경들이었다. 이제, 마침내, 나는 익숙하고 변하지 않은 땅에 도착한 것이었다.

우딩에서 다쿠까지 타고 간 차는 베이징 지프 회사에서 만든 랜드로 버였다. 매우 힘들여 운전해야 했지만 우딩 종교 사무국의 국장은 매우 능숙한 운전자였다. 그리고 놀랍게도 부국장은 다쿠에서 나와 같이 놀던 옛 친구 샤오양의 손자였다! 우리의 노선은 잘 포장된 도로부터 흙에 수천 개의 돌들을 가져다 부은 듯 험한 길까지 다양했다. 길 안내판이 거의 없는 것이 오히려 사람의 눈을 끌었다. 우리는 빠른 속도로 흐르고 있는 강물에 빠져들었고, 차가 위아래로 덜컹거리면서 자동차 밑에 있는 차대를 위태롭게 했다. 우리 주위에 잇따라 있는 산들은 하나하나가 하늘로 솟아오르는 것 같았다. 좀 더 낮은 경사지는 다량의 옥수수와 여러 가지 채소들, 그리고 잎이 넓은 담배 밭들로 덮여 있었다. 단지에 있는 해바라기 꽃들이 길을 밝혀 주었다. 검은 염소 떼가 가장 그럴 법하지 않은 장소들에서 풀을 뜯어 먹고 있었다. 우리는 30~40가구가 모여 있는 마을을 수십 군데 지나면서 해발 2,400m 높이까지 올라갔다. 그런 다음에는 다시 올라가기 전에 바늘같이 비좁은 일련의 U자형 길들을 돌아서 내려갔다.

우리 랜드로버는 왼편으로 기울었다가 다시 오른편으로 확 기울면서 또 노상의 융기들을 지날 때마다 자리에서 펄쩍 튀어오르면서 다섯 시간을 달렸다. 그런 다음에 완만하게 굽은 길을 돌아가자, 그곳에 내가 떠났던 산 바위 턱에 다쿠가 있었다. 바뀐 것이 거의 없어 보였다. 세상은 그 마을과 마을 사람들을 중요하지 않다고 무시하고 있었다. 버스 정류장까지 세 시간을 걸어가야 했고, 버스는 하루에 한 번씩밖에 다니지 않았다. 박공에 십자가가 그려져 있는 그 작고 흰 교회는 익어 가고 있는 옥수수밭에 둘러싸여 아직도 그 길 끝에 서 있었다. 마을은 조금 더 커졌지만 그렇게 크지는 않았다. 서서히 우리는 마지막 12개의 U자형 길들을 뚫고 나갔다. 어떤 길들은 너무 좁아서 한 번 후진을 해야 갈 수 있었다. 납작한 회색 모자를 쓰고 오래된 먀오족 웃옷을 입은 샤오양이 나를 기다리고 있었다. 그는 이빨 없는 잇몸을 드러내며 씩 웃었는데, 그 웃음은 아이 때와 같은 환한 미소였다. 목사와 아내가 내 팔을 붙잡고 앞으로 나를 안내했다. 내 눈에 눈물이 가득 찼다. 그 길 위에 있는 보도에서 어린아이들이 가장 좋은 옷들을 입고 줄을 지어 서서 나를 향해 수줍게 손을 흔들고 있었다. 두 청년이 그 보도 위로 붉은 테를 두른 노란색 현수막을 펼쳐 들었다. 중국어와 영어로 이렇게 써 있었다. "소중한 가족의 귀향을 열렬하게 환영합니다."*

내 왼편에는 마을 여인들이 화려한 다채롭고 화려한 전통 의상을 입고 있었다. 수놓은 넓은 끈으로 발목 있는 데를 묶은 평직 무명 바지와 파스텔 색조의 분홍색과 녹색과 푸른색으로 공교하게 수놓은 긴 상의를

---

* 영어로는 'Welcome to our dear friend go home'라고 되어 있었는데, 좋은 중국어 번역은 아니었다.

입고 있었다. 어떤 사람들은 화려한 신발을 신었고, 모두 아주 검고 길게 땋은 머리 위에 꽃들로 장식한 정교하고 뾰족한 모자를 썼다. 그 맞은편에는 남자들이 그보다는 수수한 옷을 입고 있었다. 어떤 사람들은 테에 장식 술을 달고 솔기를 솜씨 좋게 바느질한 검은색 점퍼를 걸쳤는데, 이 사람들은 성가대였다. 강한 바리톤 음성을 가진 성가대장의 지휘에 따라 아코디언의 반주에 맞추어서 그들은 손뼉을 치며 박자를 맞추어 훌륭한 환영 노래를 불렀다. 그 훌륭하고 화려한 음률은 그들의 옷차림과 잘 어울렸다. 그들의 조화로운 합창은 기와지붕들을 넘고 푸르게 우거진 계곡을 넘어 울려 퍼져 나가더니 사방 언덕에서 메아리쳐 돌아왔다. 그 음악은 내 마음 깊은 곳을 움직였고 열쇠처럼 나의 감정을 열어 주었다. 나는 감정이 북받쳤다. 내 뺨에 눈물이 줄줄 흘러내렸다. 그렇게도 아름다운 것이었다. 그들, 동리수인들이 나를 위해서 노래하고 있었다.

성가대장과 그의 아내는 계속 노래를 부르면서 성가대가 내 앞에 만든 행렬 사이로 나를 인도하여 마을을 지나 예배당까지 데리고 갔다. 녹색과 흰색의 벽, 정사각형 판자를 댄 천장, 둥근 나무 기둥들로 세운 그 헛간 같은 교회의 내부는 모두 내가 기억하던 그대로였다. 나무로 된 등 낮은 긴 의자들은 새것이었다. 샹들리에 대용품인 형광 조명등이 있었고, 목사의 성서 낭독대로 사용하는 회색 나무 책상 뒤에 은색 시계가 걸려 있었다. 벽 한가운데 그려져 있는 붉은 십자가 양쪽에 깃발들이 있었는데, 거기에는 세로로 이렇게 쓰여 있었다. "만세 반석 열리니 나를 주

님 안에 숨겨 주소서"(한글 찬송가에는 '만세 반석 열리니 내가 들어갑니다'
로 번역되어 있다.—역자 주). 나는 엉겁결에 마이크를 잡고 말을 시작했
다. 교회를 꽉 채운 사람들에게 나의 부모님에게 무슨 일이 일어났는지
를 말하며, 신앙 안에 계속 있도록 그들을 격려했고, 또 그들의 매우 감
동적인 환영에 감사했다.

이 모임은 금방 끝이 났고, 우리는 진수성찬이 준비되어 있는 마당으
로 급히 안내되어 나갔다. 우리는 야외에서 둥근 식탁에 둘러앉아 밥과
양배추, 뿌리채소, 내장, 돼지고기, 닭고기 등의 특선 요리를 대접받았다.
내가 1930년대에 찍은 사진들을 보여 주자 나이 많은 분들이 자신이나
친척을 사진에서 알아보면서 많이 웃었다. 청년들이 옛날에 우리가 쓰
던 파손된 아코디언과 낡은 여행 가방과 쭈그러진 요리용 큰 냄비를 들
고 나타났다. 그들이 그것들을 그렇게 오래 보관하고 있었던 것에 나는
놀랐다. 그러나 그들은 그것들이 유일하게 나의 부모님을 생각나게 하는
물건들이기 때문에 소중히 한다고 말했다.

내가 살던 옛집이 아직도 남아 있었는데, 한 기독교인 가정이 정부로
부터 그것을 사서 소유하고 있었다. 발코니는 나무 막대기들에 묶어 말
리고 있는 여러 줄의 담뱃잎들 밑에 숨어 있었고, 철로 된 삼각대 위에
있는 크고 둥근 위성 수신판이 앞 베란다를 채우고 있었다! 문들과 빗장
을 지른 작은 창문들의 양쪽에 있는 노란 틀에는 꽃과 나무 그림이 그려
져 있었다. 집의 구조는 예전과 똑같았는데, 계단은 이제 건물 밖으로 옮

서(西)중국에서 동(東)일본으로

스티브가 살던 다쿠의 옛집. 함께 서 있는 사람들은 현재의 주인들이다. 2005년.

겨져 있었다. 그날 저녁에 나는 방 밑에서 마을 사람들이 하는 익숙한 이야기들을 들으며 침대에 누웠다. 내용을 이해할 수는 없었다. 언덕의 중턱을 보니 어린 시절의 기억들이 새롭게 떠올랐고 밤을 나타내는 소리들도 기억에 새로웠다. 산의 공기는 차가웠다. 그러나 나는 그날의 여행으로 기진맥진하여 금방 잠에 빠져들었다.

나는 병아리들이 우는 소리와 이른 아침에 불을 지피는 기분 좋은 냄새 때문에 깨어났다. 동리수족은 아침 식사를 대충 때운다. 그래서 나는 학생들에게 색칠하기 그림책과 연필을 선물로 나누어 주기 위해서 그 지역에 있는 학교로 안내를 받아 내려갔다. 그 후에 있었던 교회 예배는 세 시간 동안 지속되었다. 건물은 사람들로 꽉 찼다. 남자들은 왼편에 앉고 여자들은 오른편에 앉았다. 이 주일은 나의 아버지이고 그들의 목사인 왕화이런이 중국에 도착한 지 100주년이 되는 기념일이었다.* 사람들은 아주 먼 거리를 여행했다. 여덟 시간을 걸어서 온 노인도 있었다.

"왕 목사님이 우리 마을을 방문하실 때면 항상 우리 집에 머무셨지요."

노인은 나에게 자랑스럽게 말했다.

그들은 내가 가장 잘 기억할 수 있는 찬송가를 불렀고, 나는 다시 한 번 그들과 함께 하나님을 찬양하며 마음을 쏟아 예배하는 것을 즐겼다. 다른 마을들에서 온 성가대도 있었다. 한족 중국인들이 사는 마을에서도 왔는데, 그곳에서는 최근에 20가정이 그리스도를 믿게 되었고 우상들을 모셔 놓는 선반들을 부숴 버렸다고 했다. 가난하고 자주 무시당하는 동리수족 사람들이 이웃인 한족 중국인들에게까지 전도하는 것을 알게 되어 나는 놀라고 기뻤다. 그들의 요청을 받고 내가 설교를 했는데, 나의 메시지는 처음에는 만다린어로, 그다음에는 동리수어로 통역이 되었다. 그러나 대체로 나는 그저 앉아서 아름다운 찬송가들과 옛 친구들이 작은 소리로 드리는 기도들을 듣는 것에 만족했다.

예배가 끝난 후에 군중들은 양옆으로 줄을 섰고, 나는 그 사이를 뚫

---

* 아버지는 1906년에 도착했기 때문에 조금 이른 기념식이었다.

서(西)중국에서 동(東)일본으로

고 지나가도록 안내를 받았다. 그들은 아름다운 달 모양의 둥근 홍예문을 녹색 솔나무 큰 가지들과 너도밤나무 가지들을 함께 꼬아서 만들었다. 나는 어깨에 거는 손가방을 선물로 받았다. 전통 자수가 놓인 아름다운 가방이었다. 한 사람은 동리수어 찬송책을 나에게 선물했다. 나의 아버지와 어머니에게 작별 인사를 했던 나이 많은 몇 사람이 이제는 나를 보내려고 모였다. 그들은 내가 나의 부모님이 그곳을 떠난 이래로 그들을 방문한 첫 번째 외부인이라고 말했다. 작별 인사를 하면서 나는 그들의 얼굴에서 내 가족에 대해 그들이 가지고 있는 깊은 애정을 보았다. 이제 나는 아버지가 어머니의 도움을 받아 성취하셨던 것의 진가를 참으로 인정할 수 있었다. 홍예문을 걸어서 통과하면서 여러 색을 복잡하게 섞어 짠 장식품을 흘긋 뒤돌아보았다. 그것이 마치 나의 삶을 묘사하고 있는 것처럼 느껴졌다. 나의 삶도 형형색색으로 수놓은 다채로운 벽걸이와도 같았기 때문이었다.

후기

동리수족과 조지 에디 멧캐프의 사역(1906~1951)

윈난성 우딩에 있는 종교 사무국의 사무실에 번역된 신약 성경이 한 권 있다. 대충 150×230mm 크기로, 무겁고 짙은 푸른색의 책이다. 그 첫 페이지에 CIM과 1951년 12월이라고 쓰여 있는 그 위쪽에 아버지의 서명이 있다. 그때는 아버지와 어머니가 마지막으로 중국을 떠나셨던 해이다. 그 밑에 중국어와 동리수어로 번역의 목적을 설명하는 글이 있다. 그것은 아버지가 개인적으로 소유하셨던 성경으로, 아버지의 메모와 생각들이 적혀 있었다. 어머니가 돌아가시고 누나 루스가 이 성경을 유물로 받았는데, 루스는 1999년에 그것을 중국으로 보냈다. 중국이 소유하는 것이 합당하다고 생각했기 때문이었다.

아버지는 건강이 나빠져서 외딴 동리수족 마을들을 방문하기가 힘들어졌다. 산들을 넘어서 걸어다니는 힘든 일을 할 수가 없었다. 그때 그는 마지막 사역이라고 생각하면서 본격적으로 신약 성경을 번역하기 시작했다. 그러나 이 사람들을 위해서 문자 언어를 만들어 주는 일은 훨씬 일찍 시작되었다. 1910년에 아버지와 또 다른 CIM 소속 선교사인 호주 출신의 아서 니콜스는 감리교 선교사인 새뮤얼 폴라드가 먀오족을 위해서 개발한 문자를 가지고 고치며 작업했다. 2년 후에 그들은 첫 번째 문자를 만들었고, 1912년과 1936년 사이에 성경이 부분적으로 출판되었다.

1951년에 아버지는 중국 공산당 관리들의 감시 아래 수없이 가방 안을 조사 받으면서, 소중한 신약 번역을 홍콩으로 가지고 나갔다. 그것은 홍콩에서 출판되었다. 출판된 성경은 몇몇 도서관에 보관되어 있다. 그러나 슬프게도 중국의 문이 닫힌 것과 중국 내부의 기독교에 대한 적대감 때문에, 윈난성으로 들여보내지 못했다. 아버지가 수고를 아끼지 않고 번역하여 주려고 했던 그 사람들은 한 번도 그것을 사용하지 못했다.

동리포족이라고도 알려진 동리수족은 윈난성의 북중부에서 살고 있다. 특히 우딩과 위안머우(부모님이 사시던 다쿠와 가장 가까운 마을) 주위와 쓰촨성의 남부에 있다. 동리수족은 원래 윈난성의 북서부에 있는 누장강 계곡에서 리수족과 나란히 살았다. 그러나 전투에서 패한 후에 그들은 1812년쯤 산이 많은 우딩 지역으로 거처를 옮겼다. 중국 정부의 국가 소수 민족 분류에 따르면, 그들은 지금 이족이라고 하는 소수 민족과 같이 분류된다. 그러나 그들은 역사적으로 또 언어적으로 리수족과 공통점이 더 많다. 지역적인 행정 업무상으로는 리수족의 한 부분으로 간주

되고 있다.

아서 니콜스는 1906년 10월에 윈난성 북부에 있는 우딩 지역에 사는 부족민 사이에서 선교 사역을 시작했다. 그 10월(10월 23일)은 아버지가 중국어 공부를 위해서 중국에 도착했던 때이다. 1908년에 니콜스는 아버지와 함께 일하게 되었다. 니콜스가 사푸산에 있는 먀오족에게 집중한 반면에, 아버지는 점차적으로 다쿠 주위에 있는 동리수족을 대상으로 사역하는 것에 헌신했다.

술과 아편과 민간 종교와 문맹의 문화 속에 휩쓸려 있던 북부 윈난성의 소수 민족들은 복음에 빠르게 반응했다. 1900년대 초에 많은 사람들이 그렇게 했다. 교회들이 지어졌고 정기적인 예배들이 시작되었다. 다른 소수 민족들에게도 복음을 전해서 그리스도 안에 있는 믿음으로 사람들을 이끌었다. 아버지는 말 그대로 수천 명의 사람들이 기독교를 믿게 되는 것을 목격했다. 그는 교회를 지었고 다쿠에 성경 대학을 세웠으며 집에 의무실을 만들었다.

부모님은 1951년에 다쿠를 떠날 때 튼튼한 기독교 공동체를 뒤에 남겼다. 그러나 교회는 폐쇄되었고 성경과 찬송가들은 불태워졌다. 성경 대학은 그 지역에 있던 다른 것들과 함께 파괴되었다. 그 후 30년 동안 교회는 핍박을 당했다. 지도자들은 강제 노동 수용소에 감금되었고 어떤 사람들은 믿음을 지키다가 죽음을 당했다. 문화 혁명 이후로 신교가 중국의 다섯 가지 공식 종교들 중 하나로 인정되면서, 교회는 다시 빠르게 성장해 왔다. 오늘날 70,000명 이상의 동리수족 성도들이 있다.

내가 원난성에서 돌아온 후 2005년에 홍콩 성서공회의 사이먼 왕으로부터 편지를 받았다. 일단의 동리수족 사람들이 동리수족을 위해서 성경을 번역하는 일에 동참하고 있었는데, 사이먼 왕은 그 일의 조언자였다. 번역자들이 쿤밍에 있는 트리니티 국제 교회에서 모여서 새로운 번역 성경을 만들고 있었다. 그것은 중국 연합 성경(Chinese Union Bible)을 토대로 했고, 다른 자료들과 함께 나의 아버지가 번역한 것을 사용했다. 그들이 이 성경을 출판하기 위해 준비하고 있을 때, 연합 성서공회는 2009년 10월 1일에 웹 사이트에 뉴스를 게재했다. 동리수어 신약 성경이 이제 성공적으로 출판되었고 배포되었다는 내용이었다.

글쓴이의 일러두기

중국의 지명은 현재 사용하는 병음으로 썼다.[이 책에서 중국을 비롯한 각
국의 인명과 지명의 번역 표기는 외래어 표기법에 따랐다. 다만 즈푸(芝罘)의
경우, CIM에서는 관례적으로 치푸(Chefoo) 학교로 널리 알려져 있어서 '치푸'
로 표기했다. ―역자 주] 스티브가 어릴 때 살았던 윈난성의 마을 다쿠(지
금의 '타오구')는 당시에 사용하던 명칭 그대로 표기했다. 스티브가 해 준
이야기에 등장하는 사람들을 모두 만나서 확인할 수 없었기 때문에, 이
책의 이야기들은 스티브의 기억에 의존하여 기술되었다. 모두 실제 인물
이지만, 보안상 이름을 바꾼 것도 있다. 대화를 인용할 때는 말 그대로가
아니라 의미 중심으로 전달했다. 사실에 대한 해석과 표현의 형식은 나
에게 그 책임이 있다.

로널드 클레멘츠

스티브 멧캐프와의 만남을 회상하며

2005년 여름, 제임스 테일러 선생님에게
서 이메일 한 통을 받았다. 그분은 자신의
친한 친구인 영국 출신의 노신사가 과거
자신이 태어나고 자란 윈난성의 한 지역을
방문하고 싶어 하는데, 그 일에 도움을 줄
수 있겠느냐고 정중하게 부탁을 해 왔다.
우리는 보내 준 지명을 가지고 현지 친구
들에게 물어물어 마침내 어렵게 그곳을 찾
아냈다. 지난 수십 년 사이에 지명 표기법이 여러 번 바뀌었기 때문이었
다. 마침내 우리는 공항에서 체격이 왜소하고 약간 허리가 굽은 70대 후
반의 백발의 노신사 스티브 멧캐프 선생님(이후로는 스티브라고 칭함)을

기쁨으로 맞이했다. 늘 만면에 밝은 웃음을 띠는 온유한 성품의 노신사
는 젊은 우리에게는 줄곧 정중하게, 우리 아이들에게는 할아버지처럼 인
자하게 대해 주셨다.

우리는 스티브가 어린 시절 이곳을 떠난 후 처음이자 마지막으로 방
문하게 되는 이 여행 내내 깊은 감격과 흥분에 차 있음을 옆에서 보고 느
낄 수 있었다. 스티브는 아내와 함께 이날이 오기를 평생 기대했는데, 출
발 직전에 아내의 건강 상태가 갑자기 악화되어 홀로 오게 되어 안타깝
고 아쉽다고 말했다. 그는 이번 여행에서 자신이 태어난 곳을 방문하고
어릴 적 함께 자란 친구들도 만나 볼 수 있기를 소원했다.

스티브는 이번의 방문이 1945년 쿤밍을 떠난 이래로 60년 만에 처음
이며, 자신이 자란 다쿠(지금의 '타오구')는 67년 만에 가게 되는 것이라

서(西)중국에서 동(東)일본으로

서 굉장히 설렌다고 자신의 심경을 밝혔다. 우리가 탄 시골 중형 버스가 번잡한 쿤밍 외곽을 지나 울퉁불퉁하고 험한 시골길을 접어들자, 그는 과거에는 쿤밍에서 걸어서 또는 말을 타고 5일이 걸려서야 목적지인 우딩현의 다쿠에 도착할 수 있었다고 말했다. 이렇게 덜컹거리는 차를 영어로는 boneshaker라고 한다면서 장난기 어린 웃음을 보였다. 또한 우딩으로 가는 주변의 삼륜 오토바이를 보니 자신이 1952년 일본에 선교사로 갔을 때가 생각난다고 덧붙였다.

우리는 스티브와 며칠 동안 함께 산길을 여행하면서 당시까지만 해도 우리에게 거의 알려지지 않았던 그의 가족에 대한 진솔한 이야기와 하나님의 역사하심을 직접 듣고 볼 수 있었다. 여행 중에 우리가 함께 기

도와 말씀을 나누고 하나님께 찬양을 드리던 그 소중한 시간을 평생 잊을 수 없을 것이다.

스티브는 1927년 아버지 조지와 어머니 베시 사이에서 쿤밍의 감리교 선교 병원에서 태어났다. 당시 신약 사도행전 6장 스데반 이야기를 번역하고 있던 아버지는 아들의 이름을 스티브라고 지었다. 스티브는 어렸을 때 팔이 부러

져 쿤밍의 감리교 선교 병원까지 며칠을 걸어 나와 치료를 받은 일 등 여러 가지 이야기를 해 주었다.

또한 스티브는 아버지가 동리수(동리포)어로 성경을 번역할 때의 이야기도 들려주었다. 스티브에 따르면, 아버지는 현지어에 없는 성경의 단어들을 번역하느라 어려움을 겪고 있었다. 예를 들어 '영광'이라는 말을 어떻게 번역할까 고심하던 어느 날, 아버지는 현지인 친구와 함께 해질녘에 햇빛이 온 땅에 가득 찬 광경을 보고 그 친구가 표현하는 단어에서 영감을 얻었다고 한다. 또한 '보혜사 성령'이라는 단어는 아파서 집에 누워 있는 현지인 친구를 병문안하러 갔을 때 병자 옆에서 간호하는 일을 전담하던 사람에 대한 표현에서 영감을 얻었다고 한다.

우리는 미리 준비한 차를 타고 쿤밍을 떠나 구불구불한 길을 하루 종일 달려 오후 늦게야 다쿠 마을에 도착했다. 대여섯 명의 마을 어른들이 차에서 내리는 스티브를 부축하면서 우리를 환영해 주었다. 걸어서 10여 미터의 언덕을 넘어서는 순간, 요란한 폭죽 소리와 함께 찬양 소리

가 들리기 시작했다. 나는 이 역사적인 도착 순간을 사진기에 담기 위해 소리가 나는 곳으로 분주하게 달려갔다. 그곳에서는 동리수족 전통 의상을 입은 사람들이 동네 어귀에 두 줄로 나란히 늘어서서 "소중한 가족의 귀향을 열렬하게 환영합니다"라고 쓴 현수막을 들고 찬양을 부르며 우리 일행을 기다리고 있었다.

이어서 마을 원로들이 스티브의 손을 잡아 일으킨 후 반가움의 눈물을 흘리며 서로 부둥켜안았다. 우리가 상상치 못한 대대적인 환영이었던 것이다. 스티브의 두 눈에서도 감격의 눈물이 흘러내려 급기야는 안경을 벗어야 했다. 곧이어 스티브는 두 마을 청년의 부축을 받으며 곧장 교회로 안내되었다. 교회에서 사람들이 연신 한어와 동리수어로 번갈아 가며 찬송을 부르며 우리를 맞이했고, 이윽고 교회 대표의 축하의 말이 시작되

었다. 그는 이런 날이 올 줄은 감히 상상도 못 했으며, 스티브의 아버지인 왕화이런 목사님이 오지는 못했지만 그 아들을 보게 된 것은 마치 아버지를 본 것이나 다름이 없다는 내용의 감격스러운 환영사를 낭독했다.

과거의 집과 선교 시설은 이미 많이 무너져 황폐해졌지만 그 터와 흔적은 약간씩 남아 있었다. 또한 아무

렇게나 자라나 있는 마당의 풀 숲 사이로, 예전에 스티브의 아버지가 옮겨 심어 지금은 아름드리 나무로 자라서 주인의 귀향을 기다리며 아직도 집을 지키고 있는 종려나무가 보였다. 많이 현대화된 쿤밍과 달리, 깊은 산속에 동떨어져 있는 이 마을은 과거의 시간이 멈추어 버린 듯 아름답고 고즈넉했다.

　마을 사람들과 함께 저녁 식사를 한 뒤 얼마 되지 않아서 마을의 할아버지 할머니들이 한두 명씩 몇 가지 음식과 과일을 바리바리 손에 들고서 우리가 묵고 있는 이층집으로 모여들었다. 어떤 사람은 오래되고 빛바랜 당시의 흑백 사진들을 가지고 와서 사진 속의 서로를 확인하며 얼싸안고 반가움의 눈물을 흘렸다. 더러는 과거에 사용했던 물건들을 소중하게 가지고 와서 보여 주기도 했다. 예를 들면 약을 제조할 때 사용했던 이

　　　　　　서(西)중국에서 동(東)일본으로

빨 빠진 사발, 고장이 나고 녹슨 아코디언을 비롯해서 그동안 심한 핍박 가운데에도 몰래 숨겨 놓았던 물건들을 조심스레 가지고 와서 어린 시절의 이야기들을 나누었다. 스티브는 대부분의 동리수어를 잊어버렸지만 그래도 가끔 몇 마디씩은 기억했다. 이러기를 몇 시간, 급기야는 날을 꼬박 지새워야 했지만 우리는 피곤해도 함께 통역하면서 즐거워했다.

이튿날 온 마을 사람들은 우리가 머물고 있던 숙소 앞마당과 주위에 모여 우리에게 풍성한 식사를 대접해 주었다. 우리 모두는 같이 음식을 나누며 즐거운 애찬의 시간을 가졌다. 이후 우리는 오래된 마을 예배당에 초대되어 수백 명의 현지인들과 함께 주님께 예배를 드리는 특권을 누렸다. 그들은 아직도 과거에 조지 멧캐프 목사가 동리수어로 만든 오래된 찬송가를 사용하고 있었다. 하지만 안타깝게도 그분과 팀의 사역자들이 그토록 오랜 세월에 걸쳐 우여곡절 끝에 번역하여 보낸 동리수어 신약 성경은 찾아볼 수 없었다. 조지 멧캐프 목사는 1951년에 신약 성경을 모두 번역한 후에 다쿠 마을을 떠났다. 이때 그의 나이 72세였다. 이후 두 차례에 걸쳐 홍콩과 미얀마를 통해 이 성경을 보냈으나 공산화로 말미암아 끝내 현지인들에게 제대로 전달되지 못했다는 소식에 우리는 마음이 너무 아팠다.

그곳에서 이틀을 보내고 우리는 며칠 동안 인근 여러 마을의 교회들을 둘러볼 수 있었다. 다쿠 마을에서 시작된 복음이 순교에 이르는 핍박과 환란 가운데서도 성령의 역사하심으로 어떻게 주변 지역에까지 퍼져

나가 지금에 이르게 되었는지를 볼 수 있어서 큰 감사가 되었다.

며칠간의 여행을 다 마치고 돌아올 무렵, 누군가가 떠나기 전에 보여 줄 것이 있다는 말을 전했다. 그는 우리가 찾고 있었던 바로 그 책을 보여 주었다. 완역 동리수어 신약 전서였다. 스티브는 자신의 눈을 믿을 수 없다는 듯 두꺼운 그 성경책을 받자마자 맨 뒷장을 펼치고는 곧바로 눈물을 흘렸다.

"맞습니다. 바로 이 책이 우리 아버지께서 그토록 기도하며 번역하신 그 동리수어 성경입니다. 아버지의 친필 사인이 여기 있습니다."

그는 어린아이처럼 기뻐했다. 우리는 아주 어렵게 구한 성경을 잠시 보여 준 사람에게서 그동안의 복잡다단했던 이야기와 함께 이 성경이 다시 현대 동리수어로 번역될 예정이라는 기쁜 소식을 듣게 되었다. 우리는 며칠간의 여행을 위해 수고해 준 여러 분들에게 깊은 감사를 표하며 아쉬운 발걸음을 돌려야 했다.

　오가는 여행 중에 스티브에게 과거 산적을 만난 이야기, 전쟁 당시에 집에서 수천 킬로미터 떨어진 기숙 학교인 치푸 학교에서 올림픽 금메달리스트인 에릭 리들에게 원수를 사랑하라는 설교를 듣고 일본 선교를 위해 기도한 이야기, 전쟁 이후 선교사로 헌신하여 1952년부터 1990년까지 일본에서 선교 사역을 한 이야기 등, 많은 귀한 이야기를 들었다. 스티브보다 세 살 위인 그의 누나 루스도 태국에서 선교사로 오랫동안 사역했다고 한다.

　스티브와 다쿠에 다녀온 이듬해에는 그의 아들인 존 멧캐프 가족이 방문하여 우리를 만난 후 동리수족 마을을 방문했다. 이후에도 이 가족은 계속해서 동리수어 현대어 성경 번역과 타 문화 선교 사역을 위해 기도로 후원하고 있다. 우리는 스티브가 2014년 하나님의 부르심을 받기 전까지 간간이 이메일로 서로의 소식을 나누었다.

　주님의 부르심을 받고 세상에 알려지지 않은 조그마한 동리수족 마을에서 45년을 같이 동고동락하며 사역한 충성된 종, 조지 멧캐프 가족의 모습이 지금도 눈에 아른거리는 것 같다. 또한 100년이 넘도록 4대에 걸쳐 동리수족 교회를 위해 기도하며 섬기는 아름다운 스티브 가족들의 모습을 옆에서 지켜보며 이 모든 성령행전의 주관자 되신 하나님께 감사와 찬양과 영광을 돌린다.

이은상